21世紀漢語言專業規劃教材
專業方向基礎教材系列

文字學教程

喻遂生 著

圖書在版編目(CIP) 數據

文字學教程/喻遂生著. —北京：北京大學出版社，2014.9
（21世紀漢語言專業規劃教材·專業方向基礎教材系列）
ISBN 978-7-301-24676-4

Ⅰ.①文… Ⅱ.①喻… Ⅲ.①漢字－文字學－高等學校－教材 Ⅳ.①H12

中國版本圖書館CIP數據核字（2014）第196850號

書　　　　名：	文字學教程
著作責任者：	喻遂生　著
责任编辑：	宋立文
標準書號：	ISBN 978-7-301-24676-4/H·3560
出版發行：	北京大學出版社
地　　　址：	北京市海淀區成府路205號　100871
網　　　址：	http://www.pup.cn　新浪官方微博：@北京大學出版社
電子信箱：	zpup@pup.cn
電　　　話：	郵購部 62752015　發行部 62750672　出版部 62754962
	編輯部 62754144
印　刷　者：	三河市北燕印裝有限公司
經　銷　者：	新華書店
	650 毫米×980 毫米　16 開本　23.75 印張　320 千字
	2014 年 9 月第 1 版　2025 年 8 月第11次印刷
定　　　價：	58.00 元

未經許可，不得以任何方式複製或抄襲本書之部分或全部內容。
版權所有，侵權必究
舉報電話：010-62752024　電子信箱：fd@pup.pku.edu.cn

凡　例

一、本書甲骨文字例，主要根據孫海波《甲骨文編》、劉釗等《新甲骨文編》、李宗焜《甲骨文字編》，並覆核原著錄書。爲便於讀者查找核對，本書所引甲骨文字例，一般均附《甲骨文編》序號，但字形不限於該書所收。《甲骨文編》未收字，則序號闕如，或標明著錄書及片號。如：

隹0489　〔字形〕〔字形〕〔字形〕

豢（合11267）：甲骨文"豢"字作〔字形〕

有的字學界已改釋或分釋，則酌用新的字頭，但仍用原來的序號。如〔字形〕《甲骨文編》原收入"鳥0521"中，現釋作"雞"，仍用原序號，標作"雞0521"。

二、所引甲骨文辭例，加括號標明著錄書及片號。甲骨文著錄書簡稱如下：

《甲骨文合集》——合　　　《甲骨文合集補編》——補
《小屯南地甲骨》——屯　　《英國所藏甲骨集》——英
《殷墟花園莊東地甲骨》——花東。

三、本書金文字例，主要根據容庚《金文編》（第四版），並參考董蓮池《新金文編》。引《金文編》字例，加注"《金》"及序號，或在字後加括號標明器名。如：

冑《金》1278 ☗ ☗ ☗

☗（二祀邲其卣）、☗（正觚）

在專門論述金文的章節，省去"《金》"字，徑標序號。

四、本書所引金文拓片，引自《殷周金文集成》者，在器名後加括號標明在該書中的序號，引自他書者另外說明。

五、本書所引《說文》字例出處，爲便於讀者查找，均在"某部"前加注卷數。個別章節還在字頭後標出了中華書局 1963 年版陳昌治一行本的頁碼。

六、本書所引納西東巴文字例，主要引自方國瑜、和志武《納西象形文字譜》，例字前加方括號標明該字在書中的序號。如：

[358]牛 ☗　[362]羊 ☗

以上引例的序號標注，在主要的相關頁會適當加注提示。

七、本書所引碑刻簡帛法帖，均注明圖片出處，以便於讀者覆按查閱。

八、本書所引常見古書，一般不注明版本。

九、爲節省篇幅，書中所述及的前修時賢，均省略尊稱，敬希鑒諒。

目　錄

第一章　緒　論 …………………………………………… 1
　第一節　文字學研究的對象 ………………………………… 1
　第二節　漢文字學的歷史和現狀 …………………………… 7
　第三節　漢文字學研究的材料 ……………………………… 14
　第四節　漢文字學的功用和學習方法 ……………………… 25

第二章　文字的起源 ……………………………………… 41
　第一節　文字產生以前的原始記事方法 …………………… 41
　第二節　圖畫記事和文字的起源 …………………………… 52
　第三節　刻劃符號的性質與漢字產生的年代 ……………… 69

第三章　漢字的形體 ……………………………………… 91
　第一節　甲骨文 ……………………………………………… 91
　第二節　金文 ………………………………………………… 110
　第三節　篆書 ………………………………………………… 126
　第四節　隸書和章草 ………………………………………… 145
　第五節　楷書、今草、行書 ………………………………… 156

第四章　漢字的結構 ……………………………………… 167
　第一節　傳統的六書說 ……………………………………… 167
　第二節　唐蘭、陳夢家、劉又辛的三書說 ………………… 180

第三節　黎錦熙的七階段說 …………………………… 197
　　第四節　姚孝遂的兩階段說 …………………………… 200

第五章　表形字研究 ……………………………………… 208
　　第一節　表形字研究的意義 …………………………… 208
　　第二節　象形字舉例 …………………………………… 215
　　第三節　指事字舉例 …………………………………… 224
　　第四節　會意字舉例 …………………………………… 233
　　第五節　象形、指事、會意三書的交叉 ……………… 251

第六章　假借字研究 ……………………………………… 255
　　第一節　假借字的性質 ………………………………… 255
　　第二節　古文字中的假借字 …………………………… 262
　　第三節　假借和通用 …………………………………… 271

第七章　形聲字研究 ……………………………………… 278
　　第一節　形聲字的產生 ………………………………… 278
　　第二節　甲骨文中的形聲字 …………………………… 288
　　第三節　金文中的形聲字 ……………………………… 314
　　第四節　《說文》中的形聲字 ………………………… 320
　　第五節　現代漢字中的形聲字 ………………………… 330

第八章　轉注研究源流 …………………………………… 338
　　第一節　清以前的轉注研究 …………………………… 339
　　第二節　清代的轉注研究 ……………………………… 346
　　第三節　現代的轉注研究 ……………………………… 350
　　第四節　轉注研究應注意的幾個問題 ………………… 362

參考文獻 ……………………………………………………… 366
後記 …………………………………………………………… 370

第一章 緒 論

第一節 文字學研究的對象

一、文字學研究的對象和本書的性質

學習一門科學,首先要瞭解這門科學研究的對象和它在整個科學體系中的位置。

文字是記錄語言的書寫符號系統。文字學是研究文字的起源、發展、演變、形體、結構、性質、形音義關係、正字法、文字的整理和信息處理等問題的科學。

本書研究的對象是漢文字,嚴格地說應稱爲"漢語文字學"。但在中國傳統語言學中,文字學、音韻學、訓詁學並舉,並不一定加上"漢語"二字,爲了簡潔,本書在一般情況下仍從衆稱爲"文字學"。

一般的學科,都可以大致分爲材料、理論、學科史三個部分。如漢語語言學,"現代漢語""古代漢語"講的主要是材料,"語言學概論"講的主要是理論(當然不限於漢語),"中國語言學史"講的是學科史。就漢字研究來說,對甲骨文、金文、小篆、簡帛文字、隸書、楷書等的研究,大致屬於材料部分;對漢文字研究歷史的研究,如黃德寬、陳秉新《漢語文字學史》,屬於學科史;而漢字

通論性質的著作,研究漢字的一般情況和發展規律,則屬於漢字理論部分。當然研究理論也不能脫離實際,沒有材料也無從研究理論,所以漢字通論著作也要對漢字的一些具體材料和問題展開研究。本書屬於漢字通論性質的著作。

二、文字學名實的歷史演變

文字學和語言學本是兩個有密切聯繫又相對獨立的學科,但在中國現行的學科分類體系中,是將文字學作爲語言學的一個分支。不過我們應注意,文字學並不研究語言的三要素語音、詞彙、語法本身,而是研究記錄語言的書寫符號系統。從另一方面看,文字既然是記錄語言的,它就有形、有音、有義,就和語音、詞彙、語法有著密切的聯繫。中國古代語言文字研究字、詞不分,所以在中國語言學史上,文字學所包含的範圍,也經歷了從小到大、從大到小的變化過程。

我們可將文字學名實歷史演變的情況列一個簡表:

時代	名	實
漢	小學	文字
唐—清	小學	文字、音韻、訓詁
清末	語言文字之學	文字、音韻、訓詁
20世紀20年代	文字學	文字、音韻、訓詁
20世紀30年代	文字學	文字

文字學是中國傳統語文學的一部分,在漢代稱爲小學。《漢書·谷永杜鄴傳》曰:"初,鄴從張吉學,吉子竦又幼孤,從鄴學問,亦著於世,尤長小學。鄴子林,清靜好古,亦有雅材,建武中歷位列卿,至大司空。其正文字過於鄴、竦,故世言小學

者由杜公。"①"尤長小學"句,唐人顏師古注曰:"小學,謂文字之學也。《周禮》:'八歲入小學,保氏教國子以六書。'故因名云。"

《漢書·藝文志》小學類所列書目如下:《史籀》十五篇,《八體六技》,《蒼頡》一篇,《凡將》一篇,《急就》一篇,《元尚》一篇,《訓纂》一篇,《別字》十三篇,《蒼頡傳》一篇,揚雄《蒼頡訓纂》一篇,杜林《蒼頡訓纂》一篇,杜林《蒼頡故》一篇。"凡小學十家,四十五篇。"可見當時所謂"小學",都是指的文字或解釋文字的書籍,而《爾雅》《小爾雅》這些關於詞彙的書籍,則歸入孝經類(《古今字》也歸入孝經類),那是當時學科分類還不嚴密的表現。

從唐代到清代,小學的範圍擴大,成了文字、音韻、訓詁之學的總稱,但中間的變化過程比較複雜。

有學者認爲:"《隋書·經籍志》將小學類的書籍,大致分爲體勢訓詁音韻等,實在是後代文字學上分形音義三部的創始。"②其實《隋書·經籍志》(〔唐〕魏徵等撰)小學類書目並沒有嚴格的分類,其排列順序是:《三蒼》《急就章》《說文》《字林》等文字書籍,《聲韻》《聲類》《韻集》《韻略》等音韻書籍,《古文官書》《古今奇字》《四體書勢》《古今八體六文書法》等體勢書籍。而訓詁類的書籍,如《爾雅》《釋名》《方言》《廣雅》等,則歸入《論語》類,其理由是:"《爾雅》諸書,解古今之意,並五經總義,附於此篇。"

至《舊唐書·經籍志》(〔五代後晉〕劉昫等撰)其分類才比較明顯:"右小學一百五部,《爾雅》《廣雅》十八家,偏傍、音韻、雜字

---

① 張吉是張敞的兒子。"張敞好古文字",曾正確釋讀美陽出土的鼎銘。(《漢書·郊祀志下》)杜鄴是張敞的外孫,"鄴少孤,其母張敞女。鄴壯,從敞子吉學問,得其家書。"(《漢書·谷永杜鄴傳》)杜鄴的兒子杜林是著名的古文經學家,《漢書·藝文志》載:"杜林《蒼頡訓纂》一篇。杜林《蒼頡故》一篇。""《蒼頡》多古字,俗師失其讀,宣帝時徵齊人能正讀者,張敞從受之,傳至外孫之子杜林,爲作訓故,並列焉。"

② 張世祿《中國文字學概要》8頁注九,文通書局,1941年。

八十六家,凡七百九十七卷。"但也還是訓詁和"偏傍、音韻、雜字"二分,或訓詁、偏旁、音韻、雜字四分。

　　北宋官修書目《崇文總目》說:"《爾雅》出於漢世,正名命物,講說者資之,於是有訓詁之學。文字之興,隨世轉易,務趨便省,久後乃或亡其本。《三蒼》之說,始志字法,而許慎作《說文》,於是有偏旁之學。五聲異律,清濁相生,而孫炎始作字音,於是有音韻之學。篆隸古文,爲體各異,秦漢以來,學者務極其能,於是有字書之學。"①亦是訓詁、偏旁、音韻、字書四分。

　　南宋晁公武《郡齋讀書志》說:"文字之學凡有三:其一體制,謂點畫有衡縱曲直之殊;其二訓詁,謂稱謂有古今雅俗之異;其三音韻,謂呼吸有清濁高下之不同。論體制之書,《說文》之類是也;論訓詁之書,《爾雅》《方言》之類是也;論音韻之書,沈約《四聲譜》及西域反切之學是也。三者雖各一家,其實皆小學之類。"②晁公武最先明確地將體制、訓詁、音韻稱爲"小學";同時又稱爲"文字之學",當是承襲顏師古"小學,謂文字之學也"的說法。

　　南宋至清初,小學的範圍比較混亂,《宋史·藝文志》(〔元〕脫脫等撰)小學類書分類不明顯。《明史·藝文志》(〔清〕張廷玉等撰)小學類甚至收有算術書,誠如清人所說:"小學亦多歧矣。"③至清乾隆年間編纂《四庫全書》,"以論幼儀者別入儒家,以論筆法者別入雜藝,以蒙求之屬隸故事,以便記誦者別入類書。唯以《爾雅》以下編爲訓詁,《說文》以下編爲字書,《廣韻》以下編爲韻書。"④小學包括文字、音韻、訓詁的內涵才真正固定下來。

---

①　王堯臣《崇文總目》,《叢書集成初編》本卷一 41 頁。此敘爲歐陽修所撰,見《歐陽修全集·崇文總目敘釋·小學類》,中國書店 1986 年影印世界書局 1936 年版,999 頁。
②　《四部叢刊》三編史部《昭德先生郡齋讀書志》卷一《小學類》"爾雅"條。
③　《四庫全書總目》338 頁《經部·小學類一》,中華書局,1965 年。
④　《四庫全書總目》338 頁《經部·小學類一》,中華書局,1965 年。

清末由於受西學的影響,章炳麟提出應改稱爲語言文字之學。1906年,他以"章絳"爲名,在《國粹學報》上發表《論語言文字之學》一文,說:"合此三種(引按:指文字、音韻、訓詁)乃成語言文字之學。此固非兒童占畢所能盡者,然猶名爲小學,則以襲用古稱,便於指示。其實當名語言文字之學,方爲確切。"①

　　民國初年,以文字學統稱語言學各科。1917年,朱宗萊和錢玄同在北大分講《文字學形義篇》和《文字學音篇》,事實上早已獨立出去的音韻學還戴著"文字學"的帽子,而文字和訓詁還合在一起,稱爲"形義篇"。高亨《文字形義學概論》中有"字義之條例"一章,講轉注、假借、引申義、連綿字、訓詁略說②。這種觀念一直到20世紀80年代在一些新出版的書中仍有反映。如羅君惕《漢文字學要籍概述》就包括《爾雅》《方言》《釋名》《切韻》之類的書③,高明《中國古文字學通論》還包括《漢字的古音》《漢字的古義》《訓詁學的主要方法》《訓詁學要籍簡介》等章節④。

　　1934年,唐蘭作《古文字學導論》,提出"文字的形體的研究,是應該成爲獨立的科學的。"⑤後來唐蘭在《中國文字學》(1949年)中解釋說:"我在民國二十三年寫《古文字學導論》,才把文字學的範圍重新規定。我的文字學研究的對象,只限於形體,我不但不想把音韻學找回來,實際上,還得把訓詁學送出去。"⑥至此,文字學才成爲一門以研究文字形體爲主的學科。

---

① 《國粹學報》第二年丙午第二十四、二十五期。
② 高亨《文字形義學概論》,山東人民出版社,1963年。據高亨《自序》,該書原稿成書於1949年前。
③ 羅君惕《漢文字學要籍概述》,中華書局,1984年。
④ 高明《中國古文字學通論》,文物出版社,1987年。
⑤ 唐蘭《古文字學導論》135頁,齊魯書社,1981年。
⑥ 唐蘭《中國文字學》5頁,上海古籍出版社,1979年。開明書店初版,1949年。

三、文字學的內部分支

文字學内部,由於研究對象和分類角度的不同,又有若干分支:

從研究的文字種類多少來分,有研究多種文字發展規律的普通文字學、研究兩種或幾種文字異同的比較文字學、研究一種文字的專語文字學。我國普通文字學和比較文字學的研究還比較薄弱,主要著作有王元鹿的《普通文字學概論》(貴州人民出版社,1996年)、《比較文字學》(廣西教育出版社,2001年),周有光《世界文字發展史》(上海教育出版社,1997年)、《比較文字學初探》(語文出版社,1998年),此外多是單篇論文。影響較大的譯著主要有英國愛德華·葛勞德著、林祝敔譯的《比較文字學概論》(商務印書館,1937年),蘇聯伊斯特林著、左少興譯的《文字的產生和發展》(北京大學出版社,1987年)。

從研究的文字的方面來分,有綜合研究一種文字各個方面的文字學通論,有專門研究文字構造的結構學、研究文字形體的形體學、研究單個文字演變歷史的字源學。文字結構學在漢字就是傳統的六書學,著述極多。文字形體學主要研究文字的外部形態,書法學界研究較多,而文字學界關注相對較少,重要的著作有蔣善國《漢字形體學》(文字改革出版社,1959年)。字源學研究單字的歷史,考釋字源的論文很多,但專著還少見,王蘊智《殷周古文同源分化現象探索》(吉林人民出版社,1996年)、郝士宏《古漢字同源分化研究》(安徽大學出版社,2008年)是從同源分化角度研究字源的專著。

就漢字來講,從時代來分,可以分爲古文字學(殷商、西周、春秋戰國、秦)、今文字學(漢及以後),以及新形成的現代漢字學。當然古文字學還可以按時代細分。從文字的載體質料來分,可以分爲甲骨文字學、金文文字學、簡帛文字學、石刻文字學、璽印文字學等。從字體來分,可以分爲甲骨文字學、金文文字學、篆文文字學、隸書文字學、楷書文字學、草書文字學等。此外,與一般研究正體文字的文字學相對,還可以分出主要研究非正體文字的俗文字學。

以上所述分支學科,有的已經存在,有的還有待於開拓建立。

第二節 漢文字學的歷史和現狀

一、漢文字學歷史的簡單回顧

我國文字學有悠久的歷史,從周秦到清代,大致可以分爲以下幾個時期①:

```
醞釀期——創立期——消沉期——中興期——消沉期——鼎盛期——拓展期
戰國至漢初  東漢    魏晉南北朝  唐宋      元明      清        民國至今
          《說文》            二徐               《說文》四大家  甲骨文
                            金石學              金石學大盛    現代語言理論
```

東漢以前爲文字學的醞釀時期。從戰國到漢初,有《史籀篇》《蒼頡篇》《爰歷篇》《博學篇》《凡將篇》《元尚篇》等字書問世。這種字書大約是學童的識字課本②,還談不上文字學的研究,但說明當時人們已在搜集、整理和解釋文字,爲文字學的確立創造了條件。

《漢書·藝文志》說:"《史籀篇》者,周時史官教學童書也,與

---

① 參見唐蘭《中國文字學》12頁:中國文字學史略,上海古籍出版社,1979年。胡樸安《中國文字學史》13頁:文字學史時期之區分,北京中國書店,1983年。黃德寬、陳秉新《漢語文字學史》,安徽教育出版社,1990年,又2006年增訂本。

② 朱鳳瀚《北大漢簡〈蒼頡篇〉概述》(《文物》2011年6期)指出:《蒼頡篇》中"文字字義有不少相當深奧,……所收似並非皆當時日常所用文字,其深度已遠超出小學識字書所需。……所以,以往研究《蒼頡篇》的學者所提出的,這部書在當時具有百科全書字彙的特徵是有道理的。"

孔氏壁中古文異體。"並記載《蒼頡篇》七章爲秦丞相李斯所作，《爰歷篇》六章爲秦車府令趙高所作，《博學篇》七章爲秦太史令胡毋敬所作，漢人合三書爲《蒼頡篇》，斷六十字爲一章，共五十五章，則共有三千三百字。又載《凡將篇》爲漢武帝時司馬相如所作，《急就篇》爲漢元帝時黃門令史游所作，《元尚篇》爲漢成帝時將作大匠李長所作。以上字書，完整流傳下來的只有《急就篇》，《蒼頡篇》則屢見於出土漢簡。從 20 世紀初至 1979 年，在西北居延地區 5 次出土《蒼頡篇》漢簡，總計 260 餘字①。1977 年，在安徽阜陽雙古堆漢墓出土《蒼頡篇》簡，541 字②。2009 年，北京大學接受一批從海外回贈的西漢竹簡，共 3346 號，完整簡 1600 餘枚，其中《蒼頡篇》82 枚，保存完整字 1325 個，殘字 11 個，字跡清晰，形體接近秦隸，内容可能更接近秦本原貌③。下面各舉一例：

居延漢簡：蒼頡作書，以教後嗣，幼子承詔，謹慎敬戒。
阜陽漢簡：□兼天下，海内并廁，飭端脩灋，變□□□。
北大漢簡：雲雨賈零，霧露雪霜，朔時日月，星晨紀綱，冬寒夏暑，玄氣陰陽。

史游《急就篇》今本 2144 字，最後 128 字爲東漢人所補，爲三、四、七言韻語，分姓氏名字、服器百物、文學德理三部分。下面略舉數例④：

宋延年，鄭子方，衛益壽，史步昌。（一章）
稻黍秫稷粟麻秔，餅餌麥飯甘豆羹。（十章）
治理掌故砥礪身，智能通達多見聞。（二十六章）

---

① 據朱鳳瀚《北大漢簡〈蒼頡篇〉概述》注 4，《文物》2011 年 6 期。
② 國家文物局古文獻研究室等《阜陽漢簡〈蒼頡篇〉》，胡平生、韓自強《〈蒼頡篇〉的初步研究》，《文物》1983 年 2 期。
③ 朱鳳瀚《北大漢簡〈蒼頡篇〉概述》，《文物》2011 年 6 期。
④ 史游《急就篇》，據《四庫全書》本。下同。

漢地廣大，無不容盛。萬方來朝，臣妾使令。邊境無事，中國安寧。百姓承德，陰陽和平。（三十二章）

在居延漢簡《蒼頡篇》中，有一支簡將10個從"黑"的字連排在一起①，說明當時的人已有按部首類聚漢字的意識。在《急就篇》中，更是開宗名義，提出了"分別部居不雜廁"的編排原則，雖然主要是指按義歸字，但也不排除有適當按部首歸字的意思。如第十三章"竹器"以下3句，21字中有19字從"竹"；第十九章"輻軏"以下3句，21字中有20字從"車"；第十二、十三章"鐵鈇"以下5句，35字中有32字從"金"。張舜徽指出："是編不沒之功，尤在分別部居，實開許慎《說文解字》分部系字之先。觀其臚列物名，悉用七言韻語，依文字偏旁，連類而下，將偏旁相同之字，層絫不絕，實為後來字書據形系聯之先驅。許慎後於史游百數十年，必得啟發於是編。是編開首已云'分別部居不雜廁'，而《說文敘》亦云'分別部居，不相雜廁'。一脈相承，不可掩也。"②

東漢是文字學的創立期。《說文解字》的問世，標誌著漢文字學的創立。《說文》雖不是一本理論研究著作，但其《敘》中的六書理論、書中對九千餘字的分部排列和對其形音義的解釋，標示了當時文字研究的成果。

魏晉南北朝是文字學的消沉期。唐蘭說："六朝是文字學衰頹，也是文字混亂的時期。"③但這一時期也有一些重要字書問世，如西晉呂忱《字林》，依《說文》分五百四十部，收字12824個，曾與《說文》齊名。梁顧野王《玉篇》，收字16917個，是歷史上第

---

① 羅振玉、王國維《流沙墜簡·小學術數方技書》13頁，中華書局，1993年。阜陽漢簡C033、C034亦有此句，但中殘3字。見國家文物局古文獻研究室等《阜陽漢簡〈蒼頡篇〉》，《文物》1983年2期。

② 張舜徽《漢書藝文志通釋》248頁，華中師範大學出版社，2004年。又參見孟琢《論〈說文〉形義統一原則的歷史來源》，《勵耘學刊·語言卷》2011年第2輯，學苑出版社，2012年。

③ 唐蘭《中國文字學》18頁，上海古籍出版社，1979年。

一部楷書字典。

唐宋是文字學的中興期。經過前一時期,"《說文》之學湮廢泯沒,能省讀者不能二三"①,唐大曆年間,李陽冰"刊定《說文》,修正筆法,學者師慕,篆籀中興"②。南唐二徐,弟徐鍇作《說文解字繫傳》,這是《說文》的第一個注本,傳承至今,世稱"小徐本"。兄徐鉉入宋後奉旨刊定《說文》,世稱"大徐本",是現在最常用的版本。李陽冰和二徐的工作,使在戰亂中瀕臨失傳的《說文》又得以流傳。宋代金石學發達,已開始注意古文字材料的搜集、刊佈和研究,奠定了古文字學的基礎。宋人鄭樵《通志·六書略》、王聖美的右文說、戴侗的《六書故》,突破了《說文》的格局,是許慎以後對六書理論和音義關係進行的最深入的研究③。

元明是文字學的消沉期。唐蘭說:"明朝是文字學最衰頹的時候,連一本始一終亥的《說文》都沒有刻過。"④當然元明兩朝《說文》研究也不是一無所有,一無是處。党懷興《宋元明六書學研究》對這一時期《說文》研究的情況和成果,進行了細緻的鉤稽,可以參看⑤。

清代是傳統文字學的鼎盛時期。當時"小學比任何一種經學發達,而在小學裏,《說文》又特別比其他字書發達。"⑥研究《說文》的著作之多、之廣、之深是空前絕後的,最著名的是段玉裁、朱駿聲、王筠、桂馥四大家。清代《說文》研究的主要成果收入1931年丁福保編纂的《說文解字詁林》中。清代金文研究也

---

① 徐鍇《說文解字繫傳》第三十六《祛妄》,中華書局,1987年。
② 徐鉉《上〈說文解字〉表》,《說文解字》320頁,中華書局,1978年。又參見周祖謨《李陽冰篆書考》,收入《問學集》,中華書局,1966年。
③ 參見党懷興《宋元明六書學研究》,中國社會科學出版社,2003年;《〈六書故〉研究》,陝西師範大學出版社,2000年。
④ 唐蘭《中國文字學》22頁,上海古籍出版社,1979年。
⑤ 党懷興《宋元明六書學研究》,中國社會科學出版社,2003年。
⑥ 唐蘭《中國文字學》22頁,上海古籍出版社,1979年。

達到了相當高的水準，甲骨文研究雖然剛剛開始，但爲文字學開闢了更廣闊的道路。

清以後至今，是文字學發展的拓展期。清末以後，由於西方現代語言學理論的傳入，使文字學在理論上有了長足的進步，逐漸擺脫了經學附庸的地位。民國年間殷墟甲骨的發掘，金文研究的發展，使古文字研究達到了很高的水準。特別是1949年以後，由於基本建設的普遍展開，出土文字材料不斷地大量湧現，使古文字學成爲一門國際性的顯學，成績十分顯著。相比之下，普通文字學、今文字學研究的發展，則顯得很不平衡。至上世紀70年代，文字學通論和今文字學的著作，比較重要的有：蔣善國《中國文字之原始及其構造》（商務印書館，1930年）、唐蘭《古文字學導論》（北京大學，1935年）、劉大白《文字學概論》（大江書鋪，1933年）、馬宗霍《文字學發凡》（商務印書館，1935年）、胡樸安《中國文字學史》（商務印書館，1937年）、張世祿《中國文字學概要》（文通書局，1941年）、齊佩瑢《中國文字學概要》（北平國立華北編輯館，1942年）、唐蘭《中國文字學》（開明書店，1949年）、梁東漢《漢字的形體及其流變》（上海教育出版社，1959年）、蔣善國《漢字形體學》（文字改革出版社，1959年）、周有光《漢字改革概論》（文字改革出版社，1961年）、高亨《文字形義學概論》（山東人民出版社，1963年）[①]，與古文字研究成果相比，顯得比較薄弱。

造成這種局面的原因，一是因爲古文字的研究，在中國畢竟有兩千年的傳統，而將文字學作爲一門獨立於經學的學科來建設，只是民國建立以後才開始的事情。二是因爲古文字學的發

---

① 清末以來的情況，參閱北京圖書館編《民國時期總書目·語言文字分冊》，書目文獻出版社，1986年。劉志成《中國文字學書目考錄》，巴蜀書社，1997年。裘錫圭、沈培《二十世紀的漢語文字學》，載劉堅主編《二十世紀的中國語言學》，北京大學出版社，1998年。

展,有考古學的強力推動。即使在"文化大革命"期間,學術刊物全都停刊,但不斷有文物出土,使《考古》《文物》較早得以復刊,爲古文字研究贏得了一定的空間。三是正好和古文字相反,從上個世紀50年代開始,受文字改革和"漢字消亡論"的影響,學術界盲目認爲漢字即將或必將爲拼音文字所取代,因而將注意力放在文字改革之上,而很少致力於漢字系統本身的研究。這種局面一直到上世紀80年代改革開放以後,才逐漸得到改變。

二、漢文字學研究的現狀

這裏所說的現狀,是指上世紀80年代改革開放以來的情況。這一段的情況可以用兩句話來概括:古文字學十分興盛,今文字學逐步發展。

古文字學的興盛主要表現在:

大量出土文獻面世,特別是多批簡牘的不斷出土、刊佈,吸引了越來越多的學者,特別是年輕學者加入研究隊伍,人氣很旺,成果也多。

多種大型古文字著錄書、工具書、資料合集出版,如《甲骨文合集》《甲骨文獻集成》《殷墟甲骨刻辭類纂》《甲骨文字典》《殷周金文集成》《金文文獻集成》《殷周金文集成引得》《金文大字典》《戰國文字編》等,總結了歷史經驗,使材料更豐富易得,促進了研究的展開。

使用了電腦等現代化信息處理手段,建立了多種資料庫,使古文字研究更便捷、更直觀、更精細、更準確。

成立了中國古文字研究會、中國文字學會等學術團體,會員眾多,交流頻繁,出版了《古文字研究》《中國文字學報》等會刊,同時一些重點研究單位也辦了刊物或網站,使交流和成果推出更加方便。

文字理論和今文字學逐步發展,其推動力來自兩個方面。

一是改革開放以後，由於解放思想，實事求是，人們重新省視漢字的歷史、功用、優點和缺點，認識到至少在可預見的將來，漢字不可能消亡，漢字何去何從，必須認真對待，而決策的基礎，是對漢字歷史和現狀深入科學的研究。二是信息化時代的迅速到來，漢字如何適應信息化的需要，成爲關係全民族國計民生的一件大事。形勢的發展要求對漢字的發展趨勢作出判斷，要求對漢字的字量、字形、字音、字序進行整理，要求建立漢字的各種標準，研製漢字的信息化手段。這些要求直接催生了現代漢字學、漢字信息處理等新興分支學科，同時也推動了基礎研究的發展。

這一時期的主要成果有：

現代漢字學：蘇培成《現代漢字學綱要》（北京大學出版社，1994年；增訂本，2001年），高家鶯等《現代漢字學》（高等教育出版社，1993年），殷寄明、汪如東《現代漢語文字學》（復旦大學出版社，2007年）。

普通文字學和比較文字學：王元鹿《普通文字學概論》（貴州人民出版社，1996年）、《比較文字學》（廣西教育出版社，2001年），周有光《世界文字發展史》（上海教育出版社，1997年）、《比較文字學初探》（語文出版社，1998年），何丹《圖畫文字說與人類文字的起源》（中國社會科學出版社，2003年）。

文字學通論：楊五銘《文字學》（湖南人民出版社，1986年）、蔣善國《漢字學》（上海教育出版社，1987年）、裘錫圭《文字學概要》（商務印書館，1988年）、王鳳陽《漢字學》（吉林文史出版社，1989年）、黃建中、胡培俊《漢字學通論》（華中師範大學出版社，1990年）、詹鄞鑫《漢字說略》（遼寧教育出版社，1991年）、劉又辛、方有國《漢字發展史綱要》（中國大百科全書出版社，2000年）、張桂光《漢字學簡論》（廣東高等教育出版社，2004年）、萬業馨《應用漢字學概要》（安徽大學出版社，2005年）、張其昀《漢字學基礎》（中國社會科學出版社，2005年）、李運富《漢字學新論》(北京師範大學出版社,2012年)。

漢字構形學:王寧《漢字構形學講座》(上海教育出版社,2002年)。

俗文字學:張涌泉《漢語俗字研究》(岳麓書社,1995年;增訂本,商務印書館,2010年)。

漢字規範化:高更生《現行漢字規範問題》(商務印書館,2002年)、李宇明、費錦昌主編《漢字規範百家談》(商務印書館,2004年)、張書岩主編《異體字研究》(商務印書館,2004年)、史定國主編《簡化字研究》(商務印書館,2004年)、張書岩等《簡化字溯源》(語文出版社,1997年)、厲兵主編《漢字字形研究》(商務印書館,2004年)。

文字學史:黃德寬、陳秉新《漢語文字學史》(安徽教育出版社,1990年)、孫鈞錫《中國漢字學史》(學苑出版社,1991年)、姚孝遂主編《中國文字學史》(吉林教育出版社,1995年)。

當然,我們也應該看到,漢字的理論研究、今文字(包括現代漢字)的研究,與古文字研究相比,無論研究者的人數、研究的深度廣度、研究成果,都還有較大的差距。科學的深入的漢文字學的建立,任重道遠,還有待於今後的繼續努力。

第三節 漢文字學研究的材料

可以說,凡是書寫有漢字的物質載體都是漢文字學研究的材料。這些材料從不同的角度可以有不同的分類。從材料的來源,可以分爲出土文字材料和傳世文字材料。從文字的形體,可以分爲古文字材料和今文字材料。從文字的時代,可以分爲商代文字、西周春秋文字、戰國文字、秦漢文字等等。從文字書寫的工具和物質載體,可以分爲甲骨文、金文、簡帛文字、璽印文字、碑刻文字、寫本文字、版刻文字等等。爲了敘述方便,下面按書寫文字的物質載體分類介紹。

一、甲骨刻辭

甲骨文是刻在龜甲獸骨上的文字,絕大部分屬於殷商時期,主要出土於河南安陽殷墟,也有少量爲周代甲骨,出土於陝西岐山、扶風之周原。刊載甲骨拓片、照片、摹本的著錄書主要有:

郭沫若主編、胡厚宣總編輯《甲骨文合集》,中華書局,1979—1982 年。該書 13 冊,收錄甲骨41956 片,是收錄甲骨材料最多的書。前 12 冊爲拓片(有少量照片),分五期排列,每期內按事類編排,第 13 冊爲摹本。

彭邦炯等《甲骨文合集補編》,語文出版社,1999 年。

中國社會科學院考古研究所《小屯南地甲骨》,中華書局,1980—1983 年。

李學勤等《英國所藏甲骨集》,中華書局,1985 年。

中國社會科學院考古研究所《殷墟花園莊東地甲骨》,雲南人民出版社,2003 年。

中國社會科學院考古研究所《殷墟小屯村中村南甲骨》,雲南人民出版社,2012 年。

曹瑋《周原甲骨文》,世界圖書出版公司,2002 年。

近年還有許多單位將其所藏甲骨著錄出版,如:李鍾淑、葛英會《北京大學珍藏甲骨文字》(上海古籍出版社,2008 年),上海博物館《上海博物館藏甲骨文字》(上海辭書出版社,2009 年),台北歷史語言研究所《史語所購藏甲骨集》(台北歷史語言研究所,2009 年),宋鎮豪等《中國社會科學院歷史研究所藏甲骨集》(上海古籍出版社,2011 年)等。

關於甲骨文的工具書和電子語料庫主要有:

釋文:胡厚宣主編《甲骨文合集釋文》(中國社會科學出版社,1999 年),曹錦炎、沈建華《甲骨文校釋總集》(上海辭書出版社,2006 年),陳年福《殷墟甲骨文摹釋全編》(線裝書局,2010

年)。此外,姚孝遂、肖丁主編《殷墟甲骨刻辭摹釋總集》(中華書局,1988年),該書摹釋了《甲骨文合集》《小屯南地甲骨》《英國所藏甲骨集》《東京大學東洋文化研究所藏甲骨文字》《懷特氏等所藏甲骨文集》5書。這些有關釋文的書可對照原片,幫助釋讀。

字編、字表:孫海波《甲骨文編》(中華書局,1965年),劉釗等《新甲骨文編》(福建人民出版社,2009年),李宗焜《甲骨文字編》(中華書局,2012年),沈建華、曹錦炎《甲骨文字形表》(上海辭書出版社,2008年)。

字詞典:徐中舒主編《甲骨文字典》(四川辭書出版社,1988年)、崔恒昇《簡明甲骨文詞典》(安徽教育出版社,1992年;2001年第2版)、趙誠《甲骨文簡明詞典——卜辭分類讀本》(中華書局,2009年)。

索引:姚孝遂、肖丁主編《殷墟甲骨刻辭類纂》(中華書局,1989年)。

匯釋:李孝定《甲骨文字集釋》(台北歷史語言研究所,1965年)、于省吾主編《甲骨文字詁林》(中華書局,1996年)。

文獻匯編:宋鎮豪、段志洪主編《甲骨文獻集成》(四川大學出版社,2001年)。該書40冊,匯集了1899年至1999年甲骨文發現100年來的主要研究文獻。

電子語料庫:香港中文大學中國文化研究所漢達文庫的甲骨文全文電腦資料庫。

二、銅器銘文

銅器銘文又稱金文,指鑄造或鐫刻在青銅器上的文字。最早的金文見於商代晚期,西周是金文的鼎盛時期,春秋戰國逐漸低落,一直到漢魏,仍有少量金文。商周金文的主要著錄書有:

中國社會科學院考古研究所《殷周金文集成》,中華書局,1984—1994年。該書18冊,銘文的順序編號為12113,但減去器類之間的空號,實收銅器銘文11983件。2007年,《殷周金文集成(修訂增補本)》出版,附有張亞初的釋文,便於使用。

《殷周金文集成》之後新出的金文,有以下書著錄:

劉雨、盧岩《近出殷周金文集錄》,中華書局,2002年。

鍾柏生等《新收殷周青銅器銘文暨器影彙編》,藝文印書館,2006年。

劉雨、嚴志斌《近出殷周金文集錄二編》,中華書局,2010年。

2012年9月,吳鎮烽《商周青銅器銘文暨圖像集成》由上海古籍出版社出版。該書35冊,收錄商周銅器銘文16704件,下限截至2012年2月,其中700餘件系首次著錄,同時又收錄銅器圖像,將釋文、出土的時地、收藏單位、尺度重量、形制紋飾等資料編排在一起,是目前收錄金文最多、資料最齊備的著錄書。

關於金文的工具書和電子語料庫主要有:

釋文:中國社會科學院考古研究所《〈殷周金文集成〉釋文》(香港中文大學中國文化研究所,2001年)、張亞初《〈殷周金文集成〉引得》(釋文部分,中華書局,2001年)、華東師範大學中國文字研究與應用中心《金文引得(殷商西周卷)》(釋文部分,廣西教育出版社,2001年)、《金文引得(春秋戰國卷)》(釋文部分,廣西教育出版社,2002年)。

字編:容庚編,張振林、馬國權摹補《金文編》(中華書局,1985年),董蓮池《新金文編》(作家出版社,2011年),陳斯鵬等《新見金文字編》(福建人民出版社,2012年)。

字詞典:陳初生《金文常用字典》(陝西人民出版社,1987年;修訂本2004年)、戴家祥《金文大字典》(學林出版社,1995年)、王文耀《簡明金文詞典》(上海辭書出版社,1998年)。

索引:張亞初《〈殷周金文集成〉引得》(中華書局,2001年)、華東師範大學中國文字研究與應用中心《金文引得(殷商西周卷)》(廣西教育出版社,2001年)、《金文引得(春秋戰國卷)》(廣西教育出版社,2002年)。

匯釋:周法高主編《金文詁林》(香港中文大學,1974—1975年)、周法高《金文詁林補》(台北歷史語言研究所,1982年)。

文獻匯編:劉慶柱、段志洪、馮時《金文文獻集成》(線裝書局,2005年)。該書8開46冊,匯集了從宋代至1990年金文研究的主要文獻。

電子語料庫:香港中文大學中國文化研究所漢達文庫金文全文電腦資料庫、台北歷史語言研究所殷周金文暨青銅器資料庫、陝西省考古研究院吳鎮烽《商周金文資料通鑒》。

三、簡牘帛書

簡牘是用於書寫的竹木片,在紙張廣泛運用以前,簡牘是我國最主要的書寫材料。帛是絹帛,因價值貴重,使用沒有簡牘廣泛,但也是紙張以前重要的書寫材料。因簡牘與帛書的使用時段、出土、研究關係密切,故此處放在一起敘述。

古代簡牘的發現,最早可以追溯到漢武帝末魯恭王"壞孔子宅,欲以廣宮室,而得《古文尚書》及《禮記》《論語》《孝經》凡數十篇"[1]。近代我國簡牘的發現始於西方探險家在西北的發掘。1914年,羅振玉、王國維根據法國學者沙畹提供的英人斯坦因在敦煌等地發現的漢魏簡牘資料,在日本出版了《流沙墜簡》,這是我國近代學者著錄研究簡牘的開端。1949年以前,簡牘主要出土於西北,1949年以後,除西北繼續有重大發現,在湖北、湖南、山東、江蘇等地也出土了大量簡牘[2],下面略舉其要。

---

[1] 《漢書·藝文志》,中華書局標點本1706頁,1962年。
[2] 參見駢宇騫《簡帛文獻概述》第二章《二十世紀主要出土簡帛資料》,萬卷樓圖書股份有限公司,2005年;張顯成《簡帛文獻學通論》第二章《古今出土簡帛大觀》,中華書局,2004年;李零《簡帛古書與學術源流》第三講《簡帛的埋藏與發現》,三聯書店,2004年。

戰國簡：河南省文物研究所《信陽楚墓》（文物出版社，1986年）、湖北省博物館《曾侯乙墓》（文物出版社，1989年）、湖北荊沙鐵路考古隊《包山楚簡》（文物出版社，1991年）、湖北省文物考古研究所等《望山楚簡》（中華書局，1995年）、荊門市博物館《郭店楚墓竹簡》（文物出版社，1998年）、湖北省文物考古研究所等《九店楚簡》（中華書局，2000年）、馬承源主編《上海博物館藏戰國楚竹書》（一—九）（上海古籍出版社，2001—2012年）、河南省文物考古研究所《新蔡葛陵楚墓》（大象出版社，2003年）、清華大學出土文獻研究與保護中心《清華大學藏戰國竹簡》（壹—叁）（中西書局，2010—2012年）、曹錦炎《浙江大學藏戰國楚簡》（浙江大學出版社，2011年）。

秦簡：睡虎地秦墓竹簡整理小組《睡虎地秦墓竹簡》（文物出版社，1990年），中國文物研究所等《龍崗秦簡》（中華書局，2001年），湖北省荊州市周梁玉橋遺址博物館《關沮秦漢墓簡牘》（中華書局，2001年），甘肅省文物考古研究所《天水放馬灘秦簡》（中華書局，2009年），朱漢民、陳松長主編《嶽麓書院藏秦簡》（壹—叁）（上海辭書出版社，2010—2013年），湖南省文物考古研究所《里耶秦簡（壹）》（文物出版社，2012年）。

漢簡：中國科學院考古研究所《居延漢簡甲編》（科學出版社，1959年）、甘肅省博物館等《武威漢簡》（文物出版社，1964年）、中國社會科學院考古研究所《居延漢簡甲乙編》（中華書局，1980年）、銀雀山漢墓竹簡整理小組編《銀雀山漢墓》（壹、貳）（文物出版社，1985、2010年）、甘肅省文物考古研究所《敦煌漢簡》（中華書局，1991年）、甘肅省文物考古研究所等《居延新簡——甲渠候官》（中華書局，1994年）、連雲港市博物館等《尹灣漢墓簡牘》（中華書局，1997年）、張家山二四七號漢墓竹簡整理小組《張家山漢墓竹簡〔二四七號墓〕》（文物出版社，2001年）、湖北省文物考古研究所等《隨州孔家坡漢墓簡牘》（文物出版社，2006年）。

三國簡：長沙文物考古研究所等《長沙走馬樓三國吳簡——嘉禾吏民田家莂》（文物出版社，1999年）、長沙文物考古研究所等《長沙走馬樓三國吳簡·竹簡》（壹—肆）（文物出版社，2003—2011年）。

帛書：饒宗頤、曾憲通《楚帛書》（香港中華書局，1985年）、李零《長沙子彈庫戰國楚帛書研究》（中華書局，1985年）、國家文物局古文獻研究室《馬王堆漢墓帛書〔壹〕》（文物出版社，1980年）、馬王堆漢墓帛書整理小組《馬王堆漢墓帛書》（叁、肆）（文物出版社，1983、1985年）。

關於簡牘帛書的工具書和電子語料庫主要有：

字編：陸錫興《漢代簡牘草字編》（上海書畫出版社，1989年），曾憲通《長沙楚帛書文字編》（中華書局，1993年），陳振裕、劉信芳《睡虎地秦簡文字編》（湖北人民出版社，1993年），張守中《睡虎地秦簡文字編》（文物出版社，1994年），滕壬生《楚系簡帛文字編》（湖北教育出版社，1995年；增訂本，2008年），張守中《包山楚簡文字編》（文物出版社，1996年），張守中等《郭店楚墓竹簡文字編》（文物出版社，2000年），湯餘惠主編《戰國文字編》（福建人民出版社，2001年），駢宇騫《銀雀山漢簡文字編》（文物出版社，2001年），李守奎《楚文字編》（華東師範大學出版社，2003年），李守奎等《上海博物館藏戰國楚竹書（一—五）文字編》（作家出版社，2007年），程燕《望山楚簡文字編》（中華書局，2007年），張新俊、張勝波《新蔡葛陵楚簡文字編》（巴蜀書社，2008年），張守中《張家山漢簡文字編》（文物出版社，2012年），方勇《秦簡牘文字編》（福建人民出版社，2012年），饒宗頤主編《上博藏戰國楚竹書字匯》（安徽大學出版社，2012年），李守奎等《包山楚墓文字全編》（上海古籍出版社，2012年）。

字典：何琳儀《戰國古文字典——戰國文字聲系》（中華書局，1998 年）、白於藍《簡牘帛書通假字字典》（福建人民出版社，2008 年）、劉信芳《楚簡帛通假彙釋》（高等教育出版社，2011 年）、白於藍《戰國秦漢簡帛古書通假字彙纂》（福建人民出版社，2012 年）。

電子語料庫：香港中文大學中國文化研究所漢達文庫竹簡帛書電腦資料庫、武漢大學簡帛研究中心資料庫。

四、石刻

石刻的起源很早，1935 年在安陽侯家莊殷墟王陵 1003 號墓出土有刻字的石簋，1976 年在殷墟婦好墓出土有刻字的玉戈、小石磬和石牛①。春秋戰國時期，石刻逐漸增多。最重要的是石鼓文，大約是春秋末期秦國的石刻。秦代始皇巡視四方，刻石紀功，但保存下來的只有極少數殘石。現存西漢石刻不多，東漢石刻發展迅速，種類繁多，如碑碣、石闕、摩崖、墓誌、造像記、石刻畫像題字等等，有些一直延續至今②。其主要著錄書有：

郭沫若《石鼓文研究》《詛楚文考釋》，《郭沫若全集·考古編》第九卷，科學出版社，1982 年。

徐寶貴《石鼓文整理研究》，中華書局，2008 年。

趙萬里《漢魏南北朝墓誌集釋》，科學出版社，1956 年。

河南省文物研究所等《千唐誌齋藏誌》，文物出版社，1984 年。

北京圖書館金石組《北京圖書館藏中國歷代石刻拓本匯編》，中州古籍出版社，1989—1990 年。該書 101 冊，收石刻 2 萬餘種，是我國目前最大的一部通代石刻拓本匯編。

---

① 中國社會科學院考古研究所《殷墟婦好墓》136 頁、圖 75，文物出版社，1980 年。中國社會科學院考古研究所《殷墟玉器》，文物出版社，1982 年。

② 參見毛遠明《碑刻文獻學通論》，中華書局，2009 年。

毛漢光《唐代墓誌銘彙編附考》，台北歷史語言研究所，1991年。該書收錄唐代墓誌1800餘方。

吳鋼、吳樹平主編《隋唐五代墓誌彙編》，天津古籍出版社，1991年。該書收錄傳世和新出土的墓誌5千餘方。

中國文物研究所《新中國出土墓誌》，文物出版社，1994年開始分省、分冊陸續出版，目前已出北京、河北、河南、陝西、江蘇、重慶分卷。

高峽主編《西安碑林全集》，廣東經濟出版社、海天出版社，1999年。

徐玉立主編《漢碑全集》，河南美術出版社，2006年。

王其禕、周曉薇《隋代墓誌銘彙考》，線裝書局，2007年。

毛遠明《漢魏六朝碑刻校注》，線裝書局，2008年。該書收錄碑碣1417通，有拓片、釋文和校注，使用方便。

石刻錄文匯編：周紹良、趙超《唐代墓誌彙編》（上海古籍出版社，1992年），周紹良、趙超《唐代墓誌彙編續集》（上海古籍出版社，2001年）。

關於石刻文字的字典不多，主要集中在異體、俗字，如：秦公《碑別字新編》（文物出版社，1985），秦公、劉大新《廣碑別字》（國際文化出版公司，1995年），商承祚《石刻篆文編》（中華書局，1996年），吳鋼、吳大敏《唐碑俗字錄》（三秦出版社，2004年），臧克和《漢魏六朝隋唐五代字形表》（南方日報出版社，2011年）。

五、璽印、貨幣、陶文、盟書

璽印文字，指古代印章上的文字，主要分官璽、私璽、成語璽。封泥是璽印鈐蓋的產物，其文字可歸入璽印文字。現常見的著錄書和工具書有：羅福頤主編《古璽彙編》（文物出版社，1981年）、羅福頤主編《古璽文編》（文物出版社，1981年）、孫慰祖主編《古封泥集成》（上海書店出版社，1994年）、周曉陸主編

《二十世紀出土璽印集成》（中華書局，2010年）。

貨幣文字，指古代金屬鑄幣上的文字。現常見的著錄書和工具書有：汪慶正主編《中國歷代貨幣大系・先秦貨幣》（上海人民出版社，1988年）、馬飛海主編《中國歷代貨幣大系・秦漢三國兩晉南北朝貨幣》（上海辭書出版社，2002年）、商承祚《先秦貨幣文編》（書目文獻出版社，1983年）、張頷《古幣文編》（中華書局，1986年）、吳良寶《先秦貨幣文字編》（福建人民出版社，2006年）。

陶文，指刻印在陶器上的文字。現常見的著錄書和工具書有：袁仲一《秦代陶文》（三秦出版社，1987年），高明《古陶文彙編》（中華書局，1990年），高明、葛英會《古陶文字徵》（中華書局，1991年），顧廷龍《古匋文舂錄》（上海古籍出版社，2004年），袁仲一、劉鈺《秦陶文新編》（文物出版社，2009年）。

盟書，又稱載書，是參盟者書寫在石片上的盟誓文書。上世紀三四十年代在河南溫縣曾發現盟書，80年代河南省博物館進行過發掘，出土盟書4000多件，但未發表。1965年至1966年在山西侯馬晉國遺址發現春秋晚期盟書5000餘件，可認讀的600餘件，著錄於山西省文物工作委員會《侯馬盟書》（文物出版社，1976年），又張頷等《侯馬盟書（增訂本）》（山西古籍出版社，2006年）。

六、紙質文獻

造紙術是我國四大發明之一，考古材料證明，在西漢紙已經產生，魏晉以後，紙取代簡帛，成爲主要的書寫材料。現存紙質文獻，一是傳世文獻，二是出土文獻。傳世的手寫或版刻的文獻，反映了漢魏至今各個時期文字使用和發展演變的情況，是文字學研究，特別是今文字研究、俗字研究的第一手資料。應注意的是，傳世文獻中也有很多古文字資料，如小篆主要靠傳世的

《說文解字》保存下來,又如《汗簡》《古文四聲韻》保存的傳抄古文字,以及《玉篇》《一切經音義》《廣韻》《集韻》《類篇》《龍龕手鏡》等字書收錄的隸定古文字等。出土的紙質文獻,主要見於西北地區,漢魏晉寫本很少,敦煌寫本即敦煌藏經洞所保存的從南北朝至北宋前期的寫本是出土紙質文獻的大宗。其主要的著錄書和工具書有:

侯燦、楊代欣《樓蘭漢文簡紙文書集成》,天地出版社,1999年。該書收錄樓蘭地區出土木簡、紙質文書709號,其中魏晉紙質文書307號,是目前收錄早期紙質文獻數量最多的著錄書。

黃永武《敦煌寶藏》,140冊,新文豐出版公司,1981—1986年。

中國社會科學院歷史研究所等《英藏敦煌文獻》14冊,四川人民出版社,1990—1995年。

上海古籍出版社等《法藏敦煌西域文獻》1—34冊,上海古籍出版社,1995—2005年。

俄羅斯科學院東方研究所聖彼得堡分所等《俄藏敦煌文獻》1—17冊,上海古籍出版社、俄羅斯科學出版社東方文學部,1992—2001年。

中國國家圖書館《國家圖書館藏敦煌遺書》1—136冊,北京圖書館出版社,2005—2010年。

上海古籍出版社等《上海博物館藏敦煌文獻》1—2冊,上海古籍出版社,1993年。

上海圖書館等《上海圖書館藏敦煌吐魯番文獻》1—4冊,上海古籍出版社,1999年。

字譜、字典:潘重規《敦煌俗字譜》(石門圖書公司,1978年)、黃征《敦煌俗字典》(上海教育出版社,2005年)。

第四節　漢文字學的功用和學習方法

一、漢文字學的功用

漢文字學的功用是多方面的,重要的有以下三個方面:

1. 瞭解文字的古形古義,幫助讀懂古書。例如:

亂:

《尚書·皋陶謨》:"亂而敬。"孔安國傳:"亂,治也,有治而能謹敬。"《史記·夏本記》作"治而敬"。

《尚書·泰誓中》:"予有亂臣十人,同心同道。"孔安國傳:"我治理之臣雖少而心德同。"

《尚書·微子》:"殷其弗或亂正四方。"孔安國傳:"或,有也。言殷其不有治正四方之事將必亡。"《史記·宋微子世家》作"殷不有治政,不治四方。"

"亂"爲何有"治、亂"一對相反的意義?"亂"詛楚文作 , 小篆作 亂。《說文·十四下乙部》:"亂,治也。从乙,乙,治也。从𠬪。""𠬪"金文作 (召伯簋),小篆作 𠬪。《四下𠬪部》:"𠬪,治也。幺子相亂,𠬪治之也。讀若亂同,一曰理也。""𠬪""亂"都象以手理絲形。亂而需理,經理而治,故字有相反的兩義。段注本改"亂"的說解爲"亂,不治也",實無必要。

乘:

《詩經·衛風·氓》:"乘彼垝垣,以望復關。"鄭箋:"故登毀垣,鄉其所近而望之。"

《詩經·豳風·七月》:"亟其乘屋,其始播百穀。"毛傳:"乘,升也。"孔疏:"又當急其升上野廬之屋而修治之,以待耕耔之時所以止息。"

《爾雅·釋獸》:"蜼卬鼻而長尾,時善乘領。"郭璞注:"好登山峰。"

《呂氏春秋·貴直》:"趙簡子攻衛,附郭。自將兵,及戰,且遠立,又居於犀蔽屏櫓之下。鼓之而士不起。……簡子乃去犀蔽屏櫓,而立於矢石之所及,一鼓而士畢乘之。"高誘注:"乘,陵也。"

《楚辭·涉江》:"乘鄂渚而反顧兮,欸秋冬之緒風。"王逸注:"乘,登也。"

《釋名·釋姿容》:"乘,陞也。"

"乘"甲骨文作 ❋（合 4002）、❋（屯 135）,金文作 ❋（克鐘）、❋（公臣簋）,象人登樹之形。小篆訛變作 ❋,《說文·五下桀部》:"椉,覆也,从入桀。桀,黠也。軍法曰乘。❋古文乘从几。"段注:"凡黠者必強。"《說文》所釋之義已是引申義而不是本義。但金文鄂君啟車節正作 ❋。乘的本義應是登高,乘車是其引申義。《周禮·夏官·隸僕》:"王行,洗乘石。"乘石即登車之石,乘義爲登。徐中舒《漢語古文字字形表》"乘"字眉批:"乘金文作 ❋,象大人張足立於木上（車乃木制）,鄂君車節省 ❋ 爲 ❋,改木爲 ⋂,⋂ 正象車箱開口在後,人自車箱後上下之形。"[1]其實登几亦是登高,釋木爲"車乃木制",釋 ⋂ 爲車箱,是以登車爲其字形義,說解迂曲,且有本末倒置之嫌。

古漢語教學中,類似的例子很多。如:《詩經·魏風·伐檀》"胡瞻爾庭有縣貆兮",《呂氏春秋·察今》"澭水暴益",《史記·魏公子列傳》"以至晉鄙軍之日北鄉自剄",有的書說其中的"縣、益、鄉"是假借爲"懸、溢、向"。其實這三個字,"縣"的古文字字形作 ❋（縣妃簋）,象人頭懸掛在木上之形,"益"的古文字字形

---

[1] 徐中舒《漢語古文字字形表》211頁,四川人民出版社,1980年。

作 ![字形](合 18802)，象水從器皿中溢出之形，正是"懸、溢"的本字；"鄉"的古文字字形作 ![字形](合 5236)，象人相向而食，正是"朝向、向著"義的本字，說它們是假借，完全是以今律古了。

又如"爲"字，在初中文言課文中有多種用法：

求：《爲學》。

題寫：並自爲其名。（《傷仲永》）

談：一人去爲市。（《童區寄傳》）

雕刻：能以徑寸之木，爲宮室、器皿、人物。（《核舟記》）

使用：唐人尚未盛爲之。（《活版》）

成爲：全石以爲底。（《小石潭記》）

作：爲一說。（《黃生借書說》）

製造：公輸盤爲我爲雲梯。（《公輸》）

擔當：向吾不爲斯役。（《捕蛇者說》）

唱：好爲梁父吟。（《隆中對》）

表現：及爲忠善者。（《出師表》）

縫：細綺爲下裙。（《陌上桑》）

這些意義，變化多端，不易把握。如果我們在教學中，適當地引進古文字的字形，說明"爲"的甲骨文字形作 ![字形](合 15185)、![字形](合 15188)，象以手牽象之形，其核心意義就是"做、幹"，可以搭配很多對象，相當於現代漢語中的萬能動詞"搞"。若翻譯成現代漢語，只要根據現在的搭配習慣，翻譯成適當的詞就行了。如"爲梁父吟"就是"唱"，"爲文"就是"寫"。同是"爲宮室"，若是蓋房子，可譯爲"建造"；若是用木石雕成模型，可譯爲"雕刻"；若是圖上作業，可譯爲"畫"。不是這幾個"爲"的意義有所不同，其實它們都是"做"的意思，只是現在的搭配習慣有所不同罷了。這樣不是可以收到以簡馭繁的效果嗎？

2. 利用文字學知識幫助校勘古籍

傳世古籍由於長期輾轉傳抄，訛誤甚多。運用古文字字形，是古籍校勘的重要方法，下面略舉數例。

清末學者運用金文校勘《尚書》是學術史上一個很有名的例子。《尚書·大誥》有"寧王""寧武""前寧人"等詞語，前人多解"寧"爲安寧義，如《大誥》"寧王遺我大寶龜"，僞孔傳曰："安天下之王，謂文王也。"牽强難從。王懿榮首先指出"寧"爲"文"之誤。陳介祺同治十三年（1874年）十月十三日在一封信中説："福山王廉生農部懿榮書來，謂《大誥》'寧王''寧武'皆古文'文'作 ![字形] 作 ![字形] 之訛。余謂'文人'見《詩》，'前文人'見兮中鐘、西宫殷，尤不可移。"同時或稍後的學者吴大澂、孫詒讓、方濬益等陸續有論述和補充，使之成爲定論①。

清人俞樾《古書疑義舉例》七十五《不識古字而誤改例》説：

> 學者少見多怪，遇有古字而不能識，以形似之字改之，往往失其本真矣。
>
> "其"古文作"丌"，……《國語·吴語》"伯父多歷年以没其身"，語義甚明，因其字從古文"丌"，學者不識，改作"元"字，"以没元身"，義不可通矣。
>
> "終"古文作"冬"，《大戴記·本命篇》"女終日乎閨門之内"，義本甚明。因"終"字從古文"冬"，隸變作"夂"，學者不識，改作"及"字，孔氏《補注》曰："及日猶終日"，則義不可通矣。
>
> "起"古文作"迉"，《漢書·孝哀帝記》建平元年詔曰："其與大司馬、列侯、將軍、中二千石、州牧、守相，舉孝弟惇厚、能直言、通政事，迉於側陋、可親民者各一人。""起於側陋"，謂從微賤起家，故能周知民間疾苦，可使親民也。學者不識"迉"字，誤作"延"字。

---

① 裘錫圭《談談清末學者利用金文校勘〈尚書〉的一個重大發現》，《古籍整理與研究》4期，中華書局，1989年。又《裘錫圭學術文集》第4卷，復旦大學出版社，2012年。

師古訓爲"可延致而仕者",文義迂回。王氏念孫遂議移此四字於州守相之下矣。

商承祚《說文中之古文考》❋字條說:

《說文》"龜,舊也,骨內肉者也。……❋,古文龜。"案甲骨文作🐢🐢🐢,金文龜父丙鼎作🐢,叔龜敦作🐢,繪龜之狀,或側或正,無不象其被甲短尾。《玉篇》作䖝,敦煌尚書西伯勘䖝作䖝,則由䖝形訛變。《逸周書・嘗麥解》"宰乃承王中",又"執筴從中"及"宰坐尊中",以義考之,三"中"字皆䖝寫失,而"王中"之"王",又"玉"之誤也①。

夏淥《"小子"釋義辨正》指出,中山王鼎:"寡人聞之,事🦅如長,事愚如智。"🦅應爲"少",形聲字。由此看來,《尚書》中有一些王自稱"小子"的句子,如"非台小子敢行稱亂"(《湯誓》)、"予小子不明于德"(《太甲》),其"小子"舊說皆認爲是王的謙稱,現在看來,應該是"少"或"小"②。

裘錫圭《〈論衡〉札記》校《程材篇》"蒙士解過"句指出:"'蒙士解過',義不可通。漢人書薦字往往似'蒙',如武威《儀禮》簡作🀄、🀄等形,孔彪碑作🀄,故易訛作蒙字。"並舉同書《效力篇》"能舉賢薦士"、《須頌篇》"譽薦士吏"等,證成其說③。

---

① 商承祚《說文中之古文考》113頁,上海古籍出版社,1983年。
② 夏淥《"小子"釋義辨正》,《中國語文》1986年4期。
③ 裘錫圭《〈論衡〉札記》,《文史》第五輯,中華書局,1978年。又《裘錫圭學術文集》第4卷,復旦大學出版社,2012年。

3. 認識漢字的性質和發展規律，更好地整理和使用漢字

漢字數量龐大，隨著歷史的發展迅速增加。《說文解字》收字 9353 個，《玉篇》收字 22726 個，《廣韻》收字 26194 個，《類篇》收字 31319 個，《集韻》收字 53525 個，《康熙字典》收字 47035 個，《漢語大字典》收字 54678 個①，《中華字海》收字 85568 個②，台灣的《異體字典》甚至收字 106230 个③。這些漢字，是一堆龐大的歷史堆積物，必須儘快地加以整理，以利當前的使用。

自清末以來，廢棄漢字，改用拉丁化新文字的呼聲甚高，但經過近幾十年的實踐，收效甚微。漢字何去何從，幾十年來舉棋不定，這給語言教學、民族語文、詞典編纂、出版印刷、對外交流、翻譯通訊、計算機信息化、標準化等工作帶來了許多混亂和損失。而這個問題的解決，必須在對漢字的性質和發展規律進行深入科學的研究之後才能得出結論，此項工作，現在還做得十分不夠，亟待努力。

二、漢文字學的學習方法

學習文字學的方法，不同的人、從不同的角度可以有不同的看法，下面提出幾點來談談。

1. 注意相關學科基礎知識的學習和積累

著名文字學家唐蘭說過一句有名的話："古文字學的功夫不在文字學。"④這句話聽起來有一點像悖論，實際上他的意思是，要想學好古文字，必須掌握古文字以外的廣博的知識。這句話

---

① 據《漢語大字典》第八卷 5460 頁《歷代部分字書收字情況簡表》，四川辭書出版社、湖北辭書出版社，1990 年。《集韻》是韻書，一個字有幾個讀音就算幾個字，如 "湛" 字有 10 個讀音，就算 10 個字。如果照字書的標準按字頭計算，大約是三萬多字，與《類篇》接近。參見趙振鐸《集韻研究》29 頁，語文出版社，2006 年。
② 據冷玉龍、韋一心主編《中華字海·凡例》，中華書局、中國友誼出版公司，1994 年。
③ 據台灣《異體字典》正式五版網路版《編輯略例》，2004 年。
④ 轉引自李學勤《談自學古文字》，《文史知識》1981 年 6 期。

對於學習一般的文字學同樣適用。文字學與語言學、歷史學、考古學、民族學、民俗學、金石學、文獻學、美術學、書法學、器物學等學科都有密切的聯繫,沒有較爲廣博的基礎知識,就不可能學好文字學。所以王國維在談到銘文釋讀時說:"文無古今,未有不文從字順者。今日通行文字,人人能讀之能解之。《詩》《書》彝器亦古之通行文字,今日所以難讀者,由今人之知古代不如知現代之深故也。苟考之史實與制度文物,以知其時代之情狀,本之《詩》《書》以求其文之義例,考之古音以通其義之假借,參之彝器以驗其文字之變化,由此而之彼,即甲以推乙,則於字之不可釋,義之不可通者必間有獲焉。"①

例如古代帝王稱"后",如夏之后羿、商之后辛(《離騷》:"后辛之菹醢兮,殷宗用之不長。")、周之后稷,但甲骨文中的"后"均用"毓"(育)字,寫作 、、,象女人生子之形。如:

癸亥卜,古貞,求年自上甲至于多毓(后)?九月。(合 10111)

乙未卜,行貞,王賓奏自上甲卒乙多毓(后)亡尤?在十二月。(合 22625)

爲何用婦女生子之"毓"來表示帝王之"后"? 王國維認爲是甲骨文"毓"字"皆象倒子在人後,故引申爲先後之後,又引申爲繼體君之后。"②郭沫若指出:"后當是母權時代女性酋長之稱。母權時代族中最高之主宰爲母,母氏最高之德業爲毓,故以毓稱之也。毓字變爲后,后義後限用於王妃,亦猶其古義之孑遺矣。"③郭沫若的

---

① 王國維《毛公鼎考釋序》,《觀堂集林》卷六 294 頁,中華書局,1984 年。
② 王國維《戩壽堂所藏殷虛文字考釋》8 頁,上海倉聖明智大學石印,1917 年。又羅振玉《增訂殷墟書契考釋》52 頁引,東方學會印行,1927 年。
③ 郭沫若《卜辭通纂》247 頁,科學出版社,1982 年。

看法更深刻,原始社會以生育爲氏族之第一大事,母系氏族以生育力強、子女多的女人爲后,商代去古未遠,故在文字上有此反映,這不僅僅是一種文字現象,更是一種社會文化現象。

又如《孫臏兵法·十問》:"敽此者,慎避險且,決而道之,牴諸易,適唯什負,便我車騎,三軍可敽。"文中"且、適、唯、負"即"阻、敵、雖、倍"的假借字,其中"負"假作"倍",如果沒有漢語音韵學"古無輕唇音"的知識,是無法判別的。

在各相關學科中,應特別注意汲取和運用文物考古方面的最新成就,用以充實和修正我們原有的結論。

例如《史記》早晚的"早"皆假"蚤"字爲之,一般認爲這是本無其字的假借。1977 年出土的中山王器大鼎有 ![字] (早棄群臣)句,"早"字作 ![字],從日棗聲,說明此字的本字早已有之。

又如"宮"字,《說文·七下宀部》的解釋是:"宮,室也,從宀躳省聲。""躳"即"躬",《說文·七下呂部》釋爲:"躳,身也,從身從呂。躬,躳或從弓。"而"呂"則釋爲:"呂,脊骨也,象形。"(七下呂部)考甲骨文"宮"作 ![字]、![字]、![字]、![字]、![字] 諸形,羅振玉說:"從呂從 ![字],象有數室之狀,從 ![字],象此室達於彼室之狀,皆象形也。《說文解字》謂從躳省聲,誤以象形爲形聲矣。"①1955 年西安客省莊龍山文化遺址發掘出的內外室相連的房屋,平面成"呂"字形②,甲骨文"宮"的初文,應即這種房屋平面圖的象形。而《說文》"呂"作爲脊骨的象形,則是另外一字,只是兩字偶然同形而已。

又如甲骨文"鳳"字作 ![字](合 30242)、![字](合 21019)、![字](合 7369),一般認爲象鳳鳥之形,鳥頭上之 ![字]、![字] 爲冠羽,字假借爲

---

① 羅振玉《殷虛書契考釋》22 頁,永慕園石印本,1915 年。
② 《中國大百科全書·考古卷》437 頁,中國大百科全書出版社,1986 年。

風。但也有學者認爲此字爲"鵬",從鳥朋省聲,並說:"大鵬展翅,搏扶搖而上,其勢迅猛,借以表無形之氣流,當是合乎思維邏輯的。鵬字加飾四點作 ,當指迅猛之氣流。"①甲骨文"朋"爲成串的貝或玉,字形作 (合 11438)、 (合 21773)、 (合 21774)、 (合 34562)。說 爲 之省,若只看字形,確實可以見仁見智,無法判定。但若我們注意到 1976 年殷墟婦好墓出土的玉鳳作下圖,其頭上的冠羽與甲骨文相同②,玉器不可能有標音的成分,因此將 、 說成聲符顯然是不妥當的。

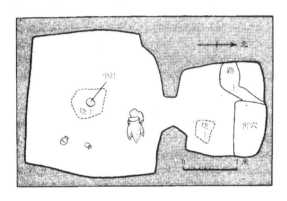

客省莊遺址"呂"字形房屋平面圖　　　殷墟婦好墓玉鳳

2. 注意發揮《說文》在古今文字間的橋樑作用

《說文》是中國歷史上第一部字典,是中國文字學的開山之作。歷代治文字學的人,無不以它爲津樑鎖鑰,清人更把它推崇到了神化的地步。清人王鳴盛說:"《說文》爲天下第一種書,讀遍天下書,不讀《說文》,猶不讀也。但能通《說文》,餘書皆未讀,

---

① 李圃《甲骨文選注》29 頁,上海古籍出版社,1989 年。
② 中國社會科學院考古研究所《殷墟玉器》圖 42,文物出版社,1982 年。《中國大百科全書·考古卷》彩圖 30,中國大百科全書出版社,1986 年。

不可謂非通儒也。"①但近代以來，特別是"文化大革命"中，也有人對《說文》持否定的甚至鄙棄的態度，這又走向另一個極端了。

應該說，《說文》由於歷史的局限，確實有許多缺點和錯誤，但它畢竟是那個時代漢字研究的頂峰，是古漢字形音義資料的寶庫，《說文》所保存的材料，是我們接近和認識商周文字的橋樑。這主要表現在：

(1)《說文》保留了不少古義

如：自，《說文·四上自部》："自，鼻也，象鼻形。""自"的此義不見於《說文》以外的其他典籍，故有些辭書因無書證不收此義，如《辭源》1979年版。"自"甲骨文作 （合 857）、 （合 12），象鼻子之形；又作 （合 21901）、 （周原 H11：135），此即小篆字形的來源。卜辭有"疾自"（合 11506 正），就是鼻子患病，與"疾首"（合 13613）、"疾目"（合 13628）、"疾耳"（合 13630），以及傳世典籍中的"病心"（《莊子·天運》："西施病心。"）、"病足"（《戰國策·趙策四》："老臣病足。"）、"病目"（《漢書·五行志中之下》："及人，則多病目者。"）同類，可證《說文》所載不誣。"自"的本義全靠《說文》得以留存。

又如：叔，《詩經·豳風·七月》："九月叔苴。"鄭箋："叔，拾也。"《說文·三下又部》："叔，拾也，从又尗聲，汝南名收芋爲叔。""叔"金文作 （師螯簋），象手執工具掘物之形。有學者指出，河南方言現在還有"叔紅芋""叔樹""叔羅生（花生）"的說法，"叔"義爲挖，《說文》記錄了古代方言詞語的用法②。

---

① 王鳴盛《說文解字正義序》。
② 顧之川《河南方言詞考釋》，《許昌師專學報》1991年1期。又載顧氏《語文論稿》，湖南教育出版社，2000年。

(2)《說文》保留了不少古文字形

如：鳳，《說文·四上鳥部》"鳳"古文作🔣，字形與小篆相去甚遠，金文中無"鳳"字，而甲骨文"鳳"有作🔣（合 34483）者，其基本輪廓🔣與《說文》古文何其相似。

朢，《說文·八上壬部》"朢"古文作🔣，甲骨文、金文正作🔣（合 7221）、🔣（保卣）。

侯，《說文·五下矢部》："🔣，春饗所射侯也，从人从厂，象張布矢在其下。……🔣，古文矦。"甲骨文正作🔣（合 23559）、🔣（合 3295）。

寶，《說文·七下宀部》"寶"古文作🔣，金文正有作🔣（宰甾簋）、🔣（弔父丁簋）形者。

保，《說文·八上人部》"保"古文作🔣，字右上之"爪"，在甲骨文🔣（合 18970）、西周金文🔣（保卣）中均無，而在戰國中山王器中確有🔣（中山王鼎）、🔣（中山王壺）形。

椉（乘），《說文·五下桀部》"椉"古文作🔣，商承祚《說文中之古文考》說："說文'🔣，古文乘，从几。'……此無所取意，當是寫失。段氏謂'堯亦可以爲依憑字'則望文生訓矣。"①按"椉"金文鄂君啟車節作🔣，與《說文》古文同，《說文》不誤。

(3)《說文》即使有很多訛誤，但不少字形仍然接近古形

如《說文·一下艸部》："🔣，斷也，从斤斷艸。……🔣，籀文折从艸在仌中，仌寒故折。🔣，篆文折从手。"文中"仌（冰）寒故

---

① 商承祚《說文中之古文考》56 頁，上海古籍出版社，1983 年。

折"固不可信,但說明了折由🔲、🔲訛變而成,這使我們知道甲骨文🔲(合7924)、🔲(合7923),金文🔲(小盂鼎)、🔲(洹子孟姜壺)即今之"折"字。

《說文·七上卤部》"槀"(栗)字古文作🔲,釋曰:"从西从二卤。"字形已經訛變,但使我們推知甲骨文🔲(合10934)、🔲(合36902),金文🔲(牆盤),石鼓文🔲即今之"栗"字。

3. 注意文字形音義三者的統一

文字是形音義的統一體,文字學研究的對象雖然以字形為主,但絕不是不管字音字義。也就是說,研究文字不能只看字形,純粹地望文生義。文字的意義要放到文字所在的具體語境即辭例中去考察、歸納和驗證。如"旦"為什麼只能是早上而不是傍晚,"莫"為什麼只能是傍晚而不是早上,"男"為什麼只能是耕田的男人而不是耕? 這只能遵從先民在造字時的約定,而這種約定,體現在字形和辭例中。可以說,學習文字學,只學習字形,不學習字音、字義,甚至語法,是難以學好的。

如甲骨文"好、娥、姪"均為王婦名,沒有好壞、娶妻、侄兒的意思。但有的人就"好"的字形說商代人的觀念以女人有子為好,或以既有兒子又有女兒為好;就"娥"字說"取"的引申義為娶妻;就"姪"字論述商代的人倫稱謂,等等。這些完全是就字形和後代的詞義立說,根本不符合甲骨卜辭的實際,所闡發出的商人觀念等等,都成了無根之談。

又如"正"字,甲骨文作🔲(合7505)、🔲(合1140正)、🔲(英2361),象人向城垣進發之形,為"征"的初文,又寫作🔲(合6608)、🔲(合21482)。金文因為鑄造模型可以慢慢修理、美化,寫作了🔲(二祀卲其卣)、🔲(乙亥鼎)、🔲(正觚)、🔲(龍母尊),上部的方框被寫成了圓形。據說有人據此說,我國在商周時代就已有足球運動,有一隻腳踢的,也有兩隻腳踢的——鏟球,這就完全是開歷史的玩笑了。

4. 注意科學頭腦的培養

王力《我的治學經驗》說:"科學研究並不神秘,第一是要有時間,第二是要有科學頭腦。有時間才能充分佔有材料,有科學頭腦才能對所佔有的材料進行科學分析。古今中外有成就的科學家都是具備這兩個條件的。"①這裏所說的要有科學頭腦,就是說要有科學的理論、科學的思路、科學的方法,簡單一句話,研究的路數要對。下面舉兩個例子:

2006 年至 2007 年,在重慶市酉陽縣發現了幾本用傳抄古文字書寫的《三字經》,因字形怪異,無人能識,被稱爲"酉陽天書",在報紙和網絡上炒得很熱。據報導,有專家說,書中出現了一個"羭"(教)字,"左邊部分是出現在上堯時期的一種動物,堯帝利用這種動物來判定對錯和罪行。該字的構成中會有這種動物,必定產自堯帝時期",因此"天書來自上古時期"②。《說文·十上廌部》中確實有"廌"字:"廌,解廌,獸也。似山牛,一角。古者決訟,令觸不直。象形,从豸省。"甲骨文有 字,或以爲即"廌"字(但有兩角)。但即使有廌這種動物並產自帝堯時期,也只能確定"廌"字產生的上限是帝堯時期,而不能確定其下限。譬如東巴文有 (向日葵)字,我們知道向日葵原產於北美洲,明代晚期傳入我國,始見於明人王象晉於天啓元年(1621 年)成書的《群芳譜》,書中稱"西番菊"③。由此可以推斷,東巴文

---

① 《王力文選》564 頁,廣西師範大學出版社,2000 年。
② 《酉陽報》2009 年 4 月 6 日。
③ 閔宗殿《中國農史繫年要錄》179 頁,農業出版社,1989 年。參見喻遂生《納漢文化交流和納西東巴字的歷史層次》,收入《納西東巴文研究叢稿》,巴蜀書社,2004 年。

字、東巴經中關於向日葵的情節和有此字的寫本,都不會早於明代晚期,至於下限,則無法判定。所以,因有"𦹼"字就說其寫本產生於𦹼產生的時代是完全沒有道理的。

下面再舉一個東巴文研究的例子①:

[176]🌿 dzər²¹khɯ³³ 樹根也,從樹從足。

[99]⛰ dẓy²¹khɯ³³ 山麓也,從山腳聲。

以上兩字,樹根解釋爲會意,從樹從足,樹的足就是樹根。按說山的足也就是山麓,也應該是會意,但卻解釋爲形聲。究竟怎麽回事呢? 再看以下三字:

[170]🌿 dzər²¹ 樹也。

[91]⛰ dẓy²¹ 山也。

[728]⌣ khɯ³³ 足也。

原來"🌿 dzər²¹khɯ³³ 樹根"的意義和讀音,就是"🌿 dzər²¹ 樹"和"⌣ khɯ³³ 足"的音義的加和,同時"樹根"還有分書作🌿⌣的,因此🌿只是"樹"和"足"兩個字的合文,並不是會意字;同樣,"山麓"也有分書作⛰⌣的,也是合文而不是形聲字。如果我們不把這類被誤釋爲單字的合文鑒別出來,剔除出去,那我們對東巴文會意字、形聲字的種種研究、統計工作,因爲材料混雜不實,也就失去了價值和意義②。

5. 注意科研能力的培養

學習的目的是爲了運用。同時,在實踐中運用、檢驗所學過

---

① 本書所引東巴文例字,除特別說明者外,均引自方國瑜、和志武《納西象形文字譜》,雲南人民出版社,1982年。例字前的數碼,爲該字在書中的序號。

② 參見喻遂生《納西東巴字字和字組的劃分及字數的統計》,收入《納西東巴文研究叢稿》,巴蜀書社,2004年。

的知識，又是理解、消化、鞏固、提高所學書本知識的重要手段。學習的最終目的，並不在死記書本上的知識，而在於培養自己發現問題、解決問題的獨立科學研究的能力。建議在各章節的學習過程中，始終要注意以下幾方面的問題：某課題學術界研究的歷史和現狀如何？前人研究中還有哪些空白、缺陷、謬誤和不完善之處，即還有哪些題目可作？解決這些問題需要哪些方面的材料和方法，這些材料到哪些地方去找？現在自己具不具備解決這個問題的條件？

例如，前面多次提到的"乘"字，就還有一些值得研究的地方。第一，"乘"甲骨文作 ✦（合 4002），象人登高之形，先秦典籍用例很多，《釋名》"乘，陞也"所言甚明，但現在不少古漢語辭書仍將"乘坐"義列爲第一義項。第二，《漢語古文字字形表》將 ✦ 下之木直接和車相聯繫，將鄂君啟車節 ✦ 的下部解釋爲車廂，迂曲不妥。第三，✦、✦ 的造字理據如何，還應有更明確合理的解釋。第四，《周禮》上馬有"乘石"、宋元以來上馬有馬杌①，✦ 字與之有無關係？

我們可以將"乘"的字形和義項梳理如下：

① ✦ 本義爲登高，✦、✦ 象人立於几上，亦是登高，其作用可能與乘石、馬杌有關。《詩經·衛風·氓》："乘彼垝垣，以望復關"。

② 乘坐，由登高引申而來。《詩經·邶風·二子乘舟》："二子乘舟，汎汎其景。"

③ 加於……之上，由登高引申而來。《說文》："乘，覆也。"

④ 駕馭，由"乘坐"引申而來。《墨子·觀士》："良馬難乘，

---

① 陳增弼《馬杌簡談》，《文物》1980 年 4 期。

然可以任重致遠。"

⑤ 憑藉、趁著，由駕馭引申而來。《孟子·公孫丑上》："雖有智慧，不如乘勢。"

⑥ 壓倒、戰勝、欺凌等，由"加於……之上"引申而來。《尚書·西伯戡黎》："周人乘黎。"《國語·周語中》："乘人不義。"

再圖示如下：

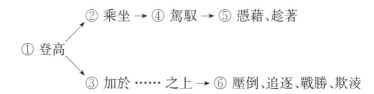

這篇小文章題目可以叫《說"乘"》。

當然，研究的結果，也可能否定自己原來的設想，或嘗試的結果說明自己暫無解決此問題的條件，而只好將題目擱置起來。但這也無妨，因爲這已經達到了訓練自己發現問題、解決問題的能力的目的，同時使我們積纍了題目、素材和經驗，爲今後進行科學研究打下了基礎。

千里之行，始於足下，我們不能坐等長篇巨制從天而降，而應該從小題目做起。如果一門課學下來無所思，無所得，沒有研究什麼問題，寫不出什麼東西，那這門課就算是白學了。如果我們勤於動手，學以致用，每門功課學完之後，都有一兩篇成品半成品，那數年學完，科研自會走上正軌。

思考題：

1. 文字學研究的對象古今發生了哪些變化？是什麼原因引起了這些變化？
2. 聯繫實際談談文字學的功用。
3. 聯繫實際談談學習文字學應採取的方法。
4. 近若干年文字學（或某一分支、某一專題）研究狀況述評。

第二章　文字的起源

語言是人類最重要的交際工具，但"聲不能傳於異地，留於異時"①，爲了突破語言交際在時間和空間上受到的限制，人們創制了記錄語言的書寫符號系統，這就是文字。

文字的起源，是文字學研究的起點。文字是什麼時候產生的，是怎樣產生的，這一直是一個迷人的深遠難測的問題，也是文字學研究中至今尚未完全解決的一個問題。

文字的起源，年代久遠，僅依據一個民族的典籍，往往史料不足徵。所以討論文字起源的問題，多採用考古學和人類史、民族學、民俗學的材料，而且用各種文字的材料互相印證。故本章所述，不限於漢字。

第一節　文字產生以前的原始記事方法

文字產生以前，人們曾使用過實物、結繩、契刻、圖畫等原始的記事手段。瞭解這些記事手段，對認識文字的起源，有很重要

---

①　陳澧《東塾讀書記》卷十一《小學》："蓋天下事物之象，人目見之則心有意，意欲達之則口有聲。意者，象乎事物而構之者也。聲者，象乎意而宣之者也。聲不能傳於異地，留於異時，於是乎書之爲文字。文字者，所以爲意與聲之跡也。"萬有文庫本，191頁，商務印書館，1936年。

的意義。汪寧生《從原始記事到文字發明》以豐富的民族學、考古學、文獻學材料，對原始記事和文字發明進行了深入的研究。本節參照汪寧生的論文，對文字產生以前的原始記事方法做一些介紹。

一、實物記事

實物記事是借用實物作爲符號來幫助記憶或表情達意。簡單的實物記事主要用於計數和計時。有些少數民族在文化不發達的時期數字觀念較差，他們常常借助玉米粒、小石子、小樹枝等作爲計數的工具。雲南景頗族解決糾紛稱"講事"。"講事"時雙方各持玉米粒，每講出一條道理，就在己方地上放一粒。最後看誰的玉米粒多，即表示道理多，是爲勝方。計算賠償，亦是如此①。這種計數方法其實在漢族地區也有，以前解放區在選舉的時候，農民不識字，就在候選人的背後擱一個碗，選民要選誰，就在那人的碗中丟一顆豆子，稱之爲"豆選"②。

雲南哈尼族用木片記日。他們把十二塊木片塗上不同的顏色代表十二支，如紅色代表鼠日，土色代表牛日等。每過一天翻動一片，看木片是什麼顏色，就知道今天是哪一天，是不是趕集的日子。雲南、貴州的少數民族趕集多以干支計日，雲南的鼠街、牛街、虎街、龍街，貴州的馬場、羊場、猴場、雞場等地，均以此得名③。

複雜的實物記事，可分爲以物表物、以物表意、以物表音三種類型。

以物表物，如用牛角表示牛，用雞毛表示雞等。如雲南瀾滄

---

① 汪寧生《從原始記事到文字發明》，《考古學報》1981年1期。
② 參見彥涵版畫《豆選》(1948年)，《彥涵版畫》31頁，人民美術出版社，1982年。
③ 汪寧生《從原始記事到文字發明》，《考古學報》1981年1期。

縣拉祜族的農業生產合作社，1957年前用木刻記賬，他們在木條的一端剖開一條縫，夾入雞毛，表示雞賬；夾入牛毛，表示牛賬；夾入玉米皮，表示糧食賬①。又如1927年左右，雲南盈江景頗族楊某娶某女子爲妻，結婚後不久，新娘嫌新郎年老貌醜而逃走。雙方遂發生糾紛，最後通過"講事"議決：女方退還男方三頭牛、三面鑼、一枝火槍、兩塊紅綢、三塊花布的聘禮。因女方一時無力支付，遂出具用三小片牛角、三枚銅錢（代表三面鑼）、兩根紅綢條、三根花布條和一塊槍形小木片串成的"欠條"，作爲憑證。此憑證男方

楊某婚姻糾紛所立欠據

一直保存到解放初期，在人民政府號召廢除債務時才拿出來銷毀②。如果說前一例實物僅起幫助記憶的作用，後一例則已具有了交際的性質。

以物表意，是以實物象徵某種意義，如以檳榔、草菸、茶葉、鹽表示友好，以火藥、子彈、辣椒表示敵對，以砍斷的牛肋骨表示關係破裂，以雞毛、火炭、竹箭表示事情急迫等。例如解放前雲南西盟佤族村寨間發生械鬥前，一個村寨要向另一個村寨送上一点火藥、子彈、辣椒和一塊刻有牛或銀元數目的刻木，並告訴發動進攻的原因和日期。如果對方退回火藥等物，則表示應戰，雙方就開始械鬥③。

---

① 李家瑞《雲南幾個民族記事和表意的方法》，《文物》1962年1期。
② 汪寧生《從原始記事到文字發明》，《考古學報》1981年1期。
③ 蔡葵《解放前雲南西盟佤族的概況》，《史前研究》1984年3期。

傈僳族：草菸——好感
傈僳族：火麻秆——真心相愛

傈僳族：映山紅——想念

佤族：木炭——燒寨子
佤族：辣椒——氣憤

佤族：草菸、黃蠟、鹽——相愛、友好

**雲南民族博物館所藏
的實物記事標本**

以物表音，是借用實物名稱的音，表示與之音同或音近的詞的詞義。以物表音在漢族地區也有，如在年畫上畫一個小孩抱著一條大魚或一隻大公雞，表示"年年有魚（餘）、開門大雞（吉）"；農村結婚時，在新娘子床上撒棗子和花生，表示"早生兒子"和"花著生（又生兒子又生女兒）"。但這種記事方法在民族地區更複雜、系統。雲南景頗族中流行一種"樹葉子信"。青年男女談情說愛而不得見面的時候，採集一些植物的葉、莖、花、果等，或加上一些小物件，順次地包成一包，用花線捆紮起來，帶給對方。對方收到後，也順次一件一件看過，就可以"讀"懂對方的"情書"。例如蕨葉，景頗語音"德濫"，與"想念"同音，就表示"我想念你"；一種慈姑科植物葉，音"額芒"，與"老"同音，表示"讓我們白頭到老"；貝殼音"保鎖"，與"走"同音，表示"我要跟著你走"，等等。這種方法，很有點像文字中的假借。"樹葉子信"中，也常兼用以物表意的手法，如用火柴表示"我要（打著火把）來找你"，用一種藤本植物的葉子"石很哈"表示"我們永不分離"，用一種叫"抗吉"的苦果表示"讓我們同甘共苦，患難與共"等。一種樹葉（或小物件）表示什麼意思，在一定範圍內是約定俗成，人所共知的。一封"樹葉子信"，常由三四十種葉子（或小物件）組成，青年男女可以此表達相當纏綿細膩的感情，一般人也可以此互通消息。直到1973年，還有緬境景頗族帶回"樹葉子信"，向親友致意和問候①。例如②：

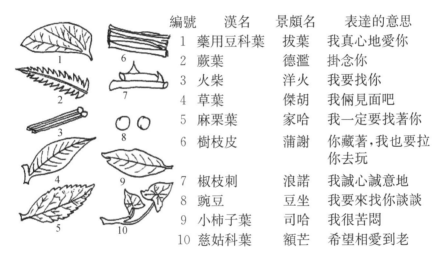

編號	漢名	景頗名	表達的意思
1	藥用豆科葉	拔葉	我真心地愛你
2	蕨葉	德濫	掛念你
3	火柴	洋火	我要找你
4	草葉	傑胡	我倆見面吧
5	麻栗葉	家哈	我一定要找著你
6	樹枝皮	蒲謝	你藏著，我也要拉你去玩
7	椒枝刺	浪諾	我誠心誠意地
8	豌豆	豆坐	我要來找你談談
9	小柿子葉	司哈	我很苦悶
10	慈姑科葉	額芒	希望相愛到老

汪寧生《從原始記事到文字發明》列舉了16件景頗族載瓦支系樹葉子信的物品，下面我們根據《漢載詞典》所收的載瓦語詞彙，分析其中幾件的音義③。可以看出，所借物品的讀音和要表達的詞的讀音並不一定完全相同，只是具有提示的作用。

---

① 李家瑞《雲南幾個民族記事和表意的方法》，《文物》1962年1期。汪寧生《從原始記事到文字發明》，《考古學報》1981年1期。
② 采自李家瑞《雲南幾個民族記事和表意的方法》，《文物》1962年1期。
③ 朵示擁湯等《漢載詞典》，四川民族出版社，1992年。載瓦語是景頗族使用的幾種語言之一。貝殼，汪寧生文原未出圖，此用漢字表示，有三種樹葉的名字在詞典中沒有查到，此用問號標出。

	德濫——我們一起玩吧	tɤ²¹lam⁵⁵蕨——lam⁵⁵玩
	豆門——你快打扮起來吧	？——mon⁵⁵打扮
	文哈——你的困難，由我承擔	？——vun⁵¹背
	額芒——讓我們白頭到老	？——maŋ²¹老
貝殼	保鎖——我要跟著你走	pau⁵¹so²¹貝殼——so²¹走

以上三種實物記事，以物表物類似於詞的本義，以物表意類似於詞的引申義，以物表音類似於詞的假借義。以物表音是實物記事的高級階段，其地域性、方音、表音情況等，值得進一步研究。

基諾族，側差差，掃帚葉，在與你好的時候，已與別人難分難捨了

布朗族，浪恩吉，松針，希望經常見面

布朗族，……，紅豆葉，願永遠相愛不分離

布朗族，拉皮，辣椒葉，我討厭你，不想再見到你

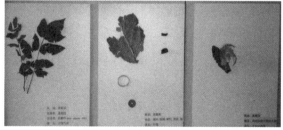

左：景頗族，是模拾，鹽酸葉，少說氣話
中：景頗族，菸葉，檳榔，篾絲，錢，好感
右：景頗族，雞毛加刻三刻的木刻，三天內私奔

雲南民族博物館所藏的實物記事標本

二、結繩記事

結繩之法，曾盛行於亞、非、拉美、澳洲許多國家，在我國也有古老的淵源。如：

《周易·系辭下》："上古結繩而治，後世聖人易之以書契，百官以治，萬民以察。"孔穎達疏引鄭玄注："事大大結其繩，事小小結其繩。"

《老子》第八十章："使民復結繩而用之。"

《莊子·胠篋》："昔者……伏羲氏、神農氏，當是時也，民結繩而用之。"

徐中舒《結繩遺俗考》認爲，金文中十、二十、三十作 ╎、ㄩ、ㅛ，象結繩之形。"賣"作 ，象以目注視結繩，進行交易，從貝以示意①。

最簡單的結繩，是用於備忘或計數。如解放前獨龍族親朋約會時，用兩根細繩打上相等數目的結，各持一根，過一天解去一個結，繩結解完，便在約定之處相會②。又如雲南碧江一位傈僳族人帶養姪兒成人，從姪兒進家時起，每過一月，在一根塗墨的麻繩上打一個結。到解放後姪兒參加工作時，他拿出打了五十一個結的麻繩，和姪兒算五十一個月的伙食費③。魯迅說："我們那裏的鄉下人，蹠到明天要做一件緊要事，怕得忘記時，也

---

① 徐中舒《結繩遺俗考》，《說文月刊》第四卷，1944 年 6 月。又收入《徐中舒歷史論文選輯》，中華書局，1998 年。按，金文中表示十數的加點豎畫是否一定是結繩的象形，還需要研究，因爲甲骨文中表十數的豎畫就沒有點，金文中也有無點的，而且在較長的豎畫中間加點，是甲骨文到金文字形演變中比較普遍的現象。

② 陳煒湛《漢字起源試論》，《中山大學學報》1978 年 1 期。

③ 李家瑞《雲南幾個民族記事和表意的方法》，《文物》1962 年 1 期。汪寧生《從原始記事到文字發明》，《考古學報》1981 年 1 期。

常常說:'褲帶上打一個結!'"① 可見在舊時代用結繩備忘是比較普遍的事情。

複雜的結繩,可以通過繩結的大小、部位和顏色的不同,表示很複雜的意思。如雲南佤族的一根記債結繩有八個結:上端三大結表示借出了三元滇幣,中間一大結一小結表示半年的利息是一元半滇幣,下端三大結表示借出已有三個半年②。南美洲秘魯古印第安人將結繩染成七種顏色,黑結表示死亡,白結表示銀子或和平,紅結表示戰爭,等等;沒有染色的表示數目,單結是十,雙結是百,三結是千。最長的記事繩長達二百五十米,各地都有專門使用和講解記事繩的人員,稱作"魁普"(Quipus)。執政者通過郵政系統傳遞記事繩可以瞭解各地的收成、稅收、賬目及敵情③。

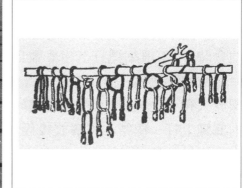

雲南民族博物館所藏的結繩　　印地安人使用的"魁普"④
　　　記事標本

---

① 魯迅《且介亭雜文・門外文談》,《魯迅全集》第六卷,人民文學出版社,1981年。
② 汪寧生《從原始記事到文字發明》,《考古學報》1981年1期。
③ 伊林《黑白》7頁,中國青年出版社,1955年。姜亮夫《古文字學》3頁,浙江人民出版社,1984年。楊堃《民族學概論》317頁,中國社會科學出版社,1984年。
④ 選自伊林《黑白》7頁,中國青年出版社,1955年。

三、契刻記事

契刻記事是用刀在竹木骨角等材料上契刻以記事。《釋名·釋書契》:"契,刻也,刻識其數也。"朱駿聲《說文通訓定聲·泰部》釋"丰、韧"字,認爲"韧"即"栔"的初文,"刻之爲韧,上古未有書契,刻齒於竹木以記事,丨象竹木,彡象齒形。"

契刻因爲可以剖開成一式二份,由當事雙方各執一份,不像結繩那樣容易更改和作僞,所以廣泛地用於各種契約。《列子·說符》有這樣一段記載:"宋人有遊於道得人遺契者,歸而藏之,密數其齒,告鄰人曰:'吾富可待矣。'"《管子·輕重·甲篇》:"子大夫有穀菽粟者,勿敢左右,請以平賈取之。子與之,定其券契之齒。"《史記·高祖本紀》:"(高祖)好酒及色。常從王媼、武負貰酒,醉臥,武負、王媼見其上常有龍,怪之。高祖每酤留飲,酒讎數倍。見其怪,歲竟,此兩家常折券棄責。"文中"券"注家以爲簡牘,當時賣酒的老太太未必識字,很有可能是契刻。這種券契,就是賬單。

古代契刻實物,考古中已有發現,如甘肅西寧縣周家寨仰韶文化遺址的骨契、青海樂都柳灣馬家窑文化遺址的骨契等[①]。

借貸刻木在雲南少數民族中一直沿用到 20 世紀 50 年代。如基諾族借貸刻木的方法是,用一根厚約五六公分,長約二市尺的木片,分別刻好借債本金、利息數字的缺口後,用刀破成兩半,借貸雙方各執一半。刻木左上方刻的缺口表示本金,右下方的缺口表示利息。每個缺口的單位,由借貸雙方議定。借債期滿,借方還清本息,則將兩片刻木當場折毀。如果借方只能還清利息,則由債主將兩半刻木合攏,用刀將右下方的缺口削平,表示

---

① 安特生(J. G. Andersson)著,樂生瑒譯《甘肅考古記》11 頁,農商部地質調查所《地質專報》甲種第 5 號,1925 年。中國科學院考古研究所青海隊等《青海樂都柳灣原始社會墓地反映出的主要問題》,《考古》1976 年 6 期。

第一年的利息已還清。續借的利息是多少,雙方議定後,在削平的左邊繼續刻出缺口來表示。如果借方還利仍有困難,利息轉爲本金,就在左上方加刻缺口①。還有的刻木,以齒的大小表示不同位數的數字,借貸時要由借、貸、中人三方各刻一齒,表示畫押簽字②。

刻木作爲契約,還廣泛地用作訂婚、離婚、和解、會盟、立誓、請願的憑證。如雲南哈尼族離婚時,在一根與男子中指等長的木棒上,刻四道橫紋,分別代表男方女方和雙方證人。刻好後男女各吐一口唾沫表示唾棄,然後一剖爲二,男女各執其一③。

刻木還可用於記事和傳信,例如雲南景頗族、佤族過去有"吃新穀、話舊仇"之俗。一家或一寨有一根刻滿大小缺口的傳代刻木。大缺口表示大事件,小缺口表示小事件。每年新穀初登,嚐新祭祖時,老人就拿出刻木,講述某一缺口是因某事和某人結下的冤仇,已報復過,或未報復過。家族中的大事,借此刻木,代復一代,口耳相傳。又如佤族某甲向某乙借債若干,無力償還。後某乙給某甲送去刻木一塊,一端刻五個小缺口,一端一個大缺口,表示:希望你在五個月內還清,不然我要拉走你牛一頭或小孩一個④。

雲南民族博物館所藏的記事刻木

---

① 刀永明《從刻木記事到大學畢業生》,《民族文化》1982 年 1 期。
② 李家瑞《雲南幾個民族記事和表意的方法》,《文物》1962 年 1 期。
③ 汪寧生《從原始記事到文字發明》,《考古學報》1981 年 1 期。
④ 汪寧生《從原始記事到文字發明》,《考古學報》1981 年 1 期。

雲南民族博物館所藏的記事刻木

解放初，中央慰問團曾收到傈僳族的一塊傳信刻木，長約6.6釐米，意思是："來的三個人，已在月圓時和我們會面了；現送上大中小三包禮品，分呈大中小三位領導。"①這片刻木中已夾用了"月圓"這樣的象形符號。

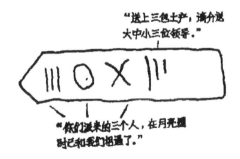

傈僳族的傳信刻木

---

① 汪寧生《從原始記事到文字發明》，《考古學報》1981年1期。此木刻曾在中國歷史博物館中國通史陳列展中展出。

上述三種原始的表意方法，實物和結繩都不可能產生作爲書寫符號的文字，契刻也不是文字產生的源頭（關於契刻和文字起源的關係，後面再作詳細討論）。但實物、結繩和契刻，除了備忘之外，無疑都具有符號的性質，並有一定的交際功能，這一點與文字確有某些相通之處。應該說，實物、結繩、契刻這幾種原始記事方法雖然不是文字的源頭，但對文字的起源，起了啟發和促進的作用。圖畫也是常用的原始記事方法之一，因爲圖畫記事和文字起源直接相關，所以在下面和文字的起源一起敘述。

第二節　圖畫記事和文字的起源

　　文字主要起源於圖畫，從圖畫到文字，大致經過了圖畫、示意圖畫、象形文字三個階段。

一、圖畫

　　原始人類在同自然的鬥爭中學會了運用刀、筆通過線條和色彩在平面上描摹自然，從而創造了人類最早的圖畫。19世紀末葉以來，考古工作者在法國西南部和西班牙北部發現了數以百計的舊石器時代晚期的人類洞窟，其中保存了許多原始人類創作的壁畫。這些壁畫距今已有1.5～4萬年的歷史。1879年在西班牙北部發現的阿爾泰米拉洞窟，在洞頂、洞壁上用紅、黑、黃、暗紅等色繪有野牛、野豬、野鹿等150多隻。1940年在法國南部發現的拉斯科洞窟，在長達180米的大廳和隧道的壁、頂上，繪有大批紅、黑、黃、白色的鹿、牛、馬等，據同位素碳測定爲距今 15516 ± 900 年[①]。

---

　　① 李浴《西方美術史綱》3頁，遼寧美術出版社，1980年。遲軻《西方美術史話》1頁，中國青年出版社，1983年。朱狄《藝術的起源》43頁，中國社會科學出版社，1982年。

西班牙阿爾泰米拉洞窟大壁畫①

阿爾泰米拉洞窟野牛(摹本)②

---

① 朱狄《藝術的起源》43頁。此圖長15米,動物20餘隻,爲舊石器時代晚期馬格德林時期,公元前1~1.5萬年。
② 中國大百科全書總編輯委員會《中國大百科全書·考古學》彩圖7,中國大百科全書出版社,1986年。

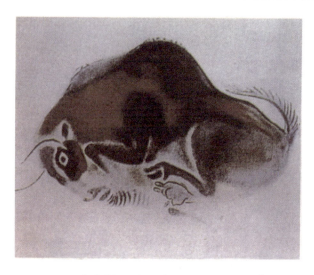

阿爾泰米拉洞窟受傷的野牛(摹本)①

阿爾泰米拉洞窟受傷的野牛(照片)②

---

① 汝信《全彩西方繪畫史》4頁,寧夏人民出版社,2002年。
② 蔣勳《寫給大家看的西洋美術史》11頁,湖南美術出版社,2004年。此圖可能更真實。

專家們認爲,這些壁畫可能與狩獵前的某種巫術有關。其理由是:(1)這些畫往往繪在很難供人觀賞的危險角落裏,甚至可以說是有意把它們隱藏在神秘的地方。因此作畫人有時要採取仰臥的姿勢,有時要在窄縫中立在同伴的肩上,而且要用石燈照明。(2)這些畫新畫和舊畫多有重叠,仿佛每畫只是因一時(一年一度或一年數度)的需要而作。(3)一些畫中繪有身中矛箭的野獸,如拉斯科洞畫中野獸身插七根、十二根長矛,尼奧洞畫中有中箭負傷的野獸,有的還有被敲打過的痕跡。在許多民族中通行的模仿巫術,實濫觴於此①。正如魯迅所說:"他的畫一隻牛,是有緣故的,爲的是關於野牛,或是獵取野牛,禁咒野牛的事。"②

法國拉斯科洞窟,公元前 1~1.4 萬年③

---

① 林耀華《原始社會史》402、417 頁,中華書局,1984 年。楊堃《民族學概論》281 頁,中國社會科學出版社,1984 年。
② 魯迅《且介亭雜文·門外文談》,《魯迅全集》第六卷,人民文學出版社,1981 年。
③ 李遠行《西方美術史綱》彩圖 3,湖南美術出版社,2002 年。

拉斯科洞窟岩畫的重疊①

尼奧洞野牛身插長矛圖,馬格德林時期②

---

① 牛克誠《原始美術》29 頁,中國人民大學出版社,2010 年。
② 牛克誠《原始美術》42 頁,中國人民大學出版社,2010 年。

雲南滄源崖畫第六地點外景①

原始岩壁畫在世界上分佈甚廣,除法國、西班牙外,俄羅斯白海沿岸,烏克蘭西部,非洲撒哈拉沙漠中部、非洲南部,美洲,澳洲,以及我國的江蘇連雲港,新疆尼勒克、皮山,青海哈龍溝,甘肅靖遠、嘉峪關,內蒙古陰山、狼山,四川珙縣,雲南滄源、路南,廣西左江均有發現②。國內原始岩壁畫,以連雲港和明寧兩處最值得注意。

連雲港將軍崖岩畫鑿刻在長 22.1 米,寬 15 米的平整而稍微傾斜的岩石上。主要內容爲人面、農作物、獸面、太陽、星象及各種符號。近十個人面像中,多有一條線向下通到禾苗、穀穗等農作物上,反映了我國古代東方民族對土地、農業的崇拜和依賴。岩畫中間,有一塊長 4 米的大石和三塊長 2 米的小石。據

---

① 汪寧生《雲南滄源崖畫的發現與研究》圖版一第六外景,文物出版社,1985 年。
② 林惠祥《文化人類學》第六篇《原始藝術》,商務印書館,1991 年。李浴《西方美術史綱》8 頁,遼寧美術出版社,1980 年。蓋山林、石雲子《岩畫——人類文明歷程的記錄》,《瞭望》1985 年 9 期。

認爲，這處遺跡當是古代祈年的祭壇。將軍崖附近方圓幾公里內，遍佈著十幾處新石器時代遺址和兩處舊石器時代晚期遺址。將軍崖岩畫當是四千多年前新石器時代晚期的作品。國內外發現的古代岩畫，多以遊牧生活爲主要內容。在國內，這種反映農業部落生活的岩畫還是首次發現①。

　　廣西左江岩畫繪在左江及其支流明江沿岸的石灰岩峭壁上，共60多處，綿延200多公里。其中寧明縣花山岩畫，畫面高50米，長170米，圖像多達1300多個。圖像以人物爲主，間以銅鼓、銅鐘、刀劍、狗馬等器物、動物。人多手舞足蹈，少數人身材魁梧，頭插羽毛，騎馬橫刀，當是首領一類人物。整個畫面可能是擊鼓聚眾、祝捷祭祀的場景。據考證，這些岩畫爲壯族先民駱越人所作，時代約在公元前5世紀至公元1世紀。這些岩畫，都畫在離江面五六米甚至十幾米的峭壁之上。古人爲何要在猿猴難攀、人跡罕至的峭壁上作畫，又如何作畫，至今仍是不解之謎②。汪寧生認爲，"畫一個圖形，有時甚至要冒生命的危險，如果不是認爲生存所必需，原始人決不會選中這些地方從事'藝術創作'的"，並進而認定這類岩畫具有記事的性質③。

　　原始記事圖畫，雖因產生於某種功利的目的而具有某種記事的性質，但它並不記錄一定的語詞，也不用於交際。而功利的目的，即當時現實生活的需要，正是原始藝術產生的原因。普列漢諾夫說："需要是最好的教師。""需要教會了原始獵人的繪畫和雕刻。"④原始記事圖畫所具有的性質，是原始藝術共有的性質。因此，記事圖畫雖可看作文字的最早源頭，卻仍然屬於藝術的範疇。

---

　　① 李洪甫《將軍岩原始岩畫遺跡》，《光明日報》1981年4月27日四版。
　　② 邱鐘侖《左江崖畫》，《人民畫報》1983年7期。關於左江岩畫的詳細情況，可參看覃聖敏等《廣西左江流域崖壁畫考察與研究》39頁，廣西民族出版社，1987年。
　　③ 汪寧生《從原始記事到文字發明》，《考古學報》1981年1期。
　　④ 普列漢諾夫《論藝術》133、136頁，三聯書店，1973年。

二、示意圖畫

示意圖畫是用來傳遞信息、進行交際的圖畫。著名的例子有：印地安奧基布娃部落一女子的情書、北美奧傑布華人給美國總統的請願書，印地安部落首領墓碑等①。

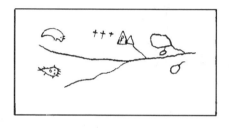 

印地安奧基布娃部落一女子的情書　　奧傑布華人給美國總統的請願書

印地安奧基布娃部落一女子的情書，左上角的熊是女子的圖騰，下面的泥鰍是男子的圖騰，三個"十"表示天主教堂，圖中有道路、小湖、帳篷，表示約會的地點，帳篷裏有一個人，表示女子在等待。周有光《世界文字發展史》配了一首打油詩來解釋這幅圖的意思："熊妹問狗哥，狗哥幾時閒？我家三姊妹，妹屋在西邊。推窗見大湖，招手喚孤帆。小徑可通幽，勿誤兩相歡。"②北美奧傑布華人的請願書，圖中7種動物是7個部落的圖騰，它們的心和眼睛連在一起又聯結到左下角的湖上，表示希望美國總統把蘇必略湖的捕魚權還給他們。

下面是美國達科他（Dakota）地區印地安人畫在水牛皮上的"曆書"，每圖表示 1800—1870 年間該部落發生的一件大事：

---

①　葉蜚聲、徐通鏘《語言學綱要》160 頁，北京大學出版社，1987 年。高明凱、石安石《語言學概論》194 頁，中華書局，1963 年。伊林《黑白》19 頁，中國青年出版社，1955 年。林惠祥《文化人類學》367 頁，商務印書館，1991 年。

②　周有光《世界文字發展史》29 頁，上海教育出版社，1997 年。

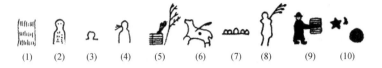

(1)1800 年有三十名達科他人被卡拉斯族印地安人殺了。

(2)1801 年,天花流行。

(3)1802 年,印地安人偷了帶蹄鐵的馬。

(4)1813 年,百日咳流行。

(5)1817 年,用乾燥的木材修建了倉庫。

(6)1824 年,酋長的馬被殺了。

(7)1825 年,印地安人被洪水淹死了。

(8)1848 年,名叫塞母西的印地安人被人用扎槍刺死了。

(9)1853 年,西班牙的毛毯輸入(圖上歐洲人用戴帽子的形象來表示)。

(10)1869 年,八月七日出現日蝕①。

這種圖畫已經具有了一定的和文字相類似的交際功能,所以我們稱之爲示意圖畫。示意圖畫還不是文字,但有的學者將其歸入文字的範疇,稱之爲語段文字②。他們認爲"這種組合不是供人欣賞的圖畫,而是以書面交際爲目的的語言代用品。它們是交際工具,是語言的一種書面形式,具有文字的性質和功能。""記錄語段的語段文字,雖然記的不很精確,但在當時當地的條件下可以傳遞和再現語言,可以交際,後世也可以進行考證、釋讀。"③

我們覺得,所謂"語段文字",其實並沒有"記錄語段",而僅僅是表達了原可以用一段話來表達的意思。表達某段話的意思的書面形式,不一定就是文字。沒有文化或雖有文化而因某種

---

① 莫豪斯《文字的起源》,武占坤譯,《河北大學學報》1985 年 1 期。
② 如王伯熙《文字的分類和漢字的性質》,《中國語文》1984 年 2 期;王德春《語段文字的產生及特點》,《淮北煤師院學報》1983 第 2 期。
③ 王伯熙《文字的分類和漢字的性質》,《中國語文》1984 年 2 期。

原因不能用文字進行交際的人,往往用圖畫表情達意。例如小說《小兵張嘎》寫嘎子帶著玉英從楊大媽家"逃跑"時寫道:

> 玉英便掏出他倆預先畫好的畫兒來,壓在迎門桌上的蠟扦底下。
>
> 這是一張仿佛年畫似的畫兒,上面畫著一間小屋,小屋裏通出一條大路,大路上走著兩個胖娃娃:一個留著鍋圈頭,一個梳著倆髽髻,正邁開大步,朝遠處一溜兒軍隊跑去。那軍隊都扛著槍,一順兒邁著正步,英武地走著,排頭還打著一面小紅旗,旗上畫著一個五角星。——這就是他們留給大伯大媽的信,是指明他倆的去向的①。

又如廖承志皖南事變後被國民黨特務秘密逮捕以後,託人從獄中帶出一張畫在香煙紙上的畫:一個大胖子坐在馬桶上,用葵扇使勁地趕著蒼蠅。何香凝收到後馬上明白了:肥仔(廖承志乳名)被關起來了,但還活著。於是馬上向蔣介石要人②。上面兩例顯然"不是供人欣賞的圖畫",也可以"在當時當地的條件下""傳遞和再現語言",但恐怕很難被稱爲"語段文字"。

認爲示意圖畫記錄了語言,實際上是一種誤解。圖畫的作者要表達的意思,確實是用語言進行思維和口頭表述的;讀者的理解和表述,當然也是用語言進行的。但中間的傳遞手段,卻是對作者語言的圖像化,而研究者的釋讀,又是對圖像的語言化。中間的圖像和兩頭的語言,雖有表達和傳遞的關係,卻並沒有等同和記錄的關係。可圖示如下:

---

① 徐光耀《小兵張嘎》83頁,中國少年兒童出版社,1962年。
② 據有關回憶錄,篇名失記待查。

正因爲示意圖畫的各個部分和語詞沒有直接的對應關係，所以它只能表達一句話或一段話的大概意思，而沒有事先的約定或作者的解釋，釋讀者是不可能理解或不可能完全理解的。因此，示意圖畫雖然向文字大大地靠近了一步，但它仍然是圖畫而不是文字。

三、象形文字

象形文字是直接從示意圖畫中脫胎出來的。莫豪斯說："繪畫是對自然的摹寫。因此，假如畫家想要畫出漂浮在海上的小船中的人，他就要畫出包圍著小船的大海，以及小船上的人，就可以將構成這幅畫兒的三個要素，海、船和人一目了然地描繪出來。畫家不能將這三者割裂開來，如不能把人和船分開來畫。"象形文字"可以定義爲表現描繪對象的單獨記號"，"而這一點，正是從繪畫記號中脫胎出來而邁向文字階段的重要一步"。①也就是說，當人們把圖畫中的各個構件一一分離出來並和語詞對應的時候，文字就產生了。我們可以將莫豪斯舉的例子圖示如下（初期的文字可能難以記錄虛詞和抽象的詞，故加括號表示）：

圖畫：漂浮在海上的小船中的人

漂浮　（在）　海　（上的）　小船　（中的）　人

文字：單獨記號

早期的文字和圖畫在形體上很難說有什麼區別，試比較法國拉斯科洞窟岩畫的鹿頭和甲骨文、東巴文的"鹿"字，西班牙阿

----
① 莫豪斯《文字的起源》，武占坤譯，《河北大學學報》1985年1期。

弥拉洞窟、内蒙古狼山岩畫射鹿圖中的射、鹿和甲骨文的"射"和"鹿"字①。但文字是可以分割的單獨記號，而且依語序成線性排列，如《甲骨文合集》10276、10320正片中的"射"就和"鹿"分離，而且箭不一定要對著鹿了。

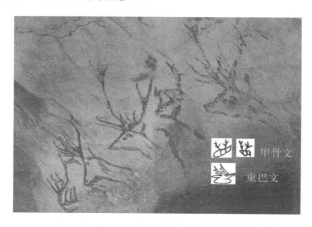

拉斯科洞鹿頭②

西班牙阿弥拉洞窟岩畫

内蒙古陰山山脈狼山岩畫

---

① 阿弥拉洞窟、狼山岩畫射鹿圖與甲骨文"射""鹿"的比較，見孫常敘《假借形聲和先秦文字的性質》（《古文字研究》第十輯，中華書局，1983年），文中還指出："把它們……相比較，不難看出圖畫文字（引按：即所引岩畫）中的寫詞因素是蘊毓已久的。"古代岩畫射獵圖案，參見蓋山林、蓋志浩《中國岩畫圖案》"動植物""車船、戰鬥"部分，上海三聯書店，1997年。

② 牛克誠《原始美術》32頁，中國人民大學出版社，2010年。

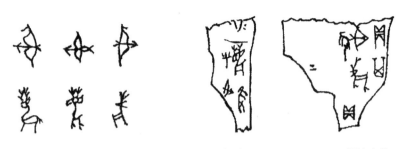

甲骨文"射、鹿"字　　　　《合集》10276、10320 正"射鹿"

当然,这种分离并不是一下子就完成的,早期的象形文字,还明显地带有图画的痕迹,例如纳西族象形文字东巴文,就还具有象形程度高、抽象程度低,文字制度不够完善等特点。下面分别加以说明:

1. 象形程度高,抽象程度低

纳西东巴文不少字形酷似所象之事物,其意义一望便知。这一特点和甲骨文作一比较,则更加明显。例如:

酷似图画的东巴文　　　　东巴文和甲骨文的比较

纳西东巴文中有不少一词多形的异体字。如"折"音 tɕhər[33],树折断写作 ，刀折断写作 ，矛折断写作 ,手杖折断写作 ,骨折写作 (手杖、骨原作 、)。东巴文这类異體字和漢字的異體字不同。漢字的異體字相互間可以替換，是"自由變體"，如"峰"和"峯"，"泪"和"淚"；而東巴文這類異體字則是"條件變體"。如"折"這個詞，可用於一切可折的對象，音義是相同的，但寫在書面上，則各有專字，不能混用。又如"驚悸、害怕"音 dzɿər²¹，蟲受驚寫作 ，人受驚則要寫作 ，各種動物受驚害怕，則在各自的字形上加上折線。這種異體現象說明早期的象形文字著眼於形似，其符號的抽象概括的程度還是比較低的。下面再舉數例：

光 bu³³	星光	日光	火光
焚 bər²¹	焚柴	焚屋	焚屍
壓 zər²¹	壓卵	壓鬼	石壓蒿
裂 gɯ³³	板裂	石裂	地裂
銜 pu³³	犬銜肉	鳥銜食	馬銜草
折 tɕhər³³	刀折	矛折	手杖折
咬 tsha⁵⁵	咬肉	咬鹽	咬蛋
做 be³³	鋤物	鋤土	挖板
刺 gv²¹	錐刺	刀刺	矛刺
騎 dzæ³³	騎馬	騎騾	騎虎

這種字還有較大的能產性，可隨主體、客體、工具的不同而創造新字。

2. 文字制度不夠完善

納西東巴文每個文字符號都有一定的音和義，但用這種文字記錄的經書，大部分都沒有逐詞逐句地標寫語詞（除非大量地使用假借字）。書中的文字只起說明主要意義以幫助記憶和音讀的作用，字與字之間，充滿了沒有標寫的"空隙"（未標寫出的語詞），全靠經師"望文生義"，口耳相傳。所以，即使學會了全部文字符號，如果沒有聽過經師諷誦，也無法讀懂經書。下面是東巴經《人類遷徙傳略》（又譯《創世記》）中的一段①：

每字解釋如下：

⚏ 大秤，假借爲早晨。

⊕ 太陽，引申爲第二天。

🐦 斑鳩。

卅 柵欄，這裏表示"園子裏頭"。

⌇ 箭。

⚒ 合文。崇則麗恩射箭。🐂 崇則麗恩，爲傳說中洪水之後人類的始祖，牛角，象嘴，爲聲符。⌇ 弓箭，射。

⚒ 合文。擇恒布白命織布。🐃 擇恒布白命，爲崇則麗恩之妻。⌇ 梭子。▦ 織布。

⋯ 三。

∴ 糧食。

⚏ 桶，假借爲"（找）到、（找）出"。

這段經文拆開合文共 13 個字，代表了 13 個短句、58 個詞、79 個音節，譯成漢語是：

　　第二天早上，
　　斑鳩不會停，
　　停到麗恩園子裏頭來。

———

① 方國瑜、和志武《納西象形文字譜》504 頁，雲南人民出版社，1982 年。

崇則麗恩呀,帶上弓和箭,
想射瞄三次,猶豫了三下;
擇恒布白命,正織布當兒,
黃梭三次狠觸麗恩手拐肘,
箭射出去了,
剛好射到斑鳩胸脯上,
找出剩下三顆糧。

很顯然,其中的許多內容是不見於文字而由經師口誦時補充出來的。

納西東巴文在敷衍成文時,往往不按語詞的順序作線性排列,而是按字與字的事理關係作圖畫式的平面排列,字的位置有輔助表意的作用。

如上圖中斑鳩要畫在柵欄之上,梭子要緊挨麗恩的肘部,箭頭要畫在斑鳩的胸前,"三"前後讀了四次,全然不顧語詞的實際順序。又如 ,雞置於杉樹之下,讀作"大杉樹下小雞'喔喔'叫"; 要讀作"雪山吞下肚,江水灌入口"; 要讀作"開了九間大房門,竹籬把頭罩,藏在門背後"。這種情況合體字中也有,如日出、月出作 、 ,日落、月落作 、 ,全以光線的上行、下行辨義。又如瀑布讀 $æ^{21}\ dz^{21}\ dz_\iota u^{21}$,$æ^{21}$ 是岩,dzi^{21} 是水,dz_ι^{21} 是墜、掉落,所以字形作 ,懸泉於半崖之上。

字的色彩也有輔助表意的作用,但已只限於黑色。如: 表示蛋, 表示墨、黑; 表示花, 表示毒草; 表示樹, 表示鬼界之樹; 表示珠子, 表示黑珠; 表示鞋, 表示靴子; 表示屋子, 表示牢獄, 表示日, 表示日暈。

居住在四川涼山、雅安一帶的爾蘇人所使用的沙巴象形文字,也有和東巴文類似的情況。下圖是沙巴經書《虐曼史答》(推

算天象曆法的經書)中的一幅。(1)是狗頭,表此日屬狗,此圖狗塗成紅色,表此日屬火。若塗成黃、白、綠、藍,則表屬土、金、木、水。(4)是星星,兩顆塗成黑色,表示兩星已死,一星仍在放光。(2)是霧,畫在左下角,表早上有霧。若畫在右下角,則表晚上有霧。全圖的意譯是:正月初九,屬狗,火日。早上地下有霧氣,天快亮時,要升起一股雲彩,然後出現寶刀(7)一把,法器(6)一個,這天上午是好天。中午開始,兩個星宿將死去,只有一個仍在閃光,太陽(5)出現異常(太陽帶枷),判斷地下有太歲,這天最好不動土①。沙巴文僅有單字二百多個,是比納西文還要原始的文字。

　　成熟的象形文字較早期象形文字更加抽象化、符號化、線條化,記錄語句,已按語詞順序成線性排列,並能摻用假借字逐一記錄語詞了。甲骨文已經不是純粹的象形文字了,但從中還是可以看出象形文字的概貌。右圖的甲骨卜辭"己

未卜,亘貞:逐豕,獲?"(合 10228)(逐)本已包括(豕)在內,但它只表示"追"的意思,所以追的對象(豕)還得再出現一次。(隻,即獲)也不必寫成一隻手抓住豕,捉鳥之"隻"已能表示所有的"捕獲"了。

---

① 孫宏開《爾蘇沙巴圖畫文字》,《民族語文》1982 年 6 期。

第三節　刻劃符號的性質與漢字產生的年代

　　現在我們所能看到的最早的成系統的古漢字,是距今 3300 多年的商代後期的甲骨文。甲骨文的字數大約有 4000 個左右①,已認識並得到公認的有 1000 個左右。由於占卜內容和程式的限制,甲骨上的文字,肯定不是殷商時代文字的全部。《尚書・周書・多士》說:"惟殷先人,有冊有典。"甲骨文中已有"聿" (合 22063)、 (合 28169),"冊" (合 438 正)、 (合 7413),"典" (合 21186)、 (合 36347)等字,有些甲骨上還有墨書,這說明商代應該有書寫在竹木上的典籍,只是因爲年代久遠,沒有保存下來罷了。從六書的角度看,甲骨文已用象形、指事、會意、形聲諸法造字,假借字就字頻統計達到 70% 左右。刻寫技巧已經非常嫻熟,大者徑逾半寸,小者細如豆粒,規整秀麗,達到了相當高的藝術水準。這些表明甲骨文已是相當發達的文字,離漢字的起源和形成,已有較長的歷史年代。

　　1954 年,在西安半坡仰韶文化遺址發現了一些刻劃在陶器上的符號。有的學者認爲,這是一種早於象形文字的指事文字,與漢字有淵源關係,如其說成立,則漢字當產生於 6000 年以前。在西安半坡陶符發現以前,我國也出土過一些陶符,如瑞典學者安特生在甘肅青海仰韶文化遺址,中央研究院歷史語言研究所傅斯年、李濟等在山東城子崖龍山文化遺址,施昕更在浙江杭縣

---

①　孫海波《甲骨文編》(中華書局,1965 年)收字不含合文爲 4672 號,沈建華、曹錦炎《甲骨文字形表》(上海辭書出版社,2008 年)收字 4026 號,包含"上下、下上、五十、六十、七十、八十、九十"及祖先名等合文。

良渚文化遺址都有發現①，只不過數量不多，沒有引起學界太多的注意。半坡發掘至今，至少有上百個遺址有刻劃符號出土，有不少學者對刻符材料及其與文字的關係進行過整理和研究，其中陳昭容《從陶文探索漢字起源問題的總檢討》收錄新石器時代至商代陶符 77 批、周代至漢代陶符 73 批，牛清波《中國早期刻劃符號整理與研究》收錄新石器時代至商代陶符 186 批，最爲詳盡，可以參看②。本節介紹幾種刻劃符號，並討論其性質及與漢字產生年代的關係。

一、刻劃符號舉例

1. 商代早期的陶符

商代早期的刻劃符號已發現的共有 7 批③，比較重要的是河北藁城台西和江西清江吳城商代早期遺址所發現的陶符。這些陶符有的和甲骨文近似，如台西 1、2 號陶片像"止"，3 號像"刀"，5 號像"目"，7 號像"魚"的殘字。陶片多是殘片，每片一個符號，不成句子。吳城 10 號、13 號陶片有符號連續排列，可能記錄的是句子④。

---

① 安特生(J. G. Andersson)著，樂生琦譯《甘肅考古記》12 頁，農商部地質調查所《地質專報》甲種第 5 號，1925 年。中央研究院歷史語言研究所《城子崖》，1934 年。施昕更《良渚》，《西湖博物館考古報告》第一集，1938 年。

② 對陶符材料進行綜述性整理研究的主要論著有：王志俊《關中地區仰韶文化刻劃符號綜述》，《考古與文物》1980 年 3 期；李孝定《漢字的起源與演變論叢》，聯經出版事業公司，1986 年；陳昭容《從陶文探索漢字起源問題的總檢討》，《歷史語言研究所集刊》第 57 本第 4 分，1986 年；徐錫台《漢字探源》，三秦出版社，1994 年；王藴智《字學論集》，河南美術出版社，2004 年；何崝《中國文字起源研究》，巴蜀書社，2011 年；牛清波《中國早期刻劃符號整理與研究》，安徽大學博士論文，2013 年。

③ 參見黄德寬《殷墟甲骨文之前的商代文字》，《中國文字學報》第一輯，商務印書館，2006 年。

④ 季雲《藁城台西商代遺址發現的陶器文字》，《文物》1974 年 8 期。江西省博物館等《江西清江吳城商代遺址發掘簡報》，《文物》1975 年 7 期。

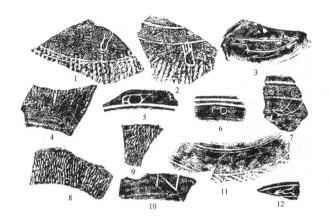

河北藁城台西陶符

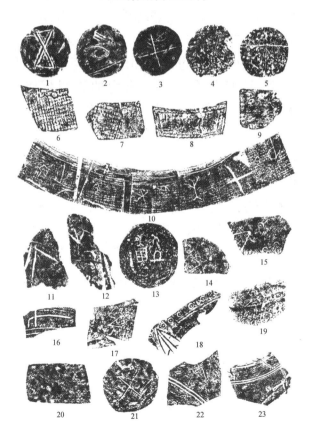

江西清江吴城陶符

2. 王城崗的陶符

上世紀 70 年代，考古工作者在文獻記載的"禹都陽城"——河南登封告城鎮王城崗，發掘出一座龍山文化中晚期的城址，同位素碳測定爲距今 4000±65 年，約當或稍早於夏代開國的年代（夏代紀年，一般認爲是公元前 21 世紀至公元前 16 世紀）。

在遺址中出土了一塊燒前刻有 形陶符的黑陶片①。發掘者李先登認爲，這和《殷虛文字乙編》"貞□戊□"、師晨鼎"司馬收、師晨入門立中廷"中的"收"字字形完全相同。從王城崗遺址的年代和地望來考察，這是夏代的"真真正正的文字"，而且是會意字，"有力地說明夏代已經有了文字，而且已經發展成熟了"②。但因這僅是孤證，故尚未得到學術界的公認。

3. 大汶口的陶符

1959 年，在山東莒縣陵陽河大汶口文化晚期遺址中，發現了四個刻劃在陶缸口沿外側的象形陶符，其年代距今約 4500 年③。1973 年 3 月，在諸城縣前寨村同期遺址中，發現了與莒縣陶文第四例相同而左上殘缺的陶文殘片④。裘錫圭認爲："大汶口文化象形符號跟古漢字相似的程度是非常高的。他們之間似

---

① 河南省文物研究所、中國歷史博物館考古部《登封王城崗與陽城》76、78、322 頁，文物出版社，1992 年。又《文物考古工作三十年》274 頁，文物出版社，1979 年，該書所述年代爲距今 4010±85 年（樹輪校正爲 4415±140 年）。

② 李先登《試論中國文字的起源》，《天津師範大學學報》，1985 年 4 期；又《對夏文化探索若干問題的看法》，《夏商周青銅文明探研》62 頁，科學出版社，2001 年。

③ 山東省文管處等《大汶口》118 頁，文物出版社，1974 年。邵望平《遠古文明的火花——陶尊上的文字》，《文物》1978 年 9 期。

④ 任日新《山東諸城縣前寨遺址調查》，《文物》1974 年 1 期。

乎存在著一脈相承的關係。大汶口文化象形符號應該已經不是非文字的圖形,而是原始文字了。"①唐蘭釋第一例爲"戉",第二例爲"斤",三、四兩例爲"炅(熱)"及其繁體②。于省吾則釋三、四兩例爲"旦"及其繁體③。

大汶口陶缸及陶符　　　　大汶口陶符摹本

4. 西安半坡的陶符

1954年,在西安半坡仰韶文化遺址發現了不少刻劃在陶器上的符號。這些陶符有22種,113例,都刻在陶器口沿外側(完整器物只有兩件),多是在器物燒成前刻的,少數是燒成或使用過一個時期後刻的④。半坡遺址的年代,距今有6000年左右。

5. 蚌埠雙墩陶符

1986—1992年,考古工作者在安徽蚌埠雙墩遺址出土了陶器刻劃符號633件,符號大都刻在器物底部,有動物、植物、房屋、各種幾何圖形等,時代距今約7000年⑤。

---

① 裘錫圭《漢字形成問題的初步探索》,《中國語文》1978年3期。
② 唐蘭《關於江西吳城文化遺址與文字的初步探索》,《文物》1975年7期。
③ 于省吾《關於古文字研究的若干問題》,《文物》1973年2期。
④ 西安半坡博物館《西安半坡》說明第7頁,文物出版社,1982年。
⑤ 安徽省文物考古研究所、蚌埠市博物館《蚌埠雙墩》183、414、420—467頁,科學出版社,2008年。

西安半坡陶符

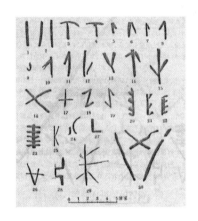

西安半坡陶符摹本

西安半坡陶器①

雙墩陶符時代早、數量大，種類繁多，象形、抽象符號俱備，引起學界高度關注，還爲此專門召開過國際學術研討會，有學者認爲雙墩陶符已具備了原始文字的性質，也有學者認爲還沒有發展到文字階段②。

---

① 尹達《新石器時代》圖版，三聯書店，1979年。注意陶碗口沿的刻劃符號。
② 黃德寬《"蚌埠雙墩遺址刻劃符號暨早期文明起源國際學術研討會"會議綜述》，《中國文字學報》第三輯，商務印書館，2010年。

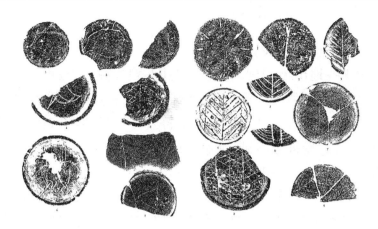

雙墩動物紋、植物紋陶符

6. 舞陽賈湖刻符

1983—1987年,考古工作者在河南舞陽賈湖遺址出土了17例刻劃符號,其中有9例刻在龜甲上,一例 ⌖ 和甲骨文"目"字很相近,一例 ✵ 似人舉手形,一例 ☐ 似楷書的"曰"字,發掘者認爲具有原始文字的性質,其年代距今8000多年①。饒宗頤認爲一個是"目"字,一個是"日"字②。唐建認爲:"從區域考古和考古環境相似性等理論看,賈湖遺址甲骨契刻符號是商甲骨文的歷史來源應無疑問。"③

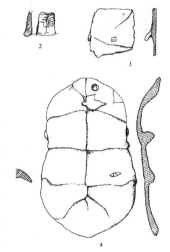

舞陽賈湖刻符

---

① 河南省文物考古研究所《舞陽賈湖》446、985、518頁,科學出版社,1999年。
② 饒宗頤《符號、初文與字母》24頁,上海書店出版社,2000年。
③ 唐建《賈湖遺址新石器時代甲骨契刻符號的重大考古理論意義》,《復旦學報》1992年3期。

二、對刻劃符號的幾種看法

我國各地出土的刻劃符號，按其形體來源，大致可以分爲兩類：一類來源於物象，可以稱爲象形符號；一類爲抽象的幾何圖形，可以稱爲抽象符號。對於象形符號，一般都認可是漢字或漢字的源頭；對於抽象符號，則有是或否的不同看法。具體看法林林總總，歸納起來主要是以下三類[①]。

1. 抽象符號是文字，漢字來源於象形符號和抽象符號二源

郭沫若是"二源說"的主要倡導者，1959 年他在西安半坡博物館參觀時題詞道："殷墟文字已合乎六書規律，則文字之起源必尚可逆溯三二千年。仰韶龍山似已進入有文字的時期。今來半坡觀先民遺址，其建築結構，器制花紋，生活禮制均已脫出原始畛域。陶器破片上見有刻紋，其爲文字殆無可疑。"[②]

1972 年郭沫若發表《古代文字之辯證的發展》，對於半坡陶符和漢字的關係，他認爲："這也就是漢字發展的歷史。""刻劃的意義至今雖尚未闡明，但無疑是具有文字性質的符號，如花押或者族徽之類。""彩陶上的那些刻劃記號，可以肯定地說就是中國文字的起源，或者中國原始文字的孑遺。"半坡陶器上的人面形、魚形、鹿形、草木形花紋，郭沫若認爲"畫得頗爲得心應手，看來顯然在使用著柔軟性的筆了"。"當時是應該有象形文字的"，只是"在今天很難有實物保留下來"。他認爲："隨意刻劃必先於圖形。""刻劃系統是結繩、契木的演進，爲數不多。這一系統應該

[①] 據王穎《近百年來漢字學通論性質著作中"漢字起源說"綜述》（《勵耘學刊·語言卷》2011 年第 2 輯，學苑出版社，2012 年）統計：1980 年以後，涉及陶符的 45 部漢字學通論著作中，"有 29 部著作是以圖畫說爲理論依據，用出土陶符中的象形符號來印證圖畫說，佔 64%，還有 13 本著作中沒有涉及到圖畫說，僅從陶符的角度去論述漢字的起源，佔 29%。還有 3 部著作是利用陶符中的刻劃符號，認爲漢字起源於刻劃符號和圖畫兩元，佔 7%。"

[②] 孫霄、謝政《半坡拾零》5 頁，西北大學出版社，1988 年。

在圖形系統之前,因爲任何民族的幼年時期要走上象形的道路,即描畫客觀事物而要能像,那還須要有一段發展的過程。隨意刻劃卻是比較容易的。""根據種種地下資料、現存民俗和文獻記載等參證起來看,中國文字的起源應當歸納爲指事與象形兩個系統,指事系統應當發生於象形系統之前。至於會意、形聲、假借、轉注等,是更在其後的。中國的六書,或稱爲六義,在漢代有兩種排列方式。《漢書·藝文志》以'象形、象事、象意、象聲、轉注、假借'爲序,許慎《說文解字敘》則以'指事、象形、形聲、會意、轉注、假借'爲序。以指事先於象形,許慎的看法是比較正確的。"①

于省吾贊同半坡陶符已是文字,認爲 ╳ 即五,十 即七,∣即十,∥即二十,丅 即示,丰 即玉,↑ 即矛,丫 即艸,ㄣ 即阜,陳煒湛則認爲)(即八,米 即米,∞ 即網②。

楊建芳認爲:"在古代黃河流域,實際存在著兩種不同的文字系統。一種是指事文字或刻劃文字,另一種是圖畫文字或意符文字。這兩種文字的出現都相當早,而且流行於不同的地區。大約在龍山文化時期,由於文化的互相影響,指事文字傳播到山東一帶,而圖畫文字則輸入中原地區。到了商代早期及中期,圖畫文字系統融合一部分指事文字,形成商周流行的文字,也就是早期的漢字。"③楊說與衆不同的是,他認爲指事文字和圖畫文字原是不同地區兩種獨立的文字,後來才合二爲一的。

李孝定有多篇論文論述陶符和漢字的關係,他說:"遠古時代,人們想表達自己的概念,抽象的便畫一個符號,具體的便畫

---

① 郭沫若《古代文字之辯證的發展》,《考古學報》1972年1期;又收入《奴隸制時代》,人民出版社,1973年。

② 于省吾《關於古文字研究的若干問題》,《文物》1973年2期。陳煒湛《漢字起源試論》,《中山大學學報》1978年1期。

③ 楊建芳《漢字起源二源說》,《中國語文研究》1981年3期。

一幅圖畫,……這些文字,抽象的便成爲指事文字,具體的便成爲圖畫文字,它們並非不相爲謀的兩個獨自發展的不同系統,而是在文字萌芽期人們爲了適應不同需要,配合著發展的兩種不同的造字方法。"①他還對半坡陶符進行了具體的考釋,並説:"半坡陶文中,現已有相當數量的假借字,因此它們應不是最原始的中國文字,易言之,半坡之前,漢字應已經歷了象形、指事、會意三個發展階段。"②需要説明的是,李孝定稱他的看法爲"一元説",因他認爲符號和圖畫不是"兩個獨自發展的不同系統",所以是一元的。但我們根據抽象符號和象形符號的不同,認爲他主張的還是二源説。

何崝《中國文字起源研究》認爲:中國新石器時代的抽象符號和象形符號都是中國文字的源頭,"我們試看新石器時期的符號,在同一個考古學文化中,往往是既有抽象符號,又有象形符號……我們能夠把其中的抽象符號與象形符號的作者區分開嗎?……由此看來,把新石器時代的符號分成兩個系統是不合實際的"。③

2. 抽象符號是文字,漢字來源於抽象符號一源

這種看法是在"二源説"的基礎上又進了一步,認爲漢字起源於抽象符號,而象形符號是由抽象符號衍生的。

海萌輝説:"新石器時期普遍存在著的刻劃符號,是我國古代脱離了'結繩記事'之後,使用的最早的文字。""這一時期文字的形式特點是以'指事'字爲主。它是漢字發展史中最初的階段。""新石器時代的刻劃符號,就是'六書'中所説的'指事'字。"

---

① 李孝定《漢字起源的一元説和二元説》,《古文字學論集初編》,香港中文大學中國文化研究所吳多泰中國語文研究中心,1983年。又《漢字的起源與演變論叢》265頁,聯經出版事業公司,1986年。

② 李孝定《再論史前陶文和漢字起源問題》,《漢字的起源與演變論叢》187頁,聯經出版事業公司,1986年。

③ 何崝《中國文字起源研究》96、98頁,巴蜀書社,2011年。

"刻劃符號完全可以在人們之間的物質文化交流方面,擔當起了交際工具的作用。""對於'指事'和'象形'的區別,段玉裁解釋爲:象形只象'一物',指事則包括'眾物',是有一定道理的。它符合文字產生的早期階段的特點。在原始社會由於生產的不發達,人們用文字表達客觀事物的能力還比較低。不可能將每一個事物和每一件事情,都用一個特定的符號來表示,而只能用有限的符號,來泛指生活中某一類事物和某一些事情。這也是'指事'字所以產生的很早的一個原因。""郭老鮮明地認定'指事'發生在'象形'之前。只是他把文字的起源歸納爲'指事'和'象形'兩個系統,則在概念上容易混淆。就漢字發展的規律來看,它表現爲一脈相承,不斷地由低級走向高級,由不完善趨於完善,持續地階段性地向前發展。……從仰韶文化的刻劃符號,到大汶口文化的象形符號,以至到商代後期的甲骨文、金文,反映了漢字產生的早期階段文字循序發展的過程。"①

　　需要指出的是,文字起源的二源說和抽象符號一源說可以追溯到很早的時期。1933年,劉大白在《文字學概論》中說:"圖畫是比較繁複分明的工作,比用結繩的方法作簡單混括的記號難得多,要到發明了刻畫記號的方法以後,更進一步才能發明圖畫的方法。先有記號,後有圖畫,正合從簡單到繁複,從混淪到分明的進化通則相合。所以我們可以知道,文字是發生於記號和圖畫二源的,而記號一源,更早於圖畫。換句話說,也可以說圖畫是由記號演進的。因爲把簡單混淪的記號,漸漸地繁複分明起來,就漸漸成爲圖畫。"②

　　3. 抽象符號不是文字,漢字來源於象形符號一源

　　唐蘭《古文字學導論》認爲:"文字的產生,本是狠自然的。

---

① 海萌輝《從新石器時代的刻劃符號談"指事"在"六書"中的次第》,《鄭州大學學報》1983年2期。

② 劉大白《文字學概論》16頁,上海開明書店,1933年。

舊石器時代的人類,已經有很精美的繪畫,大都是動物和人像,這已是文字的前驅。畫一隻鹿或象,別人看見了就認識,就得到和文字一樣的效用了。"(392頁)"文字的本質是圖畫,所代表的是語言。國家產生後,許多部落的語言逐漸同化,每一圖形,漸有標準的讀法,於是可以描寫許多圖形來記載一件故事,而這記載是可誦讀的,就成爲文字了。"(393頁)"由六書的說法,在文字起源的時候,有一種指事文字,《說文》舉上下二字爲例,有些人又說一字是指事,指事產生在象形之前。不知指事的分出是不必的,一字是象形,二二(引按:指"上、二"二字)是象意,這種文字和牛羊馬豕日月山川的圖形,是無從分先後的。總之,文字起源於繪畫,到統一的國家出現後,和語言結合,就產生了可誦讀的真正文字。"(394頁)①

　　裘錫圭將陶符中幾何形的符號稱作甲類符號,將象實物之形的符號稱作乙類符號。他說:"在甲類符號裏,仰韶文化早期的半坡類型遺址所出陶器上的符號,時代既比較早,資料也比較豐富,在關於漢字起源的討論中最受人注意。"(22頁)"這種符號所代表的顯然不會是一種完整的文字體系。它們有沒有可能是原始文字呢?恐怕也不可能。我們絲毫沒有掌握它們已經被用來記錄語言的證據。從同類的符號在漢字形成後還在長期使用這一點來看,它們也不像是文字。把半坡類型的甲類符號跟古漢字裏象具體事物之形的符號相比附,更是我們所不能同意的。這兩種符號顯然是不同系統的東西。我們不能因爲前一種符號跟後一種符號裏形體比較簡單的例子或某些經過簡化的形式偶然同形,就斷定它們之間有傳承關係。半坡類型符號的時代大約早於商代後期的甲骨文三千多年。如果它們確是古漢字的前身,象形程度一定大大高於甲骨文。甲骨文裏'阜'字多作

---

① 唐蘭《古文字學導論》,齊魯書社,1981年。

阝,'示'字比較象形的寫法是呈。半坡符號裏的𐙳和丅,如果確實是'阜'字和'示'字的話,爲什麼反而不如它們象形呢?"(23頁)"總之,我們認爲我國原始社會時代普遍使用的甲類符號還不是文字。除了有少數符號(主要是記數符號)爲漢字所吸收外,它們跟漢字的形成大概就沒有什麼直接關係了。而且即使是那些爲漢字所吸收的符號,也不見得一定是來自半坡類型符號的。有些學者以半坡類型符號爲據,說漢字已經有六千年以上的歷史。這種說法恐怕不妥當。"(24頁)[1]

拱玉書等《蘇美爾、埃及及中國古文字比較研究》通過蘇美爾、埃及及漢古文字的比較,認爲:"在文字起源的最初階段,由不具實義的隨意刻劃發展成爲多數人共識的記號或文字,其可能性幾乎不存在。"(111頁)"遠古先民最初創制的文字是象形字"(121頁),"幾何形符號是寫實圖形的抽象化形式","那些尚不明瞭其演進過程的幾何形圖案,亦當各有源頭。"(113頁)[2]拱玉書等認爲抽象符號源於象形符號,實際上是主張文字起源於象形符號一源的。

三、對二源說和抽象符號一源說幾個問題的辨析

二源說和抽象符號一源說,在事實和論證方面都存在一些問題,下面提出幾點來討論。

1. 圖畫和文字產生於不同的歷史時代

郭沫若主張漢字起源二源說並認爲指事先於象形,主要基於"指事先於象形也就是隨意刻劃先於圖畫"的論斷。我們覺得這一論斷後一半對,前一半則不對,也就是說:隨意刻劃先於圖畫≠指事先於象形。

---

[1] 裘錫圭《文字學概要》(修訂本),商務印書館,2013年。
[2] 拱玉書等《蘇美爾、埃及及中國古文字比較研究》,科學出版社,2009年。

"隨意刻劃先於圖畫",就原始人類學習畫畫來說,可能確實如此。設想原始人類用"筆"之初,肯定是隨意塗抹,胡畫一氣。即是今人學畫,也還得從畫直線橫線學起。但是,原始人類學畫和創造文字,並不是在同一個歷史時代進行的。可以設想,人類的隨意刻劃,可能從人類產生之初就已開始了,而創造文字,僅僅是幾千年前的事,因爲現在全世界還沒有發現超過一萬年的文字。從人類產生到創造文字,人類已經經歷了幾十萬年甚至上百萬年的"隨意刻劃"的歷史(北京人距今 50 萬年,元謀人距今 100 萬年),從而走上了"描畫客觀事物而又能像"的"象形的道路"。

藝術史家認爲,距今一萬多年以前的舊石器時代晚期的"美術創作者們已經具有熟練的技巧,能夠正確掌握對象的形態動作,甚至能夠表達出對象的精神感情,在有限的色彩上,運用紅、黃、褐進行明暗暈染而使作品具有體積和氣韻感,有些甚至具有初步的透視法和構圖意匠"。《受傷的野牛》"由於色彩的暈染而顯出虛實相間和毛茸茸的皮毛感覺,那些生動流利的線條所表達的動態與感情是頗令人神往的"。而《渡河的鹿群》,只用幾尾鮭魚穿插於鹿腿之間,以示鹿群在涉水渡河,說明作者已具有了構圖意匠①。

渡河的鹿群②

渡河的鹿群摹本

---

① 李浴《西方美術史綱》6 頁,遼寧美術出版社,1980 年。
② 牛克誠《原始美術》78 頁,中國人民大學出版社,2010 年。該書說此圖是馴鹿角指揮棒的展開圖,長 16cm,屬馬格德林時期,法國洛爾特出土。

在南部非洲,有很多符合透視畫法的岩畫,"符合透視畫法的動物畫是南部非洲岩畫藝術特有的一種風格,……這種畫大多數是從羚羊的後部或側面的角度畫出來的,頭的細部畫得相當準確。布須曼岩畫在原始時代就能注意到透視畫法,是令人驚奇的"。①

半坡陶器上的花紋,已經顯示了仰韶文化時代先民們的藝術才能。1978年底在河南臨汝閻村仰韶文化晚期遺址中出土的《鸛魚石斧圖》,以其明顯的主題、真實的形象、優美的構圖,被認爲是我國目前所見到的最早的一幅繪畫。這幅畫高37釐米,寬44釐米,用棕白二色繪在淡橙色的陶缸上,幾乎佔了缸體表面的一半,鸛的專注用力,魚的無可奈何,都表現得生動而有情趣。這幅畫用"沒骨法"來畫老鸛的白羽,用"勾線法"來勾勒石斧和魚的輪廓,用"填彩法"來表現斧柄所纏的繩索和魚身,說明當時已具備了後世所用的一些最基本的繪畫技法②。

展開圖

符合透視法的南非動物岩畫③　　　　**鸛魚石斧圖**④

---

① 張榮生編譯《非洲岩石藝術》36頁,上海人民美術出版社,1982年。
② 張紹文《原始藝術的瑰寶》,《中原文物》1981年1期。
③ 張榮生編譯《非洲岩石藝術》圖版36,上海人民美術出版社,1982年。
④ 臨汝縣文化館《臨汝閻村新石器時代遺址調查》,《中原文物》1981年1期。

就個人的習得來講，任何人都是從零開始的。但人類的文化是逐漸積纍的，後人習得的內容和速度是遠遠超過前人的，如我們現在獲取能源，就不必從鑽木取火開始了。經過若干萬年畫圖的文化積纍，先民們在幾千年前創造文字時，應早就具備了創造象形字的能力，而不會只能畫簡單的幾何形筆畫。況且，古代的造字者不管是巫師還是史官，都是人群中的智者，怎麼會到了造字時，就不會畫象形的圖形了呢？那種因爲隨意刻劃比畫圖簡單，就認定人類造字時只能先造指事字，然後才學會造象形字的看法，實際上是把人類學畫和造字兩個相距甚遠的歷史時代混同了起來。

2. 抽象符號無法衍生出象形文字

劉大白認爲"圖畫是由記號演進的"，海萌輝認爲漢字在象形字之前有一個以指事字即刻劃符號爲主的時期，先有"包括眾物"的指事字，後有"只象一物"的象形字，從刻劃符號到象形符號，是一脈相承，循序發展的。這是不符合人類思維從具體到抽象、從個別到一般的思維規律的。試想，要表達某個概念，例如"魚"吧，究竟是畫一條魚更便於表達、識別和交際，還是畫幾條橫線豎線呢？當然是前者。在六千多年前的原始社會，人們就能用一套與音義完全沒有邏輯聯繫的，不可意會、只可死記的刻劃符號（有如速記符號）來記錄語言，進行交際，這實在是難以想象的。

在古代陶器上有很多抽象的幾何形紋飾，研究者指出："所謂幾何形紋，從新石器時代彩陶紋飾的淵源來看，無非從動物、植物以及編織中蛻化出來的紋樣。"[①]浙江河姆渡文化遺址分四層，"陶器的紋飾，從第三、四文化層到第一、二文化層有顯著的變化。這一變化是由第三、四層發達的動植物圖像和幾何形圖

---

① 鄭爲《中國彩陶藝術》8頁，上海人民出版社，1985年。

案花紋發展到第一、二層的抽象圖案,簡言之,花紋由繁到簡,由寫實到抽象"。①

半坡出土的彩陶上有很多寫實的魚、圖案化的魚和變形的魚,還有一些抽象的圖案,發掘報告排列了魚紋演變圖,揭示了抽象圖案和魚形的關係。

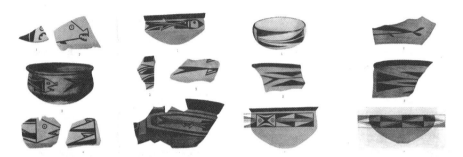

半坡魚紋②

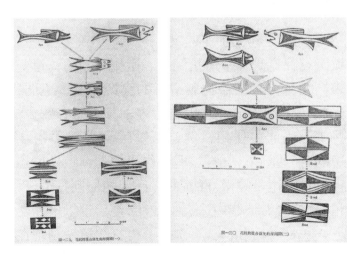

西安半坡魚紋演變圖③

---

① 河姆渡遺址考古隊《浙江河姆渡遺址第二期發掘的主要收穫》,《文物》1980年5期。
② 鄭爲《中國彩陶藝術》圖版6、7、10、11,上海人民出版社,1985年。
③ 中國科學院考古研究所等《西安半坡》圖129、130,文物出版社,1963年。

"刻劃符號跟以象形符號爲主要基礎的古漢字顯然不是一個系統的東西"①，從刻劃符號中衍生出象形文字的實例現在還沒有發現，相反，倒是有從象形符號演變出表音文字的幾何形符號的例子。如拉丁字母和一部分納西哥巴文音節字母：

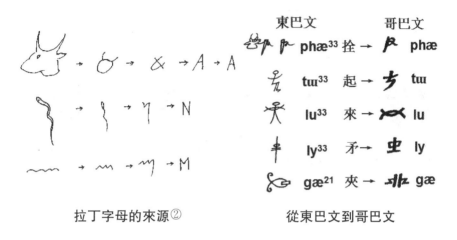

拉丁字母的來源②　　　　　　從東巴文到哥巴文

3. 半坡陶符是符號而不是文字

半坡陶符究竟是文字還是記號？發掘者認爲："這些符號可能是代表器物所有者或器物製造者的專門記號。這個所有者，可能是氏族、家族或個人。"③用記號表示某種意義的方法，現在仍在一些少數民族中使用。例如西雙版納傣族製陶，"一般是不加標記的，但遇到下列情況，偶爾作出標記：(1)做好器坯後有時爲了提醒自己這是剛做好的，便在底部隨便劃幾道，以免和已乾的坯相混。(2)做坯時中途有事離開，便用手指甲在器坯壁上劃一直道，表示拍打到這裏，下次接著再打。這一刻劃在下次拍打中往往被消滅，但亦有留下痕跡的。(3)若幾家合燒一窯，常在自己器物底部作出符號，以免彼此相混。這些符號一般是用

---

① 裘錫圭《漢字形成問題的初步探索》，《中國語文》1978年3期。
② 《26個拉丁字母的起源》，《漢語拼音報》1985年4月3日。
③ 中國科學院考古研究所等《西安半坡》198頁，文物出版社，1963年。

指甲劃出交叉形,也有劃一直道或幾道平行線條,並沒有什麼含義,只要認出是自己的產品即可。而且同一個人這一次作的符號和下一次作的符號也未必相同。總之,這是一種隨意刻劃,只是爲了不與他人相混即可"。[1]

居住在川滇邊境的普米族,也使用著一些表示所有、方向和數目的刻劃符號。普米族居住一種用圓木壘垛而成的"木壘子"房屋。"木壘子"呈正方形,每面十八至二十三級,建築工序有:砍木料、搬木料、搭預備房屋、正式搭木壘子。因爲木料需在山上晾乾,爲防止錯拿或遺失,各家都在木料上砍出一定的佔有符號。又因爲"木壘子"是正方形的,普米族人又講究正門向陽,爲建築和搬遷的方便,便在木料上砍出表示方向和堆碼次序的方位符號和數字記號。除數字記號一般是一作｜,二作‖,依次類推外,佔有符號和方位符號隨意性很大。一家先後可能不同,幾家人可能符號相同。即使是數字記號,例如一,也可刻成一、｜、\、︿等不同的形式,而且所有這些符號都有形無音[2]。居住在同一地區的納西族稱這種房子叫"木楞房",也採用同樣的搭建和標記方式。其實這種符號,在木工中使用非常普遍。木工們常常在需要穿接的榫頭和穿孔上畫上相同的記號,各個榫頭的記號不同,以免接錯,而這種記號完全是任意的。

記號雖然可以表達某種意義(所有者、製造者等等),但它並沒有和語言結合,所以不是文字。嚴汝嫻《普米族的刻劃符號》說:"半坡、姜寨的刻劃符號,可能与普米族的刻劃符號相似,基本都是一种特定的記事符號,尚不是文字。"拱玉書等指出:"可以肯定,陶符本身具有的符號形式以及這種符號具有的功能,對造字思想的萌生,對文字的取形,都產生過影響。然而,在西亞

---

[1] 汪寧生《從原始記事到文字發明》,《考古學報》1981 年 1 期。
[2] 嚴汝嫻《普米族的刻劃符號》,《考古》1982 年 3 期。富嚴《史前時期的數學知識》,《史前研究》1985 年 2 期。

衆多考古實例中,並未見陶符直接發展演變成文字之有力證據。""歷史證明,陶符不能直接發展成文字。"①

麗江鳴音鄉納西族木楞房

普米族的刻劃符號

至於有些記號可能和某些字相同或相似,這只是一種巧合。"凡對簡單的幾何線條形符號用後世的文字去比附,總是有些危險,不能得到令人信服的結論"。② 半坡陶符還有 K、L、T、Y、Z 諸形,和某些拉丁字母相同,我們是否就可以說它們之間有什麼關係呢? 顯然不能。因此上文所說的有些學者對半坡陶符的考釋,還是令人難以信從的。

四、結語

通過以上的分析我們知道:文字產生以前,人們曾使用實物、結繩、契刻、圖畫等原始的記事方法。實物、結繩、契刻、圖畫作爲表意的符號,與也是符號的文字有共同之處,對文字的產生有重要的影響。其中契刻、圖畫作爲平面圖像,與平面符號的文字關係更加密切。

---

① 拱玉書等《蘇美爾、埃及及中國古文字比較研究》132、143 頁,科學出版社,2009 年。

② 李學勤《文字起源之謎》,《文史知識》1984 年 12 期。又《古文字學初階》18 頁,中華書局,1985 年。

就漢字現存最早的成系統的文字甲骨文來看，其字形絕大多數都是象形的，因此，圖畫應是漢字的直接源頭。原始圖畫在歷史發展中分成了兩支，一支以表現藝術美爲目的，真實地再現客觀事物，獨立於語言之外，這就是後來的繪畫；另一支以傳遞信息爲目的，與語言相結合，符號化線條化，成線性排列，最後變成了文字。

契刻雖然是書寫的視覺符號，但現在沒有證據證明它們已經和語詞相聯繫，"原始社會晚期的記號顯然不可能構成完整的文字體系"①，所以半坡陶符等還不是文字。但刻劃符號對漢字的產生是有影響的，唐蘭說："指事文字原來是記號，是抽象的，不是實物的圖畫。這些記號在文字未興以前，早就有了，在文字發生時，同時作爲文字的一部分，所以許氏的意思，它們是在象形文字以前的。"②裘錫圭在指出刻劃符號和象形文字不是一個系統的東西以後說："但是它們對漢字的形成仍然是有影響的。"如"數字應該是漢字從這種記號裏吸取過來的"。③ 就整個漢字體系來講，在漢字形成時吸收的刻劃符號不多，常見的也就是"一、二、三、亖、上、下"等不多的一些字，很難和漢字的象形符號體系並列成爲二源，所以我們贊同漢字起源於圖畫一源說。

賈湖刻符雖然有幾個象形的符號，但它和甲骨文懸隔四五千年，無法證明它們之間的關係和演變脈絡。半坡陶符也不能認定爲漢字的前身，當然不能認爲漢字產生於 6000 年前。與古漢字形態最接近的陶符是距今 4500 年左右的大汶口陶符，裘錫圭開始認爲："大汶口文化象形符號跟古漢字相似的程度是非常高的。他們之間似乎存在著一脈相承的關係。大汶口文化象形

---

① 裘錫圭《漢字形成問題的初步探索》，《中國語文》1978 年 3 期。
② 唐蘭《中國文字學》70 頁，上海古籍出版社，1979 年。
③ 裘錫圭《漢字形成問題的初步探索》，《中國語文》1978 年 3 期。

符號應該已經不是非文字的圖形，而是原始文字了。"①後來他改變了看法，認爲："把這類符號看作原始文字是根據不足的，把它們直接看作古漢字的前身就更不妥當了。"②裘錫圭說："由於夏代和商代前期的文字資料的貧乏，我們在討論漢字形成時代的時候，主要只能根據商代後期漢字的發展水平來進行推測。……漢字大概就是在這樣的基礎上，在夏商之際（約在前十七世紀前後）形成完整的文字體系的。"③

"前十七世紀"即距今 3700 年，也就是現存甲骨文 3300 年前的 400 年。鑒於現存甲骨文已有 4000 餘字，造字方法比較完善，假借字字頻達到 70％左右，字符符號化水平較高，書寫技巧比較嫻熟，這些都不是在 400 年內能夠完成的，加上越古老的文字發展變化越緩慢，所以我們覺得漢字文字體系形成的時間至少還應前移數百年，這與大汶口陶文 4500 年的時間是比較接近的。

思考題：
1. 原始圖畫與文字的關係。
2. 刻符的性質及其與文字的關係。
3. 近年文字起源問題研究述評。

---

① 裘錫圭《漢字形成問題的初步探索》，《中國語文》1978 年 3 期。
② 裘錫圭《文字學概要》（修訂本）29 頁，商務印書館，2013 年。
③ 裘錫圭《文字學概要》26—27 頁，商務印書館，1988 年；修訂本 33—34 頁。

第三章　漢字的形體

漢字的形體指漢字的書寫形體，又稱書體，即漢字的外部形態和面貌。從甲骨文到現代漢字，在三千多年漫長的時間裏，漢字的形體發生了很大的變化。漢字形體的演變和漢字發展的歷史階段有關，古老的漢字接近圖畫，筆畫"隨體詰詘"，字的部件、方向、大小不定，而後代的漢字逐漸線條化、規整化。漢字的形體也和書寫的物質材料有關，甲骨文是用刀刻的，所以方折細瘦，而金文主要是鑄造的，所以肥碩圓潤。前人論漢字書體，有"篆、隸、楷、行、草"五書之說，甲骨文、金文出現以後，也有用篆書或大篆涵蓋甲骨文、金文的。根據漢字發展的歷史階段和形貌，參考前賢時修各家的觀點，我們將漢字的形體分爲甲骨文、金文、篆文、隸書、楷書、草書、行書七類。

第一節　甲骨文

一、甲骨文概說

甲骨文是刻在龜甲和獸骨上的文字，最先出土於安陽殷墟，1899 年被學界發現。其後在鄭州二里岡商代遺址、濟南大辛莊商代遺址等地也有零星發現。1977 年在陝西岐山、扶風之間的周原遺址出土了一批西周甲骨。殷墟甲骨距今約有 3300 年的歷史,是目前我們所能見到的最早的成系統的漢字材料。

　　自1899年以來,殷墟出土的甲骨大約有13萬片①,但大多是碎片。在這十多萬片的甲骨中,不重複單字有四千多字,已識字有一千多字。由於不識字大多是地名、人名,所以甲骨刻辭現在基本能通讀。甲骨刻辭主要是占卜的記錄,也有少量記事刻

 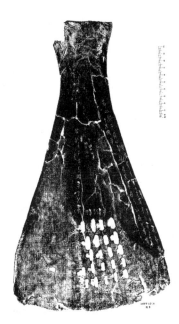

　　　龜腹甲刻辭②　　　　　　　　牛肩胛骨刻辭

---

　　① 孫亞冰《百年來甲骨文材料統計》,《故宮博物院院刊》2006年1期。關於殷墟出土甲骨的總數,有不同的統計數據,董作賓認爲約10萬片,胡厚宣認爲約16萬片,孫亞冰統計數比較翔實可信。參見王宇信、楊升南主編《甲骨學一百年》50頁《甲骨文現藏情形之一般》,社會科學文獻出版社,1999年。

　　② 見《中國國家博物館藏文物研究叢書・甲骨卷》62正。以下牛肩胛骨刻辭見《小屯南地甲骨》附3,鹿頭骨刻辭見《甲骨文合集》36534,人頭骨刻辭見《甲骨文合集》38758、38759、39761、38762,虎骨刻辭見《懷特氏等所藏甲骨文集》1915,兕骨刻辭見《中國國家博物館藏文物研究叢書・甲骨卷》261。

辭。甲骨刻辭所記錄的内容十分豐富，包含天文、曆法、氣象、山川、方國、職官、祭祀、征伐、刑罰、田獵、農牧、工商、生育、疾夢等方面的内容，是研究殷商時期自然狀況、社會歷史、語言文字的可靠材料。

甲骨文的刻寫材料是龜甲獸骨。龜甲以腹甲為主，有少量背甲。獸骨主要是牛骨，以牛肩胛骨為主，也有極少的牛肋骨，甚至頭骨（合 37398）。另外還有鹿、馬、豬、羊、虎、兕（犀牛）骨，以及人頭蓋骨。動物頭骨和虎、兕、人骨都用於記事刻辭①。

鹿頭骨刻辭

---

① 陳夢家《殷虛卜辭綜述》5、327 頁，圖版拾叁、拾肆，中華書局，1988 年。陳煒湛《甲骨文簡論》94 頁，上海古籍出版社，1987 年。王宇信、楊升南主編《甲骨學一百年》248 頁，社會科學文獻出版社，1999 年。

38762　　38758　　38759　　38761

人頭骨刻辭

虎骨刻辭

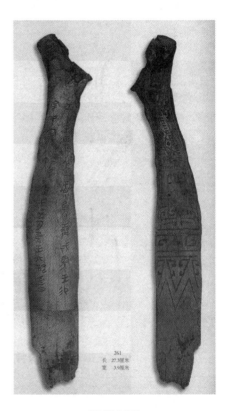

兕骨刻辭

甲骨文的刻寫工具是青銅刀和玉刀，因玉刀較脆易折，可能青銅刀使用更普遍①。用刀刻寫決定了甲骨文的形體和書寫風格。

甲骨文書寫的行款一般是竪行向下，提行或左或右，視卜辭起始行的位置而定。以龜腹甲爲例，若起始行在龜甲邊緣，則提行指向龜甲中縫（俗稱"千里路"）；若起始行在龜甲中縫，則提行指向龜甲邊緣。對貞（從正反兩面分別占卜）卜辭一般作對稱排列，若兩條卜辭各從龜甲的左右邊緣開始，則提行都指向龜甲的中縫，這可以叫"竪行相向"；若兩條卜辭從龜甲的中縫開始，則提行都指向龜甲邊緣，這可以叫"竪行相背"。偶爾也有橫行的，如合33130。當然實際情況還要複雜，如花園莊東地甲骨就有橫折竪行的、竪折橫行的、繞成"匸"字形的、繞成近乎"口"字形的等等形式②。

記錄甲骨文圖像的方法有拓本、摹本和照片，三種方法各有長短。拓本是我國傳統的記錄銘刻的方法，優點是黑白分明，銘文清楚，形象逼真，缺點是刻得淺的筆畫難以拓出，且因拓印時要將紙打入字口，所以拓後展開筆畫較原物要肥。摹本是對著甲骨摹寫，優點是筆畫清晰，缺點是若摹寫者辨識不清或摹寫錯誤，則會帶來材料的錯誤。但有的甲骨原片今已不存，僅靠摹本流傳，只能使用摹本，有的拓本不清，也要輔以摹本，只是用摹本時應特別慎重。早期外國學者習慣用照相的方法，照片的優點是不失真，但有時不清楚，有些文字不在一個平面上，照出來會變形。許多早期出土的甲骨被外國人收買，只有照片傳世。有學者主張三種本子同時列出，相輔相成，但篇幅太大，一般難以做到。近年《殷墟花園莊東地甲骨》等書已是三種方式並列，極

---

① 關於甲骨文的刻寫，王宇信、楊升南主編《甲骨學一百年》255頁有較詳細的綜述，可參看。

② 參見張桂光《花園莊東地卜甲刻辭行款略說》，收入王建生、朱歧祥主編《花園莊東地甲骨論叢》，聖環圖書股份有限公司，2006年。

便使用。

　　學習研究甲骨文字形要從原始材料甲骨文著錄書出發，主要的甲骨文著錄書已見於本書《緒論》第三節。讀本可用李圃《甲骨文選注》及高明《中國古文字學通論》、劉翔等《商周古文字讀本》甲骨文部分①。學習甲骨文字形的工具書，孫海波《甲骨文編》雖然時代較早，但摹寫比較準確，收字較多，且有編號，還是可用的。劉釗等《新甲骨文編》，後出轉精，吸取了很多新的研究成果，且字形採用掃描轉黑的方法，比摹寫準確②。李宗焜《甲骨文字編》材料截至 2010 年，字形整理比較嚴謹，所收形體數量最多，有的字異體有適當分類，字形標註了時代，有部首、筆畫、拼音三個索引，使用比較方便。徐中舒主編《漢語古文字字形表》、高明《古文字類編》將文字按甲骨文、金文、戰國文字、小篆分段排列，有助於對甲骨文來龍去脈的瞭解，也是很好的工具書。

二、甲骨文形體的特點

1. 象形性強

　　古人造字"近取諸身，遠取諸物"，"畫成其物，隨體詰詘"，甲骨文作爲現存最早的漢字，具有很濃的象形意味。甲骨文字形的象形程度，固然可以用現代的器物去比照，但若用商代的器物或物象去比較，似乎更有意思。下面是甲骨文和商代玉器銅器相比較的幾個例子③：

---

　　①　李圃《甲骨文選注》，上海古籍出版社，1989 年。高明《中國古文字學通論》，文物出版社，1987 年。劉翔等《商周古文字讀本》，語文出版社 1989 年。
　　②　該書少數字形也有人工添補的情況，使用時應注意核對。
　　③　甲骨文例字頭後的編號爲孫海波《甲骨文編》的序號。前 7 例商代玉器選自中國社會科學院考古研究所《殷墟玉器》，文物出版社，1982 年。後 5 例商代銅器選自中國青銅器全集編輯委員會《中國青銅器全集》，文物出版社，1998 年。依次爲：銅雞，13 冊圖 48；獸面紋鼎，1 冊圖 31；獸面紋獨柱爵，1 冊圖 73；婦好壺，3 冊圖 88；獸面紋鼓，4 冊圖 178。

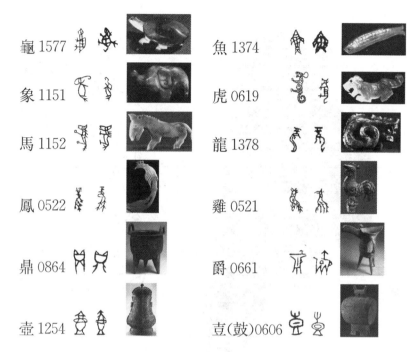

與器物相比,這些字就是一幅簡單的圖畫,寥寥數筆,略具匡廓,就抓住了特徵,使人見而可識。在殷墟甲骨上,還有一些介於圖文之間的圖像。如:

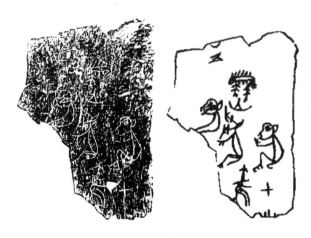

人猿圖

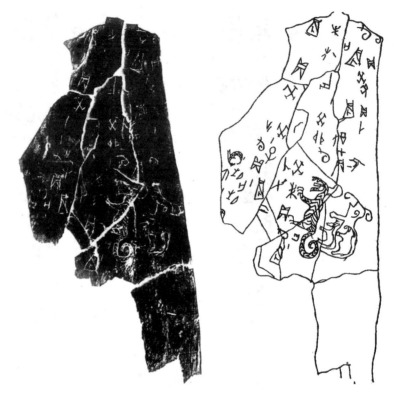

孕象圖

董作賓稱前一圖爲"人猿圖",解釋後一圖說:"右爲大象,腹中有小象,腹下有小鹿,左爲一大虎。皆此類。'書畫同源',契刻文字之餘,史官尚有興致,刻些花紋。"[①]我們可以稱後一圖爲"孕象圖"或"虎象圖"。

---

① 董作賓《殷虛文字中之"人猿圖"》,台灣大學文學院古文字學研究室《中國文字》第二册,1961年。又《中國現代學術經典·董作賓卷》,河北教育出版社,1996年。前一圖見《殷虛文字甲編》2336,即《甲骨文合集》35269,但《合集》不清晰。後一圖見《殷虛文字甲編》2422,即《甲骨文合集》21472正。前圖摹本見董作賓文,後圖摹本見徐中舒《再論小屯與仰韶》,載李濟總編《安陽發掘報告第三期》,中央研究院歷史語言研究所,1931年。

圖中被稱作"人猿"的▨,確實可看作圖畫,但《甲骨文編》收入"夒0702"字中。此形在甲骨文中多見,是一位祖先的名字,如▨(合21102)、▨(合10076)、▨(合14367)、▨(合14373),如果不是寫在句子中,實難判斷是圖畫還是象形性強的文字。"書畫同源",揭示了甲骨文象形性的緣由和必然性。

2. 異體繁多

甲骨文的形體結構沒有定型,或筆畫、部件多少不同,或部件位置、朝向有異,或有是否形聲之別,可能除了"一、二、三、四"等字外,沒有哪一個字沒有異體。如:

鹿1170:

"鹿"字按頭部可分爲橢圓狀頭、以"目"代頭、三角楔狀頭、無頭4型:

A 圓頭型:左向 ▨ ▨;右向 ▨ ▨

B "目"頭型:左向 a▨、b▨、c▨、d▨;右向 ▨

C 楔頭型:左向  ▨ ▨ ▨;右向 ▨ ▨ ▨

D 無頭型:左向  ▨;右向 ▨ ▨

各型之下又有左右朝向、單角雙角、有無腹線、有無蹄畫之別。如B型左向的4例,a、b、c爲雙角,d爲單角;a、b有腹,c、d無腹;a、c有蹄畫,b、d無。其他各型大致相同。

涉1345:

按腳(止)的多少,可以分爲:A 二止型:▨ ▨;B 三止型:▨ ▨;C 四止型:▨ ▨。

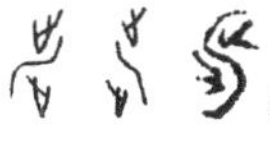

按水的形狀,可以分爲:A 折線型: 〇 ;B 橫斜線型: 〇 ;C 豎線型: 〇 ;D "水"字(帶點)型: 〇 ;E 多線型: 〇 。

按腳和水的位置,除上列腳在水兩側之外,還有:A 腳在一側型: 〇 ;B 腳在水中間型: 〇 。

如果再考慮腳的尖圓、虛實、朝向等因素,那就更複雜了。

莫 0059：

"莫"爲"暮"的初文,象太陽掉到草木叢中,還有加"隹"表示鳥雀日暮歸巢的,大致可分爲:

A　從草型:從艸 〇 ;從茻 a 〇 ,b 〇 ,c 〇 ,d 〇

B　從木型:從林 〇 ;從棥 〇

C　加隹型:從草 〇 ;從木 〇

細分起來,每型中都有"日"中加點不加點的區別,A 型從"茻"諸字,還有兩"艸"同向、相對、並列在"日"上的區別,C 型有"隹"在"日"的上、下、右邊的區別,等等。

巛 1349：

"巛"爲"災"的初文,先用橫波紋線表示洪水爲災,再改爲豎波紋線,再加聲符"才"。可分爲:

A　橫三線型:曲線 〇 ;折線 M 型 〇 ,W 型 〇 ,N 型 〇 ,多折型 〇 。

B　橫二線型：M 型〽️，W 型〰️，多折型〰️〰️

C　豎線型：〳〳〳

D　形聲型：三線加聲 a 〽️、b 〽️；二線加聲 c 〽️、d 〽️、e 〽️；一線加聲 〽️

細分起來，D 型三線加聲中 a、b 聲符位置有別，二線加聲中 c、d、e 的差別顯示了後世"巛"字的形成軌跡。

甲骨文異體繁多的原因主要是由其形體的象形性決定的。以形表意，只要大體相像，即可達意，細節可以忽略不計，所以沒有固定的筆畫、部件、筆順、朝向。聲符的加入，也增加了異體的數量。

人們常說甲骨文"正反無別，左右無別"，確實，除了"左"、"右"、"陟"、"降"、"出"、"各"、"毓"、"保"、"三"、"气"幾組字以構件的左右、正倒、高下或筆畫的長短區別意義外，在其他字中，這些因素基本不起區別意義的作用。

3. 筆畫細勁方折

甲骨文用刀刻寫，而且絕大多數是單刀直進，筆畫細勁方折，整體風格如下：

合 1336 正

合 11446

仔細觀察下列4片的"鳳""癸""大啓""十一月"諸字,刻寫都是單刀,下刀較輕,中間較重,起刀輕快,筆畫細直而尾端帶鋒芒,轉折處用方筆,所以顯得細勁有力。

屯 823　　　　　　　　屯 2763

英 2345　　　　　　　　英 903

第三章　漢字的形體 · 103 ·

甲骨文也有筆畫較肥的,如下列的合 11497 正,同片字有大有小,有肥有瘦;合 7142 反的"日"字,很明顯非單刀刻成,其他肥筆,也應如此。

　　　　合 11497 正　　　　　　　　　合 7142 反

應該說明的是,甲骨時代是有毛筆字的。且不說甲骨文中已有"聿"0391 ✦ ✦(筆的初文)、"畫"0392 ✦ ✦、"冊"0259 ✦ ✦、"典"0259 ✦ ✦ 等字,直接的證據是,在殷墟出土的甲骨、陶片、玉戈上,有用黑墨或朱砂書寫的文字。如①:

---

①　甲骨朱書選自《殷虛文字乙編》778,即《甲骨文合集》18903,但後者模糊不清。陶片墨書選自李濟《殷虛器物:甲編》之《陶器:上輯》圖版貳拾貳,中央研究院歷史語言研究所,1946 年初版,1992 年重印。又殷墟玉戈朱書見中國社會科學院考古研究所《殷墟玉器》圖 22,文物出版社,1982 年。關於甲骨文的墨書,可參看劉一曼《試論殷墟甲骨書辭》,《考古》1991 年 6 期。

甲骨朱書　　　　　　　　殷墟陶片墨書

這些文字和前面所舉的合 11497 正、虎骨、兕骨的肥筆刻辭，與金文的風格相近，這說明甲骨文細勁方折的風格，是由書寫工具和材料決定的，並不意味著殷商時代的其他載體上不存在其他風格的文字。

4. 結體頎長

甲骨文的形體總體來說呈豎長方形。如下列合 542 片，除"甲"十、"卜"卜是正方形外，其餘都是長方形。合 7139 片正方形或稍扁的字稍多一點，如：日、丁、曰、卜、止、沚，但還是豎長方形的居多。

按說，龜甲和獸骨有較寬的版面，甲骨文也可以橫向發展，爲什麽會形成豎行直下的行款和豎長的體態呢？有學者認爲，豎行直下的行款可能和竹簡的使用有關。《尚書·多士》說"惟殷先人有冊有典"，加上甲骨文有墨書和"冊、典"等字，說明商代

合 542　　　　　　合 7139

應該是有竹簡的。竹木易得，使用簡便，很可能竹簡的使用比甲骨文更早，只是由於年代久遠，竹木易朽，沒有保存下來而已。古人在書寫竹簡時，應該是左手執簡，一端頂著自己的胸腹部，右手執筆書寫，自然直行向下。空白簡在左，寫完的簡往右擱，按序編排，自然形成了提行向左的格式①。因爲竹簡細長，寬度有限，而長度比較自由，自然容易形成豎長的形狀。因爲寬度的限制，一些較寬的動物字被豎立成四腳騰空形，如：象 1151 、

---

① 錢存訓《書於竹帛》（第四次增訂本）162 頁、勞榦《後序》167 頁，上海書店出版社，2002 年。游順釗《古漢字書寫縱向成因》，《中國語文》1992 年 5 期。

虎 0619、馬 1152、豕 1137、黽 1577，人臥形被改作站立形：宿 0907、夢（夢）0962、疾 0964①。董作賓曾將此類字與東巴文動物字的橫寫相比較，說"可以反映漢字演進之久"②，這是不錯的，但書寫材料的不同也應是形成差異的重要因素。

三、甲骨文形體的演變

董作賓在《甲骨文斷代研究例》中提出了甲骨文斷代的十項標準，"字形"和"書體"位列第九和第十。他在"字形"中談了各期干支字的變化、常見字的演變、象形變爲形聲等問題。他在"書體"中總括甲骨文各期書體的特點爲：第一期，雄偉；第二期，謹飭；第三期，頹靡；第四期，勁峭；第五期，嚴整。所舉的例子是（片號已換爲《合集》片號）③：

第一期雄偉(合 10229 正)　第二期謹飭(合 25579)　第三期頹靡(合 31553)

---

①　參見唐蘭《中國文字學》123 頁，上海古籍出版社，1979 年。
②　董作賓《麼些象形文字字典序》，李霖燦《麼些象形文字字典》，國立中央博物院專刊，1944 年；又文史哲出版社，1972 年。
③　董作賓《甲骨文斷代研究例》，《慶祝蔡元培先生六十五歲論文集》上冊，中央研究院歷史語言研究所集刊外編第一種，1933 年；又《中國現代學術經典·董作賓卷》，河北教育出版社，1996 年。

第四期勁峭（合 32054）　　　　第五期嚴整（合 36511）

劉一曼《略論甲骨文書體》指出："董作賓先生的觀點，對於第一、二、四、五期的王卜辭來說，大體上正確，但過於簡略，不能反映各期甲骨文書體的全貌。如第一期，……各卜辭組的書風不同，賓組雄偉豪放，𠂤組大字類古樸象形、小字類工整方正，子組柔曲秀潤，午組方折峭勁，非王無名組寬綽疏朗，花束子卜辭秀麗自然，呈多樣化的局面。"至於第三期"頹靡"書風的樣片，實際上是一片學徒的習刻，既然"是徒弟的習契之作，字體稚拙當是情理之中的事。各期甲骨文中都有一些字體不佳的習刻，不應稱之為'頹靡'，更不該把該片做為第三期書風的代表"[①]

---

① 劉一曼《略論甲骨文書體》，《中國書法》2012 年 6 期。

甲骨文書體比較複雜，各期內部未必單一，各期之間未必截然不同。但如將一期甲骨和五期甲骨相比較，差別是很明顯的。一期甲骨總體來說，大字較多，筆勢開張，剛健豪放，排列自如。五期甲骨字小巧清秀，筆畫精細，大小均勻，排列整齊，但顯得拘謹。下面的三片五期甲骨，猶如"蠅頭小楷"，每段卜辭橫行豎行都十分整齊，和前面所舉的合 10229 正、第六章所舉的合 10405 反、合 6057 正等一期甲骨相比，反差很大，其變化也就一目了然了。

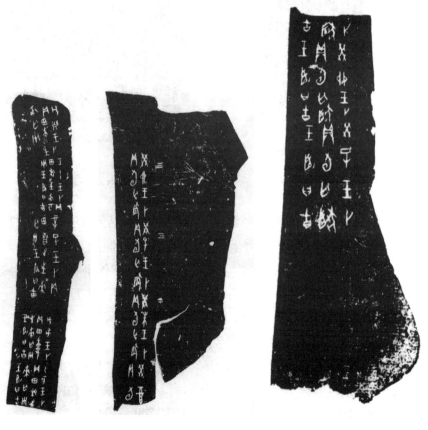

合 37621　　　　　合 39005　　　　　合 39365

甲骨文的"書體""書風"雖是從書法風格的角度說的,但和文字的形體甚至結構密切相關、相輔相成。從字形的角度看,從一期到五期的主要變化是象形性的減弱、字的簡化和規整化。試比較:

首 1083：[圖]（花東 304,一期）——[圖]（英 2526,五期）

戉 1684：[圖]（合 15723,一期）——[圖]（合 36534,五期）

牢 0082：[圖]（合 321,一期）——[圖]（合 35818,五期）

象 1151：[圖]（合 13625,一期）——[圖]（合 36344,五期）

虎 0619：[圖]（合 3305,一期）——[圖]（合 37362,五期）

兕 1149：[圖]（合 10417,一期）——[圖]（合 37383,五期）

馬 1152：[圖]（合 584 正甲,一期）——[圖]（合 36988,五期）

"首"花東甲骨作正面人頭形,眼口耳俱全,五期甲骨作側面形,與小篆[圖]字很相近了。"戉"本象兵器,第五期變得和現代漢字差不多了。"牢"字牛羊圈的入口收束,第五期完全敞開,很像後代的"牢"字了。幾個動物字原來背脊、腹部、雙腿圍成框狀,到五期省掉腹線,都變作解散性的線性字符了。

變化的原因,主要是早期的文字更具有象形性,大字便於仔細描摹,更容易保留象形的特點,而象形性會影響文字的統一和規整化;而隨著象形性的減弱,字符簡化和線性化,字就容易筆畫化、規整化,也就容易寫得精細和整齊了。

第二節　金　文

一、金文概説

我國使用銅器的歷史很早,目前我國發現的最早的青銅器,是甘肅東鄉縣林家馬家窑文化遺址出土的青銅刀,距今約 5000 年①。我國青銅器時代的形成,大約在夏末的河南偃師二里頭文化時期(距今約 3900—3600 年),其標誌是空體器(與刀、鏡等片狀器相對)禮器爵的出現②。

商代已是輝煌的青銅器時代,出現了許多大型精美的銅器,如著名的司母戊鼎、四羊方尊。從銘文的角度,商代銅器可分爲早中晚三期。早期的銅器極少見到銘文,個別器上的是圖案還是族徽,尚待研究。中期個別器上出現了作器者的族徽,但還未出現祖先的日干名,其形式如下圖之魚鼎(1127)③。晚期從武丁到帝辛(紂王)近 200 年,銘文字數漸多。又可分爲前後兩段。其前段多是祖先日干名,或作器者族徽加祖先日干名,其形式如下圖父乙觚(6811)、魚父乙鼎(1551)。晚期後段帝乙帝辛時期,出現了紀事體的銘文,少則幾字、十餘字,如下圖之小子作父己方鼎(2016)、無斁鼎(2432),最多的小子䧹卣(5417)連蓋 48 字④。

---

　①　北京鋼鐵學院冶金史組《中國早期銅器的初步研究》,《考古學報》1981 年 3 期。《中國大百科全書・考古學》303 頁,中國大百科全書出版社,1986 年。
　②　馬承源主編《中國青銅器》411 頁,上海古籍出版社,1988 年。北京大學歷史系考古教研室商周組《商周考古》17 頁、圖版柒,文物出版社,1979 年。夏末禮器的彩圖,可參看中國青銅器全集編輯委員會《中國青銅器全集》第一册圖 1—19,文物出版社,1998 年。
　③　器名後括號內的數碼,爲該器在《殷周金文集成》中的編號。下同。
　④　關於商代銅器銘文的階段和特點,參看馬承源主編《中國青銅器》414 頁;杜廼松《中國古代青銅器簡説》157 頁,書目文獻出版社,1984 年。

魚鼎　　　父乙觚　　　魚父乙鼎

小子作父己方鼎　　無敄鼎　　小子𪊲卣器、蓋

商代銅器的出土地遍及中原及周邊各省，但長銘銅器大多出土或相傳出土於殷墟。歷年出土和傳世的商代銅器的數量尚無法統計，估計僅禮器就達數千件，加上兵器、車馬器、工具可達萬件之多[①]。商代有銘銅器的數量，畢秀潔《商代金文全編》截

---

① 北京大學歷史系考古教研室商周組《商周考古》45頁，文物出版社，1979年。

至2011年底的材料,共收錄6271件①。據董艷艷《商代金文語言研究》統計,《殷周金文集成》收錄商代有銘銅器4890件(其中573件或爲西周早期器,銘文全同的不重複計算)。其中1—9字的4820件,內容多爲族徽或祖先名號,10—19字的44件,20—29字的16件,30—39字的7件,40字以上的3件。《集成》之外還有20—29字商器5件,20字以上的商器總計31件②。嚴志斌《商代青銅器銘文研究》輯錄了商代有銘銅器5454件,研究重點在商有銘銅器和銘文的分期、銘文中的人物職官和族氏③。朱歧祥《圖形與文字——殷金文研究》重在字形研究和族徽文字性質的探討④。兩書資料詳備,研究深入,可以參看。

　　西周時期金文有了很大的發展。由於宗法禮制的完善,在禮器上鑄刻的銘文急劇增多,出現了長達數百字的銘文,如毛公鼎499字、曶鼎403字、散氏盤357字、大盂鼎291字、大克鼎290字,一篇銘文的篇幅即可相當於一篇《尚書》。西周金文內容涉及祭祀典禮、征伐紀功、賞賜錫命、契約文書、訓誥臣下、頌揚先祖等各個方面,具有典型的歷史文獻的性質,有許多可以補傳世典籍之不足;語言文字比甲骨文更加豐富多彩,具有重要的研究價值。

　　春秋戰國因爲列國異政,銅器和銘文都呈多元化發展的趨勢,文字出現了一些地域性的差異,也出現了一些重器和長銘,如秦公簋104字、中山王鼎469字、曾侯乙編鐘全套2800餘字,但由於禮崩樂壞,禮器已不如以前受到尊崇,由於鐵器的出現和簡帛的普及,銅器和金文逐漸被取而代之,輝煌的青銅文化逐漸走向衰落,其餘緒大致延至漢代而止。

---

① 畢秀潔《商代金文全編》卷首說明,作家出版社,2012年。
② 董艷艷《商代金文語言研究》2頁,西南師範大學碩士學位論文,2003年,指導教師喻遂生。
③ 嚴志斌《商代青銅器銘文研究》,上海古籍出版社,2013年。
④ 朱歧祥《圖形與文字——殷金文研究》,里仁書局,2004年。

金文絕大部分是範鑄的,字爲陰文(筆畫下凹),因爲鑄造容器時外範只能使用一次(必須將外範敲碎才能將銅器取出),所以即使内容相同的銘文,字形也不可能完全相同。也有少量銘文是鑄造後用刀刻的,如著名的中山王嚳鼎(2840A)。金文行款的通例是豎行向下,提行從右到左,也有少數銅器提行從左到右①,還有的銘文位於器物的口沿,成弧形或圓圈狀排列,如魯伯愈父鬲(691)。

中山王嚳鼎

魯伯愈父鬲

學習研究金文字形,主要的著錄書可用《殷周金文集成(修訂增補本)》,因該書附有釋文,便於釋讀,而且縮小爲 16 開,售價比較便宜。讀本可用高明《中國古文字學通論》、劉翔等《商周古文字讀本》金文部分,深入一步可用馬承源主編《商周青銅器銘文選》②。關於字形的工具書,《金文編》第四版摹錄精準,形體豐富,正編收字 2420 字,附錄收字 1325 字,目前使用最爲廣

---

① 如君季鼎(2519)、遷簋(3975)、戒叔尊(5856)、虞司寇壺(9694.1)、湯叔盤(10155)、昶伯匜(10237)。

② 高明《中國古文字學通論》,文物出版社,1987 年。劉翔等《商周古文字讀本》,語文出版社 1989 年。馬承源主編《商周青銅器銘文選》,文物出版社,1986—1990 年,8 開 4 册,選 925 器。

泛。《新金文編》材料截至 2010 年，正編收字 3063 字，合文收字 105 組，附錄收字 1574 字，字形採用拓片剪切（有少量摹本），字下標註了時代和著錄號，有筆畫、拼音索引，是目前最完備的金文字形書。另外還可用徐中舒主編《漢語古文字字形表》、高明《古文字類編》。字典陳初生《金文常用字典》較好，該書收常用字 1000 餘字，簡明扼要，檢索方便。

二、金文形體的特點

1. 筆畫圓潤豐滿，多肥筆

金文除極少數是銅器鑄成後鏨刻的以外，絕大多數都是用陶範鑄造而成的。據研究，"銅器銘文是按照墨書原本先刻出銘文模型再翻範鑄造出來的。由於商周時期青銅鑄造技術的精湛，銘文字跡一般都能夠在相當程度上體現出墨書的筆意"①。上世紀 60 年代，在洛陽出土的一件西周早期銅簋器內底部發現了墨書的"白懋父"三字②，"白懋父"在西周成王康王時代的銅器中屢見，如小臣謎簋，銘文和墨書非常相似，見下圖③。有墨書作為範本，用泥土製範比契刻甲骨便於操作，加上不像卜辭即時契刻，可以從容修飾，這是金文筆畫圓潤豐滿，多肥筆的主要原因。比較甲骨文的"鳥"、"子"、"辛"字，下面鳥形銘鼎（1120）的"鳥"字、子父辛鼎（1661）的"子""辛"，原來的虛框都填實變作了肥筆。

---

① 馬承源主編《中國青銅器》377 頁，上海古籍出版社，1988 年。
② 蔡運章《洛陽北窰西周墨書文字略論》，《文物》1994 年 7 期。
③ 左為墨書，中、右為《殷周金文集成》4239.1、4238.2 小臣謎簋。

　　　西周墨書和銘文　　　　鳥形銘鼎　　　　　子父辛鼎

2. 早期金文具有很強的象形性

　　早期金文具有很強的象形性，主要表現在三個方面：

　　一是更接近事物的原形。如下面的牛鼎（1104.1）、伐鼎（1011）、俑鼎（1006）、𡨦觚（6709），前 2 例，試比較甲骨文的"牛"𐅀、"伐"𐅀，第 3 例象人挑貝（錢幣）之形，第 4 例象人執鉞殺人之形。

　　　牛鼎　　　　　伐鼎　　　　　俑鼎　　　　　𡨦觚

　　二是有很多塊狀的肥筆。如下面的天簋（2914）、得觚（6634）、𣪘祖丁簋（5601）、剢簋（2970），試比較甲骨文的"天"𐅀（人頭）、"得"𐅀、"戎"𐅀（人執干戈形）、"剢"𐅀（人手執刀屠豬形）。

天簋　　　　得觚　　　　祖丁簋　　　　剌簋

三是很多動物字都是腳向著地。如下面的象祖辛鼎(1512)、家祖乙觚(7074)、何馬觚(6997)、丁犬卣(4826.1),試比較甲骨文中腳側向的動物字"象" 、"家"、"馬"、"犬"。

象祖辛鼎　　　家祖乙觚　　　何馬觚　　　　丁犬卣

　　早期金文象形性強的原因,大致有三點。一是商代金文和殷墟甲骨文基本同時,時代最早。二是書寫材料和方式比較容易達到象形的效果。三是商代和西周早期金文中有很多表示作器者家族名的族徽文字。族徽文字來源於圖騰崇拜,具有保守性,更能保存原始的形態。如象祖辛鼎的"象"字,就明顯比其他兩字象形[1]。

---

[1] 金文族徽的性質比較複雜,學界有已是文字、是標記而並非文字、是一種特殊的古文字形式等不同的看法。參見林澐《對早期銅器銘文的幾點看法》,《古文字研究》第五輯,中華書局,1981年;張振林《對氏族符號和短銘的理解》,《中山大學學報》1996年3期;朱歧祥《圖形與文字——殷金文研究》,里仁書局,2004年;張懋鎔《試論商周青銅器族徽文字獨特的表現形式》,《文物》2000年2期。

3. 異體較多

從結構的角度看，金文的異體沒有甲骨文繁複，但不少字異體也比較多。下面舉兩字爲例：

旅，《金》1108：

A ［圖］。甲骨文"旅"作［圖］，象人群在旗幟下列隊之形。早期金文徽號文字作第一二例，象形度更高。其後一般銘文作第三四例，與甲骨文相同。也有將旗桿彎曲或省略作第五六例者。

B ［圖］。由 A 型加"車"而成，"車"有繁有簡。有再加"止"的，有將"从"省作"人"的，如第五六例。

C ［圖］。由 B 型省"从"而成，"車"有繁有簡。有再加"収"的，如第五例。

D ［圖］。由 B 型省"队"而成。

E ［圖］。由 A 型加"辵"而成。

F ［圖］。由 A 型加"収"而成。

鑄，《金》2276：

A ［圖］。甲骨文"鑄"作［圖］，象兩手捧坩堝傾倒鎔液鑄造器皿之形，中有"火"。金文 A 型與其相同，第三例省手，皿中點或表示鎔液。

B ［圖］。由 A 型加"金"而成，多省"火"，如第二三例。有同時省去"火""皿"的，如第四五例。

C ［圖］。由 A 型加聲符"𠷎"（"疇"的初文）而成，多省"火"，如第二三例。有同時省去"火""皿"的，如第四例。

D . 由 A 型加"金"和聲符"訇"而成（實際上是由 B 型加聲符"訇"，或 C 型加"金"而成），多省"火"，如第三四例。有省去"皿"的，如第五例。

E . 由形符"金"和聲符"壽"構成，實際上可能是由 D 省去上下雙手、坩堝和"皿""火"而成。

F . 由形符"皿"和聲符"訇"構成。

G . 由形符"金"和聲符"寸"（"肘"的省簡）構成。

金文"鑄"的異體主要由形聲字的衍生而引起。

4. 裝飾意味濃厚

金文和甲骨文的製作目的不同。甲骨文隨用隨棄，刻寫比較隨意甚至草率。銅器鑄造不易，而且要置之高堂，傳遺子孫，比較注重美化裝飾。裝飾的方式主要有：

(1)變方爲圓

甲骨文"丁"作 □，在子父丁卣（4943.2）中變成了圓塊，加上"子父"兩字的圓圈和曲線，銘文顯得秀美和靈動。"正"甲骨文作 ，象人足向城邑進發，是"征"的初文。正簋（2948）的城垣改成了圓角，在二祀卻其卣（5412.3）中，"正"字寫作 ，完全像以足踢球了。"韋"甲骨文作 ，象人腳圍繞城垣之形，金文有寫作四足者，韋簋（2944）還把城垣改成了圓圈。

子父丁卣　　　　　正簋　　　　　韋簋

(2)填實鏤空

將虛框填實,前面已經舉了很多例子,如子父丁卣的"丁"字就是,不再贅舉。鏤空的例字如:魚父乙卣(4914)中的"乙"、豕戈(10679)中的"豕"、戈父辛盤(新收 929)中的"戈"①。

魚父乙卣　　　　豕戈　　　　戈父辛盤　　（附局部放大）

(3)講究對稱

好甗(762.2)1976 年出土於安陽殷墟婦好墓。婦好是商王武丁的配偶,"好"是其私名,甲骨文作,從女,子聲。好甗的"好"寫作二"女",其中一"女"對構字是多餘的。"獸"甲骨文作,從干從犬,是"狩"的初文。獸父癸簋(3212)的"獸"贅加一"犬"。睘冊鼎(1374)中兩"目"、兩"冊"對稱。其中"冊"有學者認為表示作器者的職官②,誠如是,則一"冊"即可,為什麼要寫兩個呢?顯然這些都是為了追求字形的平衡和對稱所致。

好甗　　　　　　獸父癸簋　　　　　睘冊鼎

---

① 鍾柏生等《新收殷周青銅器銘文暨器影彙編》,藝文印書館,2006 年。
② 張懋鎔《試論商周青銅器族徽文字獨特的表現形式》,《文物》2000 年 2 期。

(4)添加飾符

金文有時會在字上或字旁添加裝飾符號。有的後來變成了文字的一部分,如"年",甲骨文作 ![img], 象人負禾形,表示年成。西周晚期金文開始在"人"的豎畫上加點或短橫作 ![img], 到《說文》就被釋爲"從禾千聲"了。有的後來沒有進入文字的形體,如中山王器的"身、又、馬、夕、祀"作 ![img], 附加了像逗號一樣的飾符,後來飾符都消失了。比較極端的是從春秋晚期在吳越楚蔡等國出現的鳥蟲書,或在字上加飾鳥形,或宛曲盤旋作爬蟲狀,成爲一種裝飾意味極濃的美術字①。如下面的蔡侯產劍(11602),其銘文是"蔡侯產乍(作)畏(威)叙";子賏戈(11100),其銘文是"子賏之用戈"②。

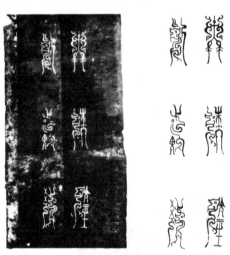

蔡侯產劍

---

① 參見馬國權《鳥蟲書論稿》,《古文字研究》第十輯,中華書局,1983 年;曹錦炎《鳥蟲書通考》,上海書畫出版社,1999 年。
② 子賏戈銘文摹本選自馬國權《鳥蟲書論稿》。

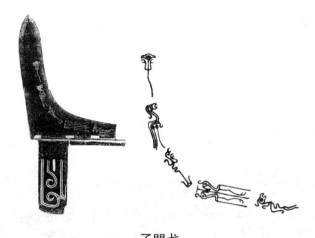

子䚘戈

另外，春秋以後由於列國異政，文字的地域性差異逐漸加大，相對於甲骨文，這也是金文的特點之一。因爲情況複雜，此處就略而不論了。

三、金文形體的演變

金文從殷商到秦漢，從宗周到列國，時代和地域的跨度都很大，其演變的情況非常複雜。但總的趨勢可以概括爲：除去兩端，金文的主體仍沿著符號化、線條化、規整化的道路演進。所謂除去兩端，一是商代和西周早期的族徽文字保留了更多的原始象形性，但在當時就與記事銘文區別明顯，而且很快就消失了；二是戰國文字雖有地域差異，但隨著秦勢力的擴大並最終統一天下，六國文字遭到擠壓和廢黜。所以，金文形體總體上的發展趨勢還是比較一致的。

商代銘文字體的風格，容庚認爲可分雄壯和秀麗兩派，所舉例爲乃孫作祖己鼎（2431）和乙亥父丁鼎（2709），並指出"兩者的筆畫首尾都略纖銳出鋒"①。乃孫作祖己鼎承襲了甲骨文的基

---

① 容庚、張維持《殷周青銅器通論》94頁，文物出版社，1984年。

本形態,雄偉嚴整,挺拔方直;乙亥父丁鼎則清秀圓潤,富於變化,如右起第二行末尾的"遲"字,就佔了比左面"乍父丁"三個字還大的面積。下面補充一例戍嗣子鼎(2708),其風格介於前二器之間,最後二字"犬魚"是族徽。

乃孫作祖己鼎　　　乙亥父丁鼎　　　戍嗣子鼎

商代記事銘文的行款是比較整齊的,但族徽加祖先名的短銘文,有的行款比較凌亂。如下面的祖丁父癸卣(5265.2),其銘文爲"示己祖丁父癸盉","盉"字佔了銘文面積的一大半,而且"示己"二字寫到"盉"的"皿"旁之內。試比較盉婦方鼎(2368)的銘文"示己祖丁父癸盉婦尊"。

祖丁父癸卣

盠婦方鼎

西周初期金文的形體承襲了商代金文的風格,如武王時的利簋(4131)與戌嗣子鼎相近,成王時的保卣(5415)與乃孫作祖己鼎相近。在西周前期的後段,出現了筆畫圓勻均衡,不露鋒芒,結體圓潤,方正稍長的形體,如昭王時的令鼎(2803)。這種形體逐漸成爲西周金文的主流,西周中晚期一些著名的銅器,如墙盤(10175)、虢季子白盤(10173)、毛公鼎(2841)、散氏盤(10176)等,都是這種形體。有的銘文均勻整齊達到了極致,如西周晚期宣王時的頌簋(4339)[①]。如何做到縱橫整齊劃一,大克鼎(2836)、小克鼎(2796)、頌壺(9732.2)等銘文中的格線透露了其中的一些信息。

---

① 以上各器的時代,主要依據馬承源主編《商周青銅器銘文選》的斷代,文物出版社,1986—1990年。

春秋戰國時期，列國文字歧異，有學者將春秋戰國金文的特徵概括爲"楚、曾瘦長，越、蔡秀美，燕、晉方正，齊銘嚴肅"①，試比較下面的秦公鐘、楚器王孫遺者鐘、蔡侯盤②。秦國因爲居於宗周故地，又與東方諸國隔離，其文字較多地保留了西周金文的風貌，並最終演變爲小篆。

頌簋

---

① 葉正渤、李永延《商周青銅器銘文簡論》33頁，中國礦業大學出版社，1998年。
② 選自馬承源主編《商周青銅器銘文選》圖917、650、589，文物出版社，1986—1990年。

大克鼎(局部)

秦公鐘(局部)　　　王孫遺者鐘(局部)　　　蔡侯盤(局部)

第三節 篆　書

篆書是金文和隸書之間的一種書體,可以分爲大篆和小篆,下面分別敘述。

一、大篆

1. 大篆釋義

"大篆"一詞,最早見於《漢書·藝文志》"《史籀》十五篇"班固自注:"周宣王太史作大篆十五篇,建武時亡六篇矣。"該《志》又說:"《史籀篇》者,周時史官教學童書也,與孔氏壁中古文異體。《蒼頡》七章者,秦丞相李斯所作也。《爰歷》六章者,車府令趙高所作也。《博學》七章者,太史令胡母敬所作也。文字多取《史籀篇》,而篆體復頗異,所謂秦篆者也。"

其後許慎《說文敘》說:"及宣王太史籀著大篆十五篇,與古文或異。至孔子書六經,左丘明述春秋傳,皆以古文,厥意可得而說。其後諸侯力政,不統於王,惡禮樂之害己,而皆去其典籍。分爲七國,田疇異畝,車涂異軌,律令異法,衣冠異制,言語異聲,文字異形。秦始皇帝初兼天下,丞相李斯乃奏同之,罷其不與秦文合者。斯作《倉頡篇》,中車府令趙高作《爰歷篇》,太史令胡母敬作《博學篇》,皆取《史籀》大篆,或頗省改,所謂小篆者也。是時秦燒滅經書,滌除舊典,大發隸卒,興役戍,官獄職務繁。初有隸書,以趨約易,而古文由此絕矣。自爾秦書有八體:一曰大篆,二曰小篆,三曰刻符,四曰蟲書,五曰摹印,六曰署書,七曰殳書,八曰隸書。漢興有草書。"《說文敘》又說"今敘篆文,合以古籀",《說文》所收重文,有一類明確標爲"籀文"。

以上班固和許慎所說,在字體方面至少有以下幾點意思:(1)大篆和小篆各是一種字體,均爲"秦書八體"之一;(2)大篆至遲已見於西周晚期周宣王時代;(3)《史籀篇》用大篆寫成,其文字收入《說文》時稱爲"籀文",大篆就是籀文;(4)小篆又稱秦篆,是在"秦始皇帝初兼天下"之時,由李斯等取大篆"省改"而來。在班固、許慎看來,大篆和小篆是有淵源演變關係的兩種字體,因其時代先後分別冠以"大""小"之稱。

後人對大篆的界定,和班固、許慎不盡相同。有的將"大篆"定義得很寬泛,如蔣善國《漢字形體學》說:"大篆的時期很長,由殷代到秦代通行小篆以前這個時期,都是大篆的通行時代。""大篆是古象形文字的總名,在小篆以前的字,不論金、甲文或籀文,都是大篆。"①唐蘭則認爲:"由春秋時到戰國初期的文字,就是所謂大篆,《史籀篇》只是大篆的一種罷了。"②裘錫圭提出:"所謂大篆,本來是指籀文這一類時代早於小篆而作風跟小篆相近的古文字而言的。但是現代研究文字學的人使用大篆這個名稱的情況比較混亂。……爲了避免混亂,最好乾脆不要用這個名稱。"③

王國維提出"戰國時秦用籀文六國用古文說"④,但用"籀文"指稱戰國時秦所有的文字似太籠統,像《說文》籀文和石鼓文這樣的字體,介於西周金文和小篆之間,既不是金文,又不是小篆,但和小篆類似,又有直接淵源關係,將其稱爲"大篆"還是比較合適的。

2.《說文》籀文

(1)《史籀篇》的流傳

關於《史籀篇》的流傳,王國維《史籀篇疏證·序》說:"《史籀》十五篇,古之遺書,戰國以前未見稱述。爰逮秦世,李、趙、胡

---

① 蔣善國《漢字形體學》11、112頁,文字改革出版社,1959年。
② 唐蘭《中國文字學》156頁,上海古籍出版社,1979年。
③ 裘錫圭《文字學概要》51頁,商務印書館,1988年。
④ 王國維《戰國時秦用籀文六國用古文說》,《觀堂集林》卷七305頁,中華書局,1984年。

毋本之以作《蒼頡》諸篇。劉向校書,始著於錄。建武之世,亡其六篇。章帝時,王育爲作解説。許慎纂《説文》,復據所存九篇存其異文,所謂'籀文'者是也。……唐元度謂此篇廢於晉世,而自許君以後,馬、鄭諸儒即不復徵引,蓋自《三蒼》盛行,此書之微久矣。"①

《史籀篇》今已不存,但東漢時班固、許慎應該見過《史籀篇》殘本。因班固在《漢書·藝文志》"《史籀》十五篇"下自注説:"周宣王太史作大篆十五篇,建武時亡六篇矣。"説明六篇亡佚的時間近在兩漢之交新莽亂政之時,而殘本九篇當時尚存。許慎(約58—約147)與班固(32—92)是同時之人,也有條件看到《史籀篇》殘本,所以才能將其單字採入《説文》。全靠《説文》,使我們今天還能看到籀文的大致面貌。

(2)《説文》籀文的數量

《説文》所收籀文的數量,王國維作有《史籀篇疏証》,對《説文》籀文逐字進行了説解,卷末説:"右文二百二十三,重二。"②即《説文》籀文字頭共 223 字,"重二"指《五上竹部》"箕"、《五下嗇部》"牆"下各有兩個籀文"𥛏、𠥓""牆、牆"。又説:"史籀十五篇,文成數千,而《説文》僅出二百二十餘字,其不出者,必與篆文同者也。""古籀與篆異者出之,同則不復出也。"③即籀文有許多是與小篆同形的,這些字《説文》就没有特别注明了,王國維的説法是有道理的。

對《説文》籀文數量的統計也有一些歧異,如祝敏申《〈説文解字〉與中國古文字學》説有 213 字,趙衛《〈説文〉籀文研究》説

---

① 《王國維遺書》第四冊 170 頁《史籀篇疏證·序》,上海書店出版社,1983 年。又《觀堂集林》卷五 251 頁,中華書局,1984 年。
② 《王國維遺書》第四冊《史籀篇疏證》256 頁,上海書店出版社,1983 年。
③ 《王國維遺書》第四冊《史籀篇疏證》174、181 頁,上海書店出版社,1983 年。

有232字,潘玉坤《籒文字數考索》說有224字①。產生歧異的主要原因,一是有的字《說文》沒有明確列出籒文字形,各家理解取捨不同;二是有的字大徐本未列出籒文而段注據小徐本或他書補出,各家採納與否。趙衛《〈說文〉籒文研究》對此解說較詳,且附有《〈說文〉籒文與其它古文字字形比較表》,可以參看。

(3)籒文形體的特點

關於籒文形體的特點,王筠《說文釋例》卷五"籒文好重疊"條說籒文"繁縟""繁複""繁瑣"②。裘錫圭指出"籒文的字形並非全都具有繁複的特點。有些籒文比後來的小篆更爲簡單",如"妣、薇、蓬、磬"等③。籒文和小篆的繁簡關係不能一概而論,大致有以下幾種情況:

① 籒文是小篆字形的重疊形式

屮15④,《一下屮部》:"屮,……从屮,六聲。茻,籒文屮从三屮。"

乃100,《五上乃部》:"乃,……象气之出難。……𠄎,籒文乃。"

卤143,《七上卤部》:"卤,艸木實垂卤卤然,象形。𠧪,籒文三卤爲卤。"

② 籒文重疊部分偏旁

譻56,《三上言部》:"譻,……从言,䜋省聲。……𧮫,籒文

---

① 祝敏申《〈說文解字〉與中國古文字學》242頁,復旦大學出版社,1998年。趙衛《〈說文〉籒文研究》,向光忠主編《文字學論叢》第一輯,吉林文史出版社,2001年。潘玉坤《籒文字數考索》,《古籍研究》2002年2期。
② 王筠《說文釋例》卷五221頁,武漢中國書店,1983年。
③ 裘錫圭《文字學概要》49頁,商務印書館,1988年。
④ 楷書字頭後的數碼,爲中華書局1963年版大徐本《說文》的頁碼。

蠹不省。"

融62,《三下鬲部》:"🔣……从鬲,蟲省聲。🔣,籀文融不省。"

副91,《四下刀部》:"🔣,……从刀,畐聲。……🔣,籀文副。"

秦146,《七上禾部》:"🔣,……从禾,舂省。……🔣,籀文秦从秝。"

③ 籀文增加其他偏旁

禋8,《一上示部》:"🔣,……从示,垔聲。🔣,籀文从宀。"

登38,《二上癶部》:"🔣,……从癶、豆,象登車形。🔣,籀文登从収。"

齋8,《一上示部》:"🔣,……从示、齊省聲。🔣,籀文齋从𠫓省。"

中14,《一上丨部》:"🔣,……从口、丨,上下通。……🔣,籀文中。"

④ 籀文採用繁複的偏旁

城288,《十三下土部》:"🔣,……从土、从成,成亦聲。🔣,籀文城从䇂。"

速40,《二下辵部》:"🔣,……从辵,束聲。🔣,籀文从欶。"

秋146,《七上禾部》:"🔣,……从禾,𤆃省聲。🔣,籀文不省。"

強279,《十三上虫部》:"🔣,……从虫,弘聲。🔣,籀文強从蜦,从彊。"

⑤ 籀文和小篆字形基本相同或繁簡相當

棄 83:《四下茟部》:"[篆]……从奴推茟棄之,从云。云,逆子也。……[籀],籀文棄。"

遲 40,《二下辵部》:"[篆]……从辵,犀聲。……[籀],籀文遲从屖。"

農 60,《三上晨部》:"[篆],……从晨,囟聲。[籀],籀文農从林。"

雞 76:《四上隹部》:"[篆]……从隹,奚聲。[籀],籀文雞从鳥。"

⑥ 籀文字形比小篆簡單

蓬 26,《一下艸部》:"[篆],……从艸,逢聲。[籀],籀文蓬省。"

歸 38,《二上止部》:"[篆],……从止,从婦省,𠂤聲。[籀],籀文省。"

姚 259,《十二下女部》:"[篆],……从女,比聲。[籀],籀文姚省。"

繒 273,《十三上糸部》:"[篆],……从糸,曾聲。[籀],籀文繒从宰省。"

據潘玉坤《籀文形體淺論》對 223 字進行的統計:"籀文小篆繁簡相當者 67 文,佔總數的 30%;籀文比小篆省簡者 39 文,佔總數的 17.5%;籀文比小篆增繁者 117 文,佔總數的 52.5%。"[①]

---

① 潘玉坤《籀文形體淺論》,《殷都學刊》2003 年 2 期。

增繁數是省簡數的 3 倍,所以總體上說籀文形體是比較繁複的。

通過以上例字可以看出,籀文形體的特點是:筆畫起止露鋒①,均勻圓轉,結構整齊,比較繁複。

3. 石鼓文

(1)石鼓文的發現和流傳

石鼓文是唐初在今陝西省鳳翔縣三時原發現的春秋中晚期秦國的石刻文字,因石頭略似鼓形,故稱"石鼓文"。石鼓共十枚,花崗岩質,大小略有差異,高約 90 釐米,直徑約 60 釐米,最重者約 600 公斤②。各石鐫刻記敘秦國王公田獵遊樂的四言詩歌一首,同《詩經·小雅·車攻》相近,前人又稱"獵碣"。石鼓文出土後,受到當時文人雅士的推崇,"虞(世南)、褚(遂良)、歐陽(詢)共稱古妙"③,杜甫作《李潮八分小篆歌》,韋應物、韓愈作《石鼓歌》以歌詠之,使石鼓文大顯於世。唐憲宗元和十三年(818 年)鳳翔府尹、鳳翔隴右節度使鄭餘慶將石鼓從草莽中遷至鳳翔孔廟,其時已有一鼓亡佚。唐末戰亂,石鼓又復散失。北宋仁宗皇祐四年(1052 年),司馬池(司馬光的父親)任鳳翔知府,收集石鼓,並派金石收藏家向傳師四處訪求。"偶之田舍,睹舂粱石臼,有文,察之,鼓也。向既易以他臼,於是十鼓復完。"④宋人梅聖俞《詠仿石鼓文》詩曰:"傳至我朝一鼓亡,九鼓缺剝文失行。近人偶見安碓牀,亡鼓作臼剜中央。心喜遺篆猶在傍,以臼易臼庸何傷?"這個被鑿成米臼的鼓就是"作原"鼓。宋徽宗大觀二年(1108 年),石鼓入藏汴京(今開封),先後置於辟廱和皇

---

① 這一特點也有可能是在後世傳抄的過程中受六國古文的影響所致。

② 石鼓大小重量數據和下文 1950 年運回北京的時間,據故宫博物院官網:《"宮廷活計快樂學"系列活動之"尋訪石鼓"》。

③ 語出唐貞觀吏部侍郎蘇勗,見唐人李吉甫《元和郡縣圖志》卷二"天興縣"條,《叢書集成初編》3084 冊 38 頁,中華書局,1985 年。

④ 薛季宣《浪語集》卷三十一《岐陽石鼓記·序》,《景印文淵閣四庫全書》1159 冊,台灣商務印書館,1983 年。

宮。靖康(1127年)國破，石鼓被金軍劫掠運至燕京。元明清三代，石鼓一直安置在北京國子監。1925年故宮博物院成立後，國子監爲故宮博物院分院，石鼓始歸屬故宮。1933年，爲防備日寇侵害，故宮文物避敵南遷，石鼓經上海、南京、寶雞、漢中、成都，藏於峨嵋；抗戰勝利後，經重慶、長沙、南昌、九江，歷時十年，流徙萬里，於1947年運達南京。1950年運回北京，現陳列在故宮博物院石鼓館①。下爲其中的兩枚②：

汧殹鼓

作原鼓

石鼓製作的時代，現在沒有定論，大約應在春秋晚期或春秋戰國之際。經過兩千多年的風化剝蝕，石鼓損毀嚴重，大部分鼓上只有斷章殘字，有的鼓已經一字不存。現存石鼓文拓本以明代大收藏家安國十鼓齋收藏過的北宋拓先鋒本、後勁本、中權本

---

① 石鼓文發現流傳的詳細情況請參看郭沫若《石鼓文研究》、徐寶貴《石鼓文整理研究》。
② 汧殹鼓選自郭沫若《郭沫若全集·考古編》第九卷《石鼓文研究》85頁，科學出版社，1982年。作原鼓選自劉正成主編《中國書法全集》第四卷《春秋戰國刻石簡牘帛書》彩版，榮寶齋出版社，1996年。又故宮博物院官網有十枚鼓的高清彩照，可供觀覽。

最早最好①。石鼓文的字數,若復原約有 700 多字,宋拓本中,中權本存字最多,不計重文、合文爲 501 字;至明代尚存 379 字,至現代僅存 356 字了②。石鼓文的拓本,一般都爲剪裝本,即將殘字剔除、剪貼成冊的本子,已無法得見原拓的行款和形貌。《北京圖書館藏中國歷代石刻拓本彙編》第一冊收有清初的原石拓本,可以彌補這一缺陷③。

先鋒本車工鼓拓本(剪裝本)

① 三本均於抗日戰爭前流入日本財閥三井之手,郭沫若《石鼓文研究·重印弁言》(1954 年)曾擔心在東京大轟炸中"三井所藏的原拓本不知是否安全無恙"。1996 年,鈐有三井印章的先鋒本首頁彩圖現身《中國書法全集》第四卷《春秋戰國刻石簡牘帛書》,注明爲"日本三井文庫藏本"。2006 年,先鋒本參加了上海博物館《中日書法珍品展》(據網文)。

② 徐寶貴《石鼓文整理研究》591、596、601 頁,中華書局,2008 年。

③ 先鋒本選自郭沫若《郭沫若全集·考古編》第九卷《石鼓文研究》136—137 頁,科學出版社,1982 年。清初本選自北京圖書館金石組《北京圖書館藏中國歷代石刻拓本彙編》第 1 冊 1 頁,中州古籍出版社,1989 年。

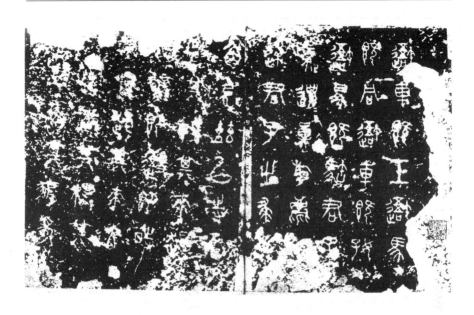

清初本車工鼓拓本

石鼓文原石尚存,可以更真實地看出當時文字的實際使用情況,比《說文》籀文有更重要的研究價值。

研究石鼓文的著作很多,最重要且較易得的當數郭沫若《石鼓文研究》和徐寶貴《石鼓文整理研究》。郭書出版於1939年,率先發表後勁本和先鋒本,影響很大。徐書後出,對石鼓文發現的歷史、版本、字數、年代、內容、文字、價值都作了全面的敘述和深入的研究,並附有石鼓文主要的拓本、刻本、摹本和文字索引,極便利用。裘錫圭在該書序中評價說:"這是迄今為止關於石鼓文的最全面、最深入的一部研究著作。凡是學習和研究石鼓文的人,都應該閱讀、參考這部著作。"

(2)石鼓文形體的特點

下面先選石鼓文若干字例,與小篆和籀文作簡單的比較:

	石鼓文	小篆	籀文
馬			
車			
獸			
涉			
魚			
鹿			
受			
漁			
員			
則			
中			
囿			
栗			
鯋			
流			

续表

	石鼓文	小篆	籀文
草			
薦			
敔			
吾			
次			

表中例字，石鼓文"馬""車""獸"三例，已和小篆完全相同。"涉""魚""鹿"三例，"涉"的偏旁置向和小篆有異，"魚""鹿"的筆畫還不如小篆簡略。從"受"到"圅"諸例，石鼓文字形比小篆多偏旁或筆畫。"栗"字以下諸例，石鼓文都有偏旁重疊（其中"吾""次"兩字，是以石鼓文的偏旁和小篆進行比較）。與相應的籀文比較，石鼓文多同籀文，總體來說石鼓文比小篆繁複，但又比籀文簡化。

在石鼓文中，字頻超過 5 次（含 5 次）的字有 15 字，其字形和字頻如下[①]：其 25、吾 14、既 9、之 7、子 7、孔 7、來 7、馬 7、以 6、車 6、佳 6、又 5、君 5、庶 5、鹿 5。這些字都沒有異體，如"既"出現 9 次：（車工鼓）、（田車鼓）、（吾

---

① 參看徐寶貴《石鼓文整理研究》937 頁字頻表、953 頁索引，中華書局，2008 年。

水鼓),沒有稱得上異體的差異,這說明石鼓文已經比較規範化了。

總的說來,石鼓文形體的特點是:筆畫凝重飽滿,起止藏鋒,均匀圓潤,舒展大方,已高度地線條化、符號化。結體方正,構件形態固定,構件之間界限分明,比小篆繁複。很少異體,字幅統一,行款整齊。

二、小篆

1. 小篆形成的時代

關於小篆,許慎《說文敘》說:"秦始皇帝初兼天下,丞相李斯乃奏同之,罷其不與秦文合者。斯作《倉頡篇》,中車府令趙高作《爰歷篇》,太史令胡母敬作《博學篇》,皆取《史籀》大篆,或頗省改,所謂小篆者也。"後人由此產生兩點認識:一是小篆形成於秦始皇統一天下之時,二是小篆是由李斯等人製作或整理而來的。如《初學記》就說:"二曰小篆,始皇時李斯、趙高、胡母敬所作也。"[1]《現代漢語詞典》對"小篆"的解釋是:"小篆:指筆畫較簡省的篆書,秦朝李斯等取大篆稍加整理簡化而成。也叫秦篆。"[2]隨著出土材料的增加和研究的深入,人們認識到,在秦統一中國之前小篆已經產生。

小篆是在春秋戰國秦文字的基礎上逐漸形成的。秦本是西方小國,西周覆亡時,秦襄公"將兵救周","以兵送周平王"東遷有功,被封為諸侯,"賜之岐以西之地",後蕩平周邊各國,成為西方霸主[3]。王國維說:"秦處宗周故地,其文字自當多仍周舊。"[4]秦對西周文化的繼承和西土的相對保守,使秦國文字更多地保

---

[1] 徐堅等撰《初學記》卷二十一《文部·文字》,中華書局,1962年。
[2] 中國社會科學院語言研究所詞典編輯室《現代漢語詞典》1259頁,商務印書館,1978年。
[3] 《史記·秦本紀》,中華書局,1982年。
[4] 王國維《史籀篇疏証序》,《觀堂集林》卷五255頁,中華書局,1984年。

存了西周文字的特點。秦文字的實物材料，最早可上溯到西周晚期宣王時的不其簋，至春秋早期的秦公鎛，"字體已有一定的秦篆意味"①。至戰國中期的詛楚文，已"與後來的小篆差異極小"了②。

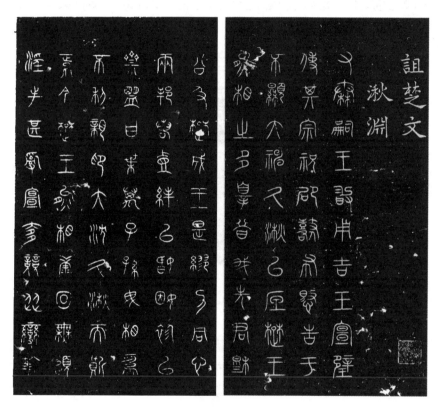

詛楚文

---

① 李學勤《秦國文物的新認識》，《文物》1980年9期。不其簋見《殷周金文集成》4329，秦公鎛見《殷周金文集成》268、269。
② 陳昭容《秦系文字研究》10頁，台北歷史語言研究所，2003年。"詛楚文"圖選自《郭沫若全集·考古編》第九卷《詛楚文研究》315、316頁，科學出版社，1982年。《詛楚文》爲秦楚相爭時，秦王祈求天神護佑，詛咒楚國敗亡的禱辭的刻石，北宋出土，原石已佚，現爲翻刻本，有的字形可能失真。

1925年，羅振玉《增訂歷代符牌圖錄》著錄了秦國新郪虎符的摹本，其文曰："甲兵之符，右在王，左在新郪。凡興士被甲，用兵五十人以上，[必]會王符乃敢行之。燔隊（燧）事，雖母（毋）會符，行殹（也）。"①其字形已是小篆，從其稱"王"可知時在秦統一中國之前，王國維《秦新郪虎符跋》考訂"此符當爲秦併天下前二三十年間物也"②。

新郪虎符③

蔣善國《漢字形體學》也以新郪、陽陵"兩個虎符上面的字體都完全是小篆"，來說明"在秦統一天下以前，已經有這種字體了"，又說："秦大良造鞅銅量是秦孝公十六年作器，它的字形跟小篆完全相同。秦孝公十六年當公元前346年，下離始皇二十

---

① 羅振玉《增訂歷代符牌圖錄》，東方學會影印，1925年。又《羅雪堂先生全集》七編二冊，大通書局，1976年。
② 王國維《秦新郪虎符跋》，《觀堂集林》卷十八903頁，中華書局，1984年。
③ 《殷周金文集成》12108。本圖最早著錄於郭沫若《兩周金文辭大系圖錄考釋》，爲新郪虎符的仿刻本，因原物爲錯金（筆道嵌金），無法拓印。陳昭容《秦系文字研究》（台北歷史語言研究所，2003年）論新郪虎符甚詳，且載有其彩色照片（256頁、圖版四三），可以參看。

六年李斯等作《倉頡篇》已有一百二十五年之久,可見小篆是大篆的自然發展,不是突變的,更不是李斯等三兩個人的力量創造出來的。"①後來徐永年《小篆爲戰國文字說》更明確提出了小篆爲戰國文字的觀點②。裘錫圭指出:"春秋戰國時代的秦國文字是逐漸演變爲小篆的,小篆跟統一前的秦國文字之間並不存在截然分明的界線。我們可以把春秋戰國時代的秦國文字和小篆合稱爲篆文。"③現在小篆形成於戰國時代已成爲學界的共識。

至於李斯等人在"書同文字"中所做的工作,應該是對當時文字的統一整理的工作,包括去除"不與秦文合"的六國文字,整理秦國文字中的異體俗字,編撰《倉頡篇》等文字範本以推行小篆,而不是創造了一種新的字體。當然,戰國時秦國的小篆和秦統一天下後經李斯等人整理過的小篆應該有一些差別,爲了敘述的方便,我們可以把前者稱爲"秦篆"。

2. 小篆的主要材料和形體特點

現存的小篆材料,可大致分爲出土材料和傳世文獻兩類。出土材料有禮器、度量衡器、兵器、符節、石刻、璽印、陶文、貨幣、簡帛等④,有些材料一直延續到漢魏;傳世文獻就是《說文》所收錄的小篆。

---

① 蔣善國《漢字形體學》154、156頁,文字改革出版社,1959年。
② 徐永年《小篆爲戰國文字說》,《西南師範學院學報》1984年2期,又《徐無聞論文集》,文物出版社,2003年。
③ 裘錫圭《文字學概要》65頁,商務印書館,1988年。
④ 關於秦文字資料,參見王輝《秦出土文獻編年》,新文豐出版公司,2000年;王偉、王輝《秦文字的發現和研究簡史(1949年之前)》,《中國文字研究》十五輯,大象出版社,2011年。

秦統一中國之後，秦始皇多次巡遊天下，在嶧山（今山東鄒城）、泰山、琅邪（今山東膠南）、之罘（今山東烟台之罘）、碣石（今河北秦皇島）、會稽（今浙江紹興）等地勒石紀功，宣威安民，除嶧山刻石外，文本載於《史記·秦始皇本紀》。秦始皇刻石的原石都已毀壞，只有琅邪刻石殘石存秦二世詔書 80 餘字，現存國家博物館；泰山刻石存秦二世詔書 10 字，現存泰安岱廟。傳世拓本有的是翻刻本，有的是摹刻本或仿刻本①。秦刻石相傳爲丞相李斯所寫，是正式的小篆形體的代表，更能體現正體字的特徵。

泰山刻石②

---

① 參見容庚《秦始皇刻石考》，《燕京學報》十七期，1935 年。又收入《容庚文集》，中山大學出版社，2004 年。

② 與下嶧山刻石均選自《秦銘刻文字選》，上海書畫社，1976 年。泰山刻石爲明代安國藏傳宋拓本。嶧山刻石爲北宋鄭文寶據徐鉉摹本刻石，拓片高 152 釐米，寬 145 釐米，摹石現存西安碑林。

嶧山刻石

秦代爲了統一度量衡,在很多標準器上加刻皇帝詔書,或製作詔書銅版,發往各地,這類器上的小篆往往要草率一些。秦封泥璽印文字一般都比較工整。

《說文》以小篆爲字頭,收集了小篆九千多個,而且按部首排列,是數量最大、內涵最全面、最有系統的小篆材料。但正如裘錫圭所指出的:"《說文》成書於東漢中期,當時人所寫的小篆的字形,有些已有訛誤。此外,包括許慎在內的文字學者,對小篆的字形結構免不了有些錯誤的理解,這種錯誤理解有時也導致對篆形的篡改,《說文》成書後,屢經傳抄刊刻,書手、刻工以及不高明的校勘者,又造成了一些錯誤。因此,《說文》小篆的字形有一部分是靠不住的,需要用秦漢金石等實物資料上的小篆來加以校正。"①有學者研究了《說文》小篆與秦文字的差異性,認爲造成差異的原因主要有:受隸變影響、受漢代文字影響、受六國文字影響、其他現象等②,這是我們使用《說文》小篆時需要注意的。

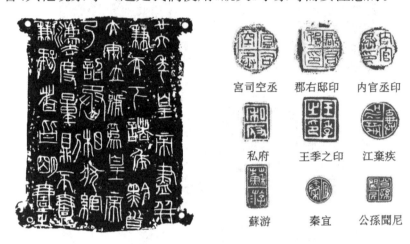

廿六年詔版③　　　　　　秦封泥璽印④

3. 小篆形體的特點

小篆的形體主要有以下特點:

(1)筆畫完全線條化。筆畫粗細如一,圓轉均勻,折筆圓中寓方。

(2)結體方正修長,字形勻稱。很多字成左右相同的鏡像結構,如《嶧山刻石》的"皇、帝、登、無、莫、禁、樂、去"等字;即使左右有差異,也儘量使其對稱,如同石的"惠、羣、者、念、兵、盡"等字。

---

① 裘錫圭《文字學概要》62頁,商務印書館,1988年。又詹鄞鑫《漢字說略》111頁,遼寧教育出版社,1991年。
② 黃德寬等《古漢字發展論》492頁,中華書局,2014年。
③ 選自孫慰祖、徐谷富《秦漢金文匯編》36頁,上海書店出版社,1997年。詔版高9.5釐米,寬7.6釐米,文爲:"廿六年,皇帝盡并兼天下諸侯,黔首大安,立號爲皇帝。乃詔丞相狀、綰,法度量則不壹歉疑者,皆明壹之。"
④ 選自蕭春源《珍秦齋藏印·秦印篇》,澳門市政局文化暨康樂部,2000年。

(3)結構定型化。各種偏旁的形體已經定型,字中偏旁的多少和位置、筆畫的數量和順序已趨固定,異體較少。如"寶",在金文中有 ▢▢、▢▢、▢▢▢、▢▢▢▢、▢▢、▢▢等多種寫法,到小篆就只有一個 ▢ 了。

(4)字形簡省。與大篆相比,多削減了繁複的部分。例見前籀文部分,不贅舉。

第四節 隸書和章草

一、隸書

1. 隸書形成的時代

關於隸書的形成,《漢書·藝文志》說:"是時(引按:指李斯作《倉頡篇》時)始造隸書矣,起於官獄多事,苟趨省易,施之於徒隸也。"許慎《說文敘》說:"秦燒滅經書,滌除舊典,大發隸卒,興役戍,官獄職務繁。初有隸書,以趨約易,而古文由此絕矣。"又說:"四曰佐書,即秦隸書也。"段玉裁注"古文由此絕"說:"小篆既省改古文大篆,隸書又為小篆之省,秦時二書兼行,而古文大篆遂不行。"古人的意思是,隸書是秦代所造的用於"徒隸"的輔助性的書體[1],是在小篆的基礎上省簡而成的。但上世紀 70 年代以來出土的大量秦簡證明,這樣的認識是不正確的。

---

[1] 關於"隸書"的涵義,可參看魯國堯《"隸書"辨》,《語言學論叢》第七輯,商務印書館,1981 年。"佐書",段玉裁注:"謂其法便捷,可以佐助篆所不逮。"

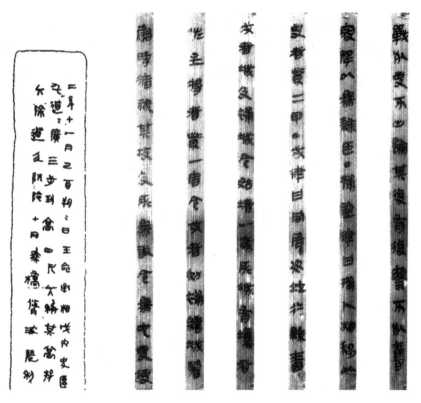

青川木牘(摹本、局部)　　睡虎地秦簡《秦律雜抄》(局部)

上列青川木牘1980年出土於四川青川縣郝家坪戰國墓，木牘書寫年代爲秦武王二年(公元前309年)，距秦統一中國88年；睡虎地秦簡1989年出土於湖北雲夢縣睡虎地秦墓，竹簡抄寫於戰國末年至秦代初年，木牘竹簡上的文字已是帶有篆意的隸書①。可以說，青川木牘是目前所見的時代最早的隸書樣本。

---

① 四川省博物館、青川縣文化館《青川縣出土秦更修田律木牘》，《文物》1982年1期。木牘摹本選自徐中舒、伍仕謙《青川木牘簡論》，《古文字研究》十九輯，中華書局，1992年。陳昭容《秦系文字研究》圖版三四有青川木牘較清晰的照片。睡虎地秦簡選自睡虎地秦墓竹簡整理小組《睡虎地秦墓竹簡》46頁，文物出版社，1990年。

裘錫圭指出："從考古發現的秦系文字資料來看,戰國晚期是隸書形成的時期。前面說過,跟戰國時代其他國家的文字相比,秦國文字顯得比較保守。但是秦國人在日常使用文字的時候,爲了書寫的方便也在不斷破壞、改造正體的字形。由此產生的秦國文字的俗體,就是隸書形成的基礎。"①"戰國時代秦國文字的正體後來演變爲小篆,俗體則發展成爲隸書。隸書在戰國晚期的秦國就已經形成了。"②

值得注意的是,在上世紀 50 年代,蔣善國也提出過類似的意見,他說："我們看見古隸比小篆簡些,以爲它完全出於小篆,把筆畫勻圓的小篆變成方正平直的古隸,其實古隸的方整是由大篆逐漸變來的,是把過去各階段隨著實物曲線畫出來的文字簡化爲方正平直,古隸的整理,是跟小篆同時進行的,因而也是同時通行的。段玉裁說隸書是小篆的省體,這是不正確的。"③只是他的論證還不夠充分,還缺乏實物材料作爲證據。

2. 秦隸和漢隸

隸書可以分爲秦隸和漢隸。秦隸又稱古隸,漢隸又稱今隸、八分、分書④。

(1)秦隸

秦隸是在戰國晚期秦篆的基礎上演變而來的,現存的主要材料是戰國晚期、秦代和西漢早期的簡牘帛書,如青川木牘、睡虎地秦簡、馬王堆帛書,以及西漢早期的碑刻。如:

---

① 裘錫圭《文字學概要》67 頁,商務印書館,1988 年。
② 裘錫圭《殷周古文字中的正體和俗體》,《裘錫圭學術文集》第 3 卷 410 頁,復旦大學出版社,2012 年。
③ 蔣善國《漢字形體學》170 頁,文字改革出版社,1959 年。
④ 也有分隸書爲秦隸、漢隸、八分三個階段的,如《中國大百科全書・語言文字》257 頁"隸書"條(張正烺撰),中國大百科全書出版社,1988 年。

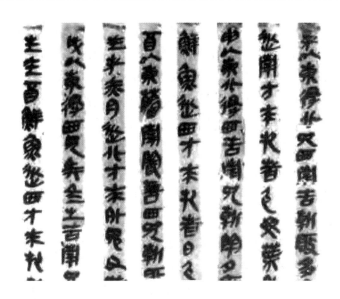

睡虎地秦簡《日書乙种》(局部)①

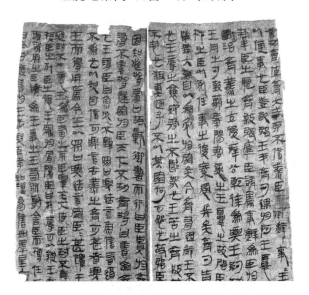

馬王堆帛書《戰國縱橫家書》(局部)②

---

① 選自睡虎地秦墓竹簡整理小組《睡虎地秦墓竹簡》133 頁,文物出版社,1990 年。
② 選自傅舉有、陳松長《馬王堆漢墓文物》127 頁,湖南出版社,1992 年。

秦隸是隸書的初期階段，雖已突破了篆書的範疇，但多少還帶有一些篆書的色彩。如字形較長，筆畫主要還是粗細一致的線條，沒有或很少有明顯的波勢，有的字還保留著篆書的結構或寫法。這些特點從下面的睡虎地秦簡例字與《說文》小篆比較表中可以看出①：

折	莫	送	請	共	要	及	書	棄	乘

林	都	年	屈	鹿	然	心	水	魚	陽

（2）漢隸

漢隸大致在西漢中晚期已經成熟，東漢是漢隸發展的高峰時期。漢隸的特點是：結體從長變扁，體勢由縱勢變爲橫勢，橫長豎短，左右筆勢開張舒展。筆畫從單一均勻的線條變爲形態豐富的橫豎撇捺點等筆畫，運筆有明顯的提按頓挫，特別是長橫的蠶頭雁尾和撇捺的挑法，有很強的裝飾性。漢隸的主要材料一是漢簡，如居延漢簡、敦煌漢簡、武威漢簡，以及近年新出的北大漢簡等，材料非常豐富；二是東漢碑刻，最具代表性的碑刻有石門頌、乙瑛碑、禮器碑、華山碑、史晨碑、曹全碑等。如：

---

① 例字選自張守中《睡虎地秦簡文字編》，文物出版社，1994年。

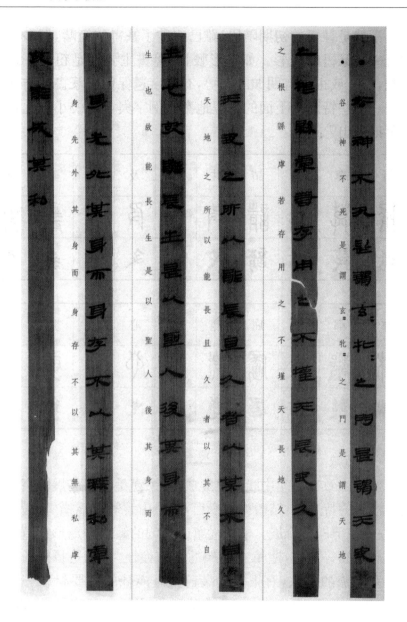

北京大學藏西漢竹書《老子》①

---

①　選自北京大學出土文獻研究所《北京大學藏西漢竹書[貳]》79頁,上海古籍出版社,2012年。

居延漢簡①   武威漢簡②

曹全碑(局部)③

---

① 選自黎泉《漢簡的書法藝術》16頁,人民美術出版社,1982年。
② 選自徐祖蕃《漢簡書法選》16,甘肅人民出版社,1985年。
③ 選自《曹全碑(初拓本)》,廣西美術出版社,2010年。該碑刻於東漢靈帝中平二年(185年),拓片高177釐米,寬85釐米,現藏西安碑林。

3. 關於"隸變"

漢字形體從秦篆演變爲隸書被稱爲"隸變",隸變是漢字形體發展史上一次革命性的變化。隸變完全放棄了從甲骨文以來"隨體詰詘"的象形理念,不再考慮造字理據,而根據寫讀的便捷、字形的美觀來構建字形。隸變宣告了漢字古文字階段的終結,隸變形成的筆畫和結構系統爲楷書繼承,直到現在沒有大的改變,從隸書開始,漢字進入了今文字階段。

隸變將篆書單一的勻線筆畫變爲豐富多彩的橫豎撇捺折等,改變了篆書呆板的形象。解散了篆書圓轉勾連的結構,變曲線爲直線,化圓轉爲方折,改變了篆書回環繚繞的寫法。將篆書以中豎爲軸,相向(或相背)用筆,環抱內聚的運筆方向(如木字,需先寫丨,次寫㇙、㇄,再寫㇀、㇏),改爲從上到下、從左到右的單向運筆,大大方便了書寫。簡化了篆書的形體,除很多偏旁都有所簡化外,還根據位置的差異將篆書中同一偏旁分化爲不同的偏旁,或將一些不同的偏旁和筆畫變爲相同的偏旁。如"火"旁分化爲①:

火	火	灬	土	小	业
篆	篆	篆	篆	篆	篆
灾	燒	然	黑	尉	光
災	燒	然	黑	尉	光

---

① 參見蔣善國《漢字形體學》198頁《古文的分化》、229頁《隸書的混同》,文字改革出版社,1959年。隸書形體選自漢語大字典字形組《秦漢魏晉篆隸字形表》,四川辭書出版社,1985年;王夢鷗《漢簡文字類編》,藝文印書館,1974年。

"火"等混同爲"灬":

火	鳥的爪子	走獸的腿	燕子和魚的尾巴	絲端
照	鳥	馬	燕　魚	顯

雖然秦朝"書同文字"推行的官方文字是小篆,但隸書因其便捷大方,在民間迅速傳播。正如裘錫圭所說:"在秦代,隸書實際上已經動搖了小篆的統治地位。到了西漢,距離秦王朝用小篆統一全國文字並沒有多久,隸書就正式取代小篆,成了主要的字體。所以,我們也未嘗不可以說,秦王朝實際上是以隸書統一了全國文字。"①

關於"隸變",裘錫圭《文字學概論》、趙平安《隸變研究》、蔣善國《漢字形體學》等都作過很深入的研究,請予參看②。

二、章草

從理論上講,漢字的任何一種形體都會因書寫者求快求簡而產生與之相對的草率寫法即草書,如篆書的草率寫法前人就稱爲"草篆"。只是在章草以前,人們沒有對某種草體進行過整理和提煉,將其上升爲一種獨立的書寫系統而已。

---

① 裘錫圭《文字學概要》72頁,商務印書館,1988年。
② 趙平安《隸變研究》,河北大學出版社,1993年,2009年再版。

漢字的草書可以分爲章草和今草。章草是隸書的草寫書體，是由秦隸的草體發展而來的。"章"的含義，古人有得名於史游用以書寫《急就篇》（又作《急就章》）、東漢章帝、奏章、章法等說，因出土簡牘中的《急就篇》都是隸書、西漢晚期的簡牘中已有較成熟的草書，所以至少前兩說是難以成立的。章草的材料，除了傳世的拓本寫本，還有豐富的漢魏簡牘紙書等出土材料。如：

松江本《急就篇》①

---

① 選自《明拓松江本急就篇》，西泠印社出版社，2004 年。傳最初爲三國吳國皇象書寫，行左爲楷書釋文。

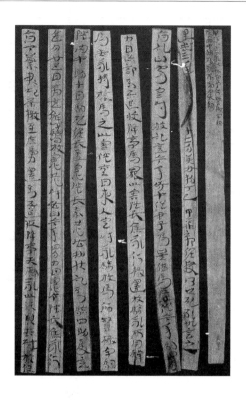

居延漢簡《死駒劾狀》①

　　章草形體的特點是：在保留隸書扁平形體、波勢筆法的同時，通過連筆和省略來簡化形體，但連筆只限於字內，字與字之間筆畫並不相連。比較下表中第二行的睡虎地簡秦隸和第三行的漢簡章草②，其中"天、物、足、來"主要採用了連筆，"史、時、謂、吾"主要採用了省略或簡化偏旁，"更、長"只保留了字的輪廓，"問"至"封"等字是兼用連筆和省略。

---

　　①　選自《內蒙古居延漢簡（三）》，重慶出版社，2008年。寫於東漢光武帝建武三年（27年）。
　　②　秦隸例字選自張守中《睡虎地秦簡文字編》，文物出版社，1994年；章草例字選自陸錫興《漢代簡牘草字編》，上海書畫出版社，1989年。

天	物	足	來	史	時	謂	吾	更	長

問	通	得	延	說	事	書	盡	東	封

第五節　楷書、今草、行書

一、楷書

楷書本稱"正書""真書"，唐以後稱爲"楷書"。"楷"本樹名，《說文·六上木部》："楷，木也。孔子冢蓋樹之者。"因種在聖人墓上，所以引申出楷模義，"楷書"有楷模、法式的意思。楷書來源於漢隸。隸書在東漢中晚期達到了極盛時期，但分書過分追求裝飾和工整也容易流於浮華和板滯，同時分書的波磔和左右開張的體勢，也對書寫速度造成不利的影響。以《史晨碑》的"首、吏、寧"三字爲例，"首"的長橫雁尾向右上挑出；"吏"的長撇收筆向左上挑起，捺的末尾向右上提筆出鋒；"寧"的豎鉤作曲鉤，寶蓋作方折。這些都影響了豎行書寫時筆勢的連貫和速度。在社會日常書寫趨簡潮流的推動下，書寫者減少提按，收斂波挑，將長撇的左上挑起改爲尖斜向下，將長橫上挑的雁尾改爲平收，將慢彎曲鉤改爲硬鉤，使橫勢變爲縱勢，平扁字形變爲豎長字形，就逐漸變成了新的書体楷書。楷書對隸書的改造，主要在用筆和體勢，其結構並沒有太大的變化。

楷書起源的時代很早。漢桓帝永壽二年(156年)陶瓶上的題字，大部分字已無波勢，折角圓轉，已有相當明顯的楷書意味，而漢桓帝時(147—167)正是分書碑碣的鼎盛時期。

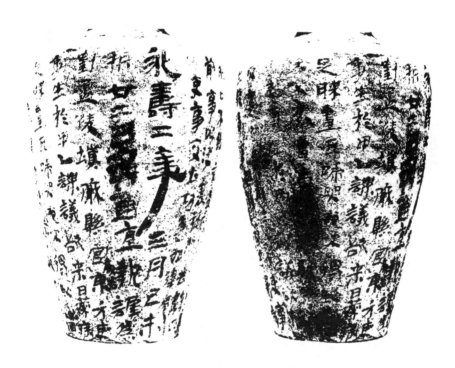

漢桓帝永壽二年陶瓶①

楷書成爲正式的書體是在魏晉時期，如出土材料中孫吳鳳凰元年(272年)的谷朗碑、西晉泰始五年(269年)永嘉四年(310年)的樓蘭木簡紙書文字，傳世碑帖中曹魏時鐘繇(151—

---

① 選自高運剛《磚瓦陶文書法百品》54頁，世界圖書出版公司西安公司，2007年。漢桓帝永壽二年(156年)鎮墓陶瓶，1914年出土於西安，瓶高21.1釐米，腹徑14.3釐米，朱書題字20行，存209字，現藏日本書道博物館。

230)的《宣示表》、東晉王羲之所書的《黃庭經》，雖然都還多少不一地帶有隸書的意味，如字形較扁、還殘留少量隸書的筆形，但從總體上講，已經屬於楷書的範疇，而且王羲之的《黃庭經》，應該算是比較成熟的楷書了。

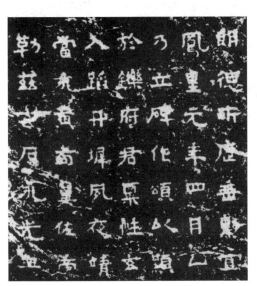
谷朗碑（局部）①

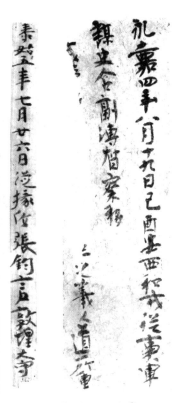
樓蘭簡紙文書②

---

① 選自北京圖書館金石組《北京圖書館藏中國歷代石刻拓本彙編》第 2 冊 35 頁，中州古籍出版社，1989 年。《谷朗碑》刻於三國吳鳳凰元年（272 年），碑在湖南耒陽，早佚，拓片高 115×75 釐米，清乾隆拓本。

② 選自侯燦、楊代欣《樓蘭漢文簡紙文書集成》87、206 頁，天地出版社，1999 年。

鍾繇《宣示表》（局部）① 　　王羲之《黃庭經》（殘）②

魏晉時代的楷書，其筆法還比較粗糙，結體還不夠莊重，法度還不夠嚴密，到了唐代，經過歐陽詢、虞世南、褚遂良、顏真卿、柳公權等大書法家的苦心經營，加工潤飾，楷書變得字形方正端莊，結構嚴謹精緻，筆畫規範有度，隸意完全消失，達到了楷書書法史的頂峰，成爲楷書的正規風範而流傳至今。

---

① 選自《魏鍾繇書宣示表》，天津市古籍書店，1987年。
② 選自劉正成主編《中國書法全集》第18卷104頁，榮寶齋，1991年。

歐陽詢《九成宮醴泉銘》（局部）①　　顏真卿《多寶塔碑》（局部）②

二、今草

從漢末至唐代，隨著楷書的發展和成熟，草書從帶有隸書筆意的章草發展成帶有楷書筆意的今草。今草的筆畫完全去掉了章草的波磔，其結體由章草的橫勢變爲縱勢，其連筆由章草的字內連接擴展到字際連接，成爲與楷書相對應的草書。如：

---

① 選自《歐陽詢九成宮醴泉銘》，江西美術出版社，2012年。該碑刻於唐貞觀六年（632年），碑高270釐米，上寬87釐米，下寬93釐米，現藏陝西麟游縣九成宮遺址。

② 選自《唐顏真卿多寶塔碑》，文物出版社，1978年。該碑刻於唐天寶十一年（752年），拓片高182釐米，寬96釐米，碑現在西安碑林。

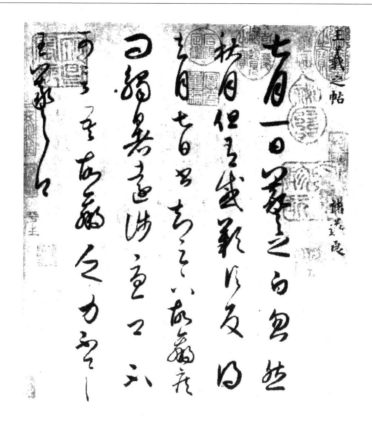

王羲之《七月帖》①

因書寫快捷和便於筆畫連接的需要,今草常改變筆畫、筆順和運筆方向,如"才"改撇爲點,"五"改變筆順,"求"改變運筆方向。也經常省簡、變異、混用偏旁,如"舟"省寫作 ,"門"簡作 、 (開),"共"省連作 ;偏旁"月、鳥、馬、蜀、咼"都寫作 ,如:期 、鴈 、駕 、獨 、禍 ;"世、耂、叏、

---

① 選自劉正成主編《中國書法全集》第18卷65頁,榮寶齋,1991年。釋文:七月一日義之白:忽然/秋月,但有感歎!信反,得/去月七日書,知足下故羸疾,/而(問)觸暑遠涉,憂卿不/可言。吾故羸乏,力不具。/王羲之白。

垚、茻、灻、卉"都寫作 ⿱，如：世 ⿱、老 ⿱、桑 ⿱、堯 ⿱、溝 ⿱、潦 ⿱、潨、墳 ⿱。

這樣就造成了很多形近字，如："友" ⿱ 和"發" ⿱，"耶" ⿱ 和"聽" ⿱，"虞" ⿱ 和"雲" ⿱，"各" ⿱ 和"水" ⿱、"永" ⿱、"泉" ⿱。有的甚至異字完全同形，如"門""鬥"同寫作 ⿱，"流""疏"同寫作 ⿱，"送""道"同寫作 ⿱，"嘔""烈"同寫作 ⿱，"辦""辨"同寫作 ⿱。同時又有很多一字異寫，如"民"寫作 ⿱，"拜"寫作 ⿱，"書"寫作 ⿱，"與"寫作 ⿱ ①。據說王羲之簽名中的"羲"字就有 30 多種寫法②。草書在書寫快捷的同時，也增加了認讀的難度，不利於交際。

草書在唐代出現了以張旭、懷素爲代表的狂草。狂草龍飛鳳舞，一筆到底，雖然氣勢雄渾，充滿線條的跌宕變換之美，但對於一般人來說，這種書體已不能起到書面交際的作用，有時連書寫者自己也未必認識了。北宋釋惠洪《冷齋夜話》卷九記載："張丞相(商英)好草書而不工，當時流輩皆譏笑之，丞相自若也。一日得句，索筆疾書，滿紙龍蛇飛動，使姪錄之。當波險處，姪罔然而止，執所書問曰：'此何字也？'丞相熟視久之，亦自不識，詬其姪曰：'胡不早問，致予忘之！'"這樣的草書已完全失去了交際功能，而變作一種藝術作品了。

---

① 以上草書例字選自鄧散木《草書寫法》，人民美術出版社，1963 年。
② 蔣善國《漢字形體學》359 頁，文字改革出版社，1959 年。

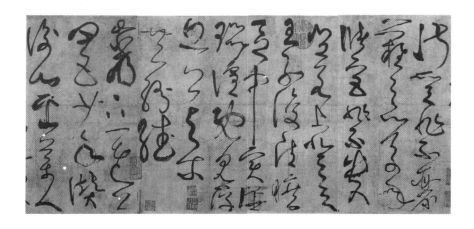

張旭《古詩四帖》(局部)①

三、行書

行書是介於正體字和草書之間的字體。正體字工整但不便於書寫,草書簡約但難以辨認,行書對草書進行適當節制,既有連筆省略,又不失正體字原形,既流暢便捷,又易於辨識,成爲人們喜用樂見的一種書體。事實上一般人平時書寫的都是行書,所以行書是從漢代到現在,使用時間最長、適用範圍最廣的通用書寫形體。

在漢代章草中有一些相對工整的形體,其實就是章草的行書,也是後來相對於楷書的行書的來源之一,可以叫做早期行書。下面表中字頭下第一行是章草《急就篇》的字形,第二行是我們從《漢代簡牘草字編》中選出的比較工整的字形,第三、四行

---

① 選自《張旭古詩四帖》,上海書畫出版社,2012年。帖紙高28.8釐米,寬195.2釐米,40行,188字,現藏遼寧省博物館。所選部分釋文:淑質非不麗,/難之以萬年。/儲宮非不貴,/豈若上登天。/王子復清曠,/區中實譁("譁"爲衍文)/囂喧。既見浮/丘公,與爾/共紛繙。/嚴下一老公,/四五少年讚。/衡山采藥人。

是王羲之、顏真卿的行書字形①。比較可知，王羲之、顏真卿行書與早期行書關係較近，而與章草關係較遠。只是早期行書還帶有較濃的隸書的意味，如字形扁平，有的波磔還作橫勢，豎鉤作曲鉤等。王羲之、顏真卿的行書已改用楷書的筆法，完全沒有了隸書的味道，是成熟階段的行書。現行行書的另一來源，是楷書形成以後，快寫時兼用今草筆法而形成的。

	兵	爭	前	則	高	就	何	從	馬	當
急就篇										
早期行書										
王行書										
顏行書										

行書的彈性很大，近於楷書的叫行楷，近於草書的叫行草，實際上很難有一定的界限。如王羲之《蘭亭序》比較接近楷書，而其《喪亂帖》則比較接近草書。

---

① 《急就篇》字形和早期行書字形選自陸錫興《漢代簡牘草字編》，上海書畫出版社，1989年。王羲之行書字形選自《王羲之行書字典》，江蘇廣陵古籍刻印社，1991年。顏真卿行書字形選自佟玉冰、沈寶貴《顏真卿行書大字典》，長征出版社，1993年。

王羲之《蘭亭序》(局部)①

王羲之《喪亂帖》②

---

①　傳爲馮承素摹本。選自《唐人摹蘭亭序墨蹟三種》，上海書畫出版社，1973年。對於王羲之書《蘭亭序帖》，清末民初曾有人提出異議，1965年郭沫若作《由王謝墓誌的出土論到蘭亭序的真僞》，引發了一場關於《蘭亭序》真僞的論辯。但主僞者多是以魏晉時碑銘的書體來否認《蘭亭序帖》存在的可能，難以成立。參見《蘭亭論辯》，文物出版社，1977年；束有春《〈蘭亭序〉真僞的世紀論辯》，《尋根》1992年第2期。

②　選自劉正成主編《中國書法全集》第18卷第77、78頁，榮寶齋，1991年。釋文：羲之頓首:喪亂之極,/先墓再離荼毒,追/惟酷甚,號慕摧絕,/痛貫心肝,痛當奈何/奈何！雖即脩復,未獲/奔馳,哀毒益深,奈何/奈何！臨紙感哽,不知/何言。羲之頓首頓首。

思考題：

1. 梳理和總結漢字形體發展的基本趨勢和規律。
2. 隸變在漢字發展史上的地位和對漢字形體、結構的影響。
3. 選擇漢字形體發展的某一具體階段（可爲較小的片段）進行深入細緻的研究。

第四章　漢字的結構

　　漢字的結構指漢字的造字結構,即漢字的字符與它所表示的詞的音義的聯繫方式。如甲骨文㊀(日),與"日"這個詞所表示的事物太陽的形體相聯繫,太陽的形體就是"日"的詞義,詞的語音處於隱含狀態,"日"可稱爲象形字。⺁(隹)的本義是一種鳥,甲骨文中借來記錄虛詞"唯",這時字符聯繫的是詞的音,"隹"原來的詞義處於隱含狀態,此時"隹"是表音字,傳統稱爲假借字。"松"字由兩個字符構成,字符"木"表示"松"這個詞的意義類別,"公"表示其讀音,可以稱爲形聲字。"章"俗稱"立早章",但《說文·三上音部》的解釋是:"樂竟爲一章。从音,从十。十,數之終也。""章"的本義是音樂的一個段落,其造字結構是"从音,从十",而"立早章"是"章"的書寫結構。

　　兩千年來,漢字結構的學說始終以六書說爲正統,後世雖有分化損益,但無不以六書爲框架。因此研究漢字的結構,必須對六書說進行研究和評價。

第一節　傳統的六書說

一、六書的名目和淵源

1. 六書的名和目

六書之名始見於《周禮·地官·保氏》:"保氏掌諫王惡而養

國子以道,乃教以六藝:一曰五禮,二曰六樂,三曰五射,四曰五馭,五曰六書,六曰九數。"

六書之目始見於班固《漢書·藝文志》,又見於《周禮·地官·保氏》鄭玄注引鄭眾《周禮解詁》,但皆有目無說。許慎《說文解字敘》首次對六書定義,並舉實例,對後世影響最大①。

三家的名目和次序是:

《漢書》	《周禮》注	《說文解字》
象形	象形	指事
象事	會意	象形
象意	轉注	形聲
象聲	處事	會意
轉注	假借	轉注
假借	諧聲	假借

2. 三家淵源

三家名目次序略有差異,但實出一源。《漢書·藝文志》本於劉歆《七略》,《漢書·藝文志》曰"今刪其要,以備篇籍",說明了與《七略》的淵源。鄭眾之父鄭興是劉歆的弟子。許慎的老師賈逵之父賈徽也是劉歆的弟子。三家淵源可追溯如下:

---

① 四人的生卒年爲:鄭眾,?—83年;班固,32—92年;許慎,約58—約147年;鄭玄,127—200年。

三家之說一般認爲名目以許慎爲優,次第以班固爲佳,綜合起來就是:象形、指事、會意、形聲、轉注、假借。

二、六書簡釋

六書的含義,依許慎的解釋是:

"一曰指事,指事者,視而可識,察而見意,'上''下'是也。""察而見意"大徐本作"察而可見",段注本依《漢書·藝文志》顏注改。大徐本一卷上上部"上、下"篆文作 丄、丅,古文作 ⊥、丅,段注本改作"二、一",與甲骨文 二(屯 505)、（合 14258）、（合 1166 甲）、（合 27973）正合。其定義意即:看見字的形體就能夠認識,但要經過考察才能明白它的意義。指事表示抽象的意義,"上""下"在一橫上下各置一短橫,表示抽象的方位。如"亦"小篆作 ,甲骨文作 （合 6072 正),爲"腋"之初文,兩點指明腋下的方位,爲抽象之義,是指事。"母"小篆作 ,甲骨文作 （合 14976 正)、（合 20107),兩點表乳房,爲具體物象,是象形。故段注說:"指事之別於象形者,形謂一物,事賅眾物,專博斯分。"

"二曰象形,象形者,畫成其物,隨體詰詘,'日''月'是也。"意思是:畫成那個物體,筆畫隨著物體的樣子彎曲。如"日"日、"月"月、"牛"牛、"羊"羊。

"三曰形聲,形聲者,以事爲名,取譬相成,'江''河'是也。"意思是:用表示事類的字作爲意符,用聲音相近的字相配合組成一個字。段注:"以事爲名,謂半義也;取譬相成,謂半聲也。江河之字,以水爲名,譬其聲如工可,故取工可成其名。"

"四曰會意,會意者,比類合誼,以見指撝,'武''信'是也。"意思是:把幾個表示事類的字比並在一起,使它們的意義相會合，以表現字所指向的新義。古人以止戈爲武（能止息干戈爲勇武）、人言爲信（人說話以誠信爲貴）。實"武"甲骨文作𢓋（補11386），止就是腳，可能是以執戈前進表示威武之意。信是形聲字，止戈爲武、人言爲信是漢儒的思想觀點。

"五曰轉注，轉注者，建類一首，同意相受，'考''老'是也。"意思是：確立一個形（音、義）作爲類首，意義相同的轉相傳注。如考老都屬老部，意義又相同，考即是老，老即是考，考老互爲轉注字。歷代對轉注字的解釋最爲紛繁，詳細情況，留待後面第八章《轉注研究源流》再談。

"六曰假借，假借者，本無其字，依聲託事，'令''長'是也。"意思是：本來沒有表示那個詞的字，依照相同的聲音找一個同音字來寄託這個詞的意義。但《說文》所舉的"令""長"與字形的本義之間是引申關係，與後人一般所理解的假借只有聲音相同相近，意義沒有聯繫的觀點有所不同。

六書實際上是從兩個角度劃分的。前四種是造字的方法；轉注字、假借字，就字的造字結構來說，不會超出指事、象形、會意、形聲四類。這種看法最早由明人趙古則提出："故六書初一曰象形，文字之本也。次二曰指事，加於象形者也。次三曰會意，次四曰諧聲，合夫象形指事者也。次五曰假借，次六曰轉注，侂夫四者之中者也。""侂"爲"託"的異體字，"侂夫四者之中"即假借、轉注的形體寄託在象形等四書之中。後來楊慎又提出"四經二緯"說："六書以十爲分，象形居其一，象事居其二，象意居其三，象聲居其四。假借，假此四者也；轉注，注此四者也。四象以爲經，假借、轉注以爲緯。四象之書有限，假借、轉注無窮也。"[1]

---

[1] 趙古則《六書本義·六書本義綱領》，《四庫全書》本。楊慎《古音後語》，《叢書集成初編》1243 冊 183 頁，中華書局，1985 年。參見党懷興《宋元明六書學研究》242 頁，中國社會科學出版社，2003 年。

清人戴震的"四體二用說"應源於明人,只是其影響更大:

> 大致造字之始,無所憑依。宇宙間,事與形兩大端而已。指其事之實曰指事,一、二、上、下是也;象其形之大體曰象形,日、月、水、火是也。文字既立,則聲寄於字,而字有可調之聲;意寄於字,而字有可通之意,是又文字之兩大端也。因而博衍之:取乎聲諧曰諧聲,聲不諧會合其意曰會意。四者,書之體止此矣。由是之於用,數字共一用者,如初、哉、首、基之皆爲始,卬、吾、台、予之皆爲我,其義轉相爲注,曰轉注。一字具數用者,依於義以引申,依於聲而旁寄,假此以施於彼,曰假借。所以用文字者,斯其兩大端也。①

三、對《周禮》六書說的質疑和新解

1. 對《周禮》六書說的質疑

近兩千年來,人們一直認爲《周禮》的"六書"就是漢人所說的六種造字方法。直至清末的 1891 年,康有爲才對此首先提出疑問:"保氏六書之說條理甚備,惟古書決不之及,惟許慎《說文》、鄭康成注《周官》稱焉,然皆出歆之傳,蓋創造於歆而僞附於《周官》也。"②

張政烺說:"兩千年來疑六書之說者,惟康有爲一人,見《新學僞經考》卷三漢書藝文志辨僞,雖多偏激之言,實多精卓之識,覽者可慎取焉。"③後來繼續申張康說的,主要有呂思勉、張政烺、裘錫圭等。

呂思勉《字例略說·論六書》說:

> 六書之說,許序以爲出於周之保氏,後人因謂許氏字例

---

① 戴震《答江慎修先生論小學》,《戴震文集》64 頁,中華書局,1980 年。
② 康有爲《新學僞經考》卷三下,102 頁,古籍出版社,1956 年。
③ 張政烺《六書古義》,《中央研究院歷史語言研究所集刊》第十本,1942 年。

之條,必傳之自古,其實非也。六書之說,惟見於班志、許序,及《周官·保氏》注引鄭司農之說。學說不能突然而生;而既經發明,亦必有人祖述。吾國字書,自《籀篇》至《彥均》,皆爲四言或三、七言韻語。以字形分別部居,實始於許。自周初至漢末,歷時已逾千年;《周官》固戰國時書,其距漢末,亦數百載;果使其時已有六書之說,安得自許以前,迄無用其法著字書者?而班、鄭、許三人而外,且迄無提及者乎?且六書之說,豈可以教學童哉?教學童以文字者,則使之識其形,審其音,明其義,且能書寫之而已。此項教法,實以集有用之字,撰成韻語,使之熟誦爲最易。晚近閭里塾師,其教學童,猶用《三字經》《千字文》等,其法蓋傳之自古。若以六書之說教學童,是猶今之教學童者,用字典分部之說也,有是理乎?又六書之說,許似不甚明瞭。許說某字當屬六書之某,而其實不然;及依許說,則在六書中無類可歸者甚多。即如指事,許惟於上、下二字言之,仍不出敘所言之外。轉注、假借者,則全書不及。……學問歷時愈久,則研究愈深;研究愈深,則立說愈密。果使作《周官》之時,已有六書之說,至許君時,研究者必已甚多,某字當屬某書,當早有定論,安得茫昧如此乎?故六書決非古說也。①

　　裘錫圭說:"把'六書'解釋爲'造字之本',大概是漢代古文經學派的'託古改制'。"②

　　2. 六書、九數新解

　　如果說六書不是造字法,那麼六書究竟是什麼呢?張政烺認爲六藝是古代教育貴族子弟的基本科目,六書與九數相對。九數可能是乘法九九表,六書可能就是漢代崔寔《四民月令》中

---

① 呂思勉《文字學四種》150頁,上海教育出版社,1985年。其《字例略說》發表於1927年。

② 裘錫圭《文字學概要》98頁,商務印書館,1988年。

所說的"六甲",即干支表①。

崔寔(?—約170)《四民月令》曰:"正月……入小學,學書篇章,謂六甲、九九、《急就》、《三蒼》之屬。"關於學童學習六甲,其他古籍也有記載。如《漢書·食貨志》:"八歲入小學,學六甲五方書計之事。"注:"臣瓚曰'辨五方之名及書藝也'。"《說文解字繫傳》卷二十九《說文解字敘》"六書"下徐鍇注曰:"古謂八歲初學甲子與方名,然後書計,小年所學,因謂文字爲小學。"②

裘錫圭也說:"把六書與九數並提,二者都是兒童學習的科目。九數就是九九乘法表,六書的内容也應該很淺顯,恐怕只是一些常用的文字。"③

四、堅持六書說的理由

應該看到,呂、張、裘等人提出的懷疑不是沒有道理的。先秦典籍中分析漢字結構的例子僅有"止戈爲武"(《左傳·宣公十二年》)、"反正爲乏"(《左傳·宣公十五年》)、"皿蟲爲蠱"(《左傳·昭公元年》《國語·晉語八》)、"自環者謂之厶,背厶者謂之公"(《韓非子·五蠹》)數例,看不出有系統的造字理論已經產生。所以姚孝遂說:"不僅僅是西周,即使是春秋戰國時期,我們今天沒有任何理由相信已經形成了系統的'六書'理論。'六書'理論的形成,只能是在人們對於文字形體作了系統的、全面的、深入的研究和探討以後的事情。西漢以前沒有作過這樣的工作。"④

但是,現在多數人仍襲用鄭注的說法,道理何在?我們認爲,這大致有以下幾條理由:

---

① 張政烺《六書古義》,《中央研究院歷史語言研究所集刊》第十本,1942年。
② 徐鍇《說文解字繫傳》286頁,中華書局,1987年。
③ 裘錫圭《文字學概要》98頁,商務印書館,1988年。
④ 姚孝遂《許慎與〈說文解字〉》21頁,中華書局,1983年。

1. 漢人近古，其說一般不是沒有根據的

漢人比今人早兩千年，他們對古代事物的了解，一般來說比今人更真實更準確，除非拿出十分確鑿的證據，否則難以推翻前人成說。

2. 一種學說產生以後，長時間不被人提及仿效，歷史上不乏其例

最著名的當是孫臏兵法。《史記·孫子吳起列傳》說："孫臏以此名顯天下，世傳其兵法。"《漢書·藝文志》明確著錄："吳孫子兵法八十二篇。（顏注：孫武也。）齊孫子八十九篇。（顏注：孫臏。）"但《史》《漢》以後一千七百年來，無人見過此書，致使人們懷疑世傳的《孫子兵法》十三篇就是《孫臏兵法》，或亦爲漢末人僞作。1972 年在山東臨沂銀雀山同時出土兩兵法，證明《史》《漢》所載不誤。

又如開漢語方言研究先河的揚雄《方言》，亦不見於《漢書·揚雄傳》與《漢書·藝文志》，所以也有人懷疑其不爲揚作，且直至明末才有接續方言研究傳統的專著李實《蜀語》出現，但學術界大多仍認爲《方言》爲揚雄所作①。

3. 九數不一定是乘法九九表

"九數"鄭注爲："方田、粟米、衰分、少（步）廣、商功、均輸、盈不足、方程、勾股。"即《九章算術》。

《九章算術》大約成書於東漢中期以前，是周秦至西漢末期數學成就的總結，内容分九類共 264 個數學題，其内容大致是：① 方田：爲土地測量問題，包括各種圖形的計算；② 粟米：爲貿易問題，包括繁比、連比、反比等各種比例；③ 衰分：爲比例分配、協作問題、比率問題等；④ 少廣：據考證應爲"步廣"，爲已知

---

① 參見濮之珍《中國語言學史》89 頁，上海古籍出版社，1987 年；李智明《中國古代語言學史稿》55 頁，貴州教育出版社，1993 年；何九盈《中國古代語言學史》45 頁，廣東教育出版社，2000 年。

面積求邊長,包括開平方;⑤ 商功:爲工程問題,主要是體積計算;⑥均輸:爲公平徵稅的計算,行程和運輸量的分配問題;⑦盈不足:爲不定方程 $ax=b$ 問題;⑧ 方程:爲多元(包括四元、五元)一次方程組問題;⑨勾股:爲解直角三角形問題[①]。

《九章算術》中,其正負數概念及加減法則、解多元一次方程組、開平方、開立方、解二次方程等都是世界上最早的,有的比歐洲早 1300 年[②]。

既然九數如此高深,小孩如何學習？但晉人劉徽確實說他從小就學習《九章算術》,他在《九章算術序》中說:"徽幼習九章,長再詳覽。"這又該如何解釋？

我們先看看《九章算術》中的兩道題:

> 今有人共買雞,出九盈十一,出六不足十六,問人數雞價各幾何。答曰……。術曰……。(卷七盈不足)

此題列爲一元一次方程 $9x-11=6x+16$,則人 $x=9$,雞價 70。

> 今有牛五羊二,直金十兩,牛二羊五,直金八兩,問牛羊各直金幾何。答曰:牛一直金一兩二十一分兩之十三,羊一直金二十一分兩之二十。術曰……。(卷八方程)

此題可列二元一次方程組解之:

$$\begin{cases} 5x+2y=10 \\ 2x+5y=8 \end{cases}$$

《九章算術》中的問題,有難有易,很多都是民間流傳的算題。在現代農村,有些沒有讀過書的農民,他們不會也不用列方程,但他們能用"鬥婆娘賬"的辦法算出"雞兔同籠"之類的問題。

---

① 錢寶琮《錢寶琮科學史論文選集·九章問題分類考》,科學出版社,1983 年。
② 參見李約瑟《中國科學技術史》第三卷《數學》,科學出版社,1978 年。

中國傳統數學重實證而不重理論,所以教學童學習一些簡單的有趣數學題也不是不可能的。因此,九數不一定是乘法九九表。相應的,學童學習一些基本的漢字結構,也不是沒有可能的,六書也不一定是六甲。

龍宇純《中國文字學》也不同意六書爲六甲,他說:"容許鄭氏所釋名目有不盡屬實之處,五禮必是五種禮,六樂必是六種樂,五射、五馭是五種射、馭法,九數是九種數,必不容致疑。六書之名既與五禮、六樂等平列,亦當云書的類別有六,而不得爲六甲,只是書學的一端,其事至爲顯著。"只是龍宇純認爲六書是六種書體①。

總之,《周禮》"六書"爲造字法之說,不宜輕易否定,六書理論源於何時,還是一個需要繼續探討的問題。

五、對六書說的評價

1. 六書說是基本符合漢字造字特點的學說

應該說,六書說是基本符合漢字造字特點的學說,它對大多數漢字的造字結構能夠予以說明。許慎在《說文》中運用六書說分析了九千多字的字形,多數是正確的。這在近兩千年前,是相當難能可貴的。如"斗""虫"的結構,《說文》都正確地解釋爲象形,這就比《說文敘》所斥責的"俗儒䎼夫""鄉壁虛造"的釋字要科學得多。《說文敘》曰:

壁中書者,魯恭王壞孔子宅,而得《禮記》《尚書》《春秋》《論語》《孝經》。又北平侯張倉獻《春秋左氏傳》。郡國亦往往於山川得鼎彝,其銘即前代之古文。皆自相似,雖叵復見遠流,其詳可得略說也。

而世人大共非訾,以爲好奇者也,故詭更正文,鄉壁虛

---

① 龍宇純《中國文字學》(定本)63頁,五四書店有限公司,1996年。

造不可知之書,變亂常行,以燿於世。諸生競說字,解經誼,稱秦之隸書爲倉頡時書,云:"父子相傳,何得改易!"乃猥曰:"馬頭人爲長,人持十爲斗,虫者屈中也。"廷尉說律,至以字斷法:"苛人受錢,苛之字,止句也。"

若此者甚眾,皆不合孔氏古文,謬於史籀。俗儒啚夫,翫其所習,蔽所希聞。不見通學,未嘗覩字例之條。怪舊埶而善野言,以其所知爲祕妙,究洞聖人之微恉。又見《倉頡篇》中"幼子承詔",因號:"古帝之所作也,其辭有神僊之術焉。"其迷誤不諭,豈不悖哉!

比較"長、馬、斗、虫"四字的古文字字形,可以看出《說文敘》所批評的"馬頭人爲長,人持十爲斗,虫者屈中也",應是當時的"俗儒啚夫"根據漢隸字形作出的結構分析,而《說文》對"斗、虫"形體的分析,顯然更合乎古文字形義的實際:

《說文·十四上斗部》:"斗,十升也,象形,有柄。"

《說文·十三上虫部》:"虫,一名蝮,博三寸,首大如擘指,象其臥形。"

	甲骨文	金文	小篆	說文古文	楚帛書	漢隸
長						
馬						
斗						
虫						

因此,六書說仍然是我們研究漢字結構的基礎,是一個可以改造利用的框架。不僅如此,六書說經過改造,還可用於其他民

族文字的研究。周有光明確提出"六書有普遍適用性",並認爲:"利用'六書'進行比較文字學的研究,不僅瞭解了漢字以外各種文字的結構,也提高了對漢字結構的瞭解,並且使'六書'原理得到豐富和發展。還能由此幫助完善文字類型學的研究,認清漢字在人類文字史上的地位。"①周有光提出的東巴文的六書,方國瑜《納西象形文字譜》提出的東巴文的十書,都是在《說文》六書說的基礎上建構的。

2. 六書說是漢人歸納的條例,必不能盡合歷代所造之字

文字出於眾人之手,不可能先定出條例然後造字。正如王筠在《說文釋例》卷一所言:"六書之名,後賢所定,非皇頡先定此例,而後造字也。"②六書說是漢儒在分析小篆造字結構的基礎上歸納出來的,當然不可能盡合於不同時代、不同地區所造,並且經過了演變甚至訛變的漢字。雖然後代學者對六書說不斷地進行補充,使之細目繁多至數十類,但仍然不能盡合所有漢字。這是不能苛求古人的,對複雜萬分的漢字,今人事實上也難以歸納出滴水不漏的條例,因爲漢字本來就不是嚴格按照幾種模式創造的。

裘錫圭《文字學概要》將漢字分爲表意、假借、形聲三類,同時指出還有一些"不能納入三書的文字"。如③:

(1)記號字:七、八
(2)半記號字:丛、义
(3)變體表音字:乒、乓、刁
(4)合音字:甭
(5)兩聲字:牾、衋

唐蘭《中國文字學》指出:"自從漢人建立了六書理論後,除

---

① 周有光《比較文字學初探》167 頁,語文出版社,1998 年。
② 王筠《說文釋例》卷一,3 頁,武漢市古籍書店,1983 年。
③ 裘錫圭《文字學概要》107 頁,商務印書館,1988 年;修訂本 112 頁,2013 年。

了許叔重就沒有人用過。鄭樵第一個撇開《說文》系統,專用六書來研究一切文字,這是文字學上一個大進步。……他所做的六書分類,瑣屑拘泥,界畫不清,固然是失敗的,但不是無意義的。漢儒的六書理論,本是演繹的,沒有明確的界說,經他歸納過一次後,這種學說的弱點,就完全暴露出來了。"①

3. 許書定義過簡,體例不嚴,是後世聚訟紛紜的主要原因

許氏為六書下定義時,為求工整押韻②,每書除舉例外,僅用八字來描述,難免以辭害義。尤其是轉注,"建類一首",建什麼類?以什麼為首?"考""老"形音義皆同類,究竟是以什麼為類,使後人不得其解。假借的定義是"本無其字,依聲託事",按字面的理解應該是"本來沒有表示那個詞的字,依照相同的聲音找一個同音字來寄託這個詞的意義",但所舉的例字"令""長",其意義"發佈命令—縣令""年長—縣長"之間,又有意義引申關係,致使後人產生了"有義假借"和"無義假借"的爭論。轉注、假借二書,除《敘》中各舉二例外,全書無一實例。同時,書、《敘》不對應,"考""老"二字,《敘》說是轉注,書中又釋為形聲和會意,使後人無從把握。

4. 應該批判地繼承六書說

如前所述,六書說是有較大局限性的學說。清人推崇《說文》為"天下第一種書",囿於六書而不敢越雷池一步,固然是走向了極端,但後來有人全盤否定《說文》和六書,則又是走向了另一個極端。例如康殷《古文字學新論》說:"試想許氏這樣一個不開眼的漢儒,生平未見古文,又只有一雙幾乎是圖盲的雙眼,帶著一個充滿腐朽反動的道統思想,又夾雜著京房、方士等仙

---

① 唐蘭《中國文字學》21頁,上海古籍出版社,1979年。
② 《說文敘》六書定義用字中,"識、意"為上古音職部字,"物、詘"為物部字,"名、成"為耕部字,"誼、撝"為歌部字,"首、受"為幽部字,"字、事"為之部字,押韻非常嚴整。

道……烏其八糟形而上學唯心主義的頭腦,可謂'無目無心',他又會編出一部怎麼樣的字典呢?"①此書出版於改革開放之初,猶有"文革"餘風,現在這樣的說法已經沒有市場了。對於六書說這樣的古代文化遺產,應該取其精華,去其糟粕,批判地加以繼承,任何虛無主義的觀點都是不可取的。

第二節　唐蘭、陳夢家、劉又辛的三書說

現代不少學者認爲六書不僅是造字結構,還反映了漢字的發展階段和性質,他們的六書研究,往往將漢字結構和發展演變相聯繫。古人當然還不可能有這樣的認識,但古人對漢字產生和六書排列的說解,還是多少反映了他們對漢字結構發展的思考。許慎《說文敘》說:"倉頡之初作書,蓋依類象形,故謂之文。其後形聲相益,即謂之字。字者,言孳乳而浸多也。"許慎大致是把"依類象形"的象形、指事、會意和"形聲相益"的形聲分作先後不同的兩個大類。至於假借和轉注,他這裏沒有提及,不知是否他覺得是另一個層次的問題。古漢語中"字"有生育的意思,用"字"來命名一類文字,本身也包含此類文字後起的意思。

宋人鄭樵在《通志·六書略》中給文字的發展排了一個順序,他說:"六書也者,象形爲本。形不可象,則屬諸事。事不可指,則屬諸意。意不可會,則屬諸聲,聲則無不諧也。五不足而後假借生焉。"鄭樵只說了象形、指事、會意、諸聲四類,說"五不足",應有一點疏漏。他把假借排在五書之末,顯然和許慎是一脈相承的。

有清一代,各家六書之說,皆囿於《說文》,對數千漢字作平面的分析和歸類。只有孫詒讓在1905年作《名原》,想通過甲骨文、金文、石鼓文等與《說文》的比勘,來探求文字演變的軌跡和規律。他說:

---

① 康殷《古文字學新論》376頁,榮寶齋,1983年。

是文字之初,固以象形爲本。無形可象,則指事爲之。逮後孳乳浸多,而六書大備。……自宋以來,彝器文間出,考釋家或據以補正許書之訛闕。邇年又有龜甲文出土,尤簡淆奇詭,間有原始象形字,或定爲商時契刻,然亦三代瑑跡爾。余少耆讀金文,近又獲見龜甲文,咸有撰錄。每惜倉沮舊文不可復睹,竊思以商周文字輾轉變異之跡上推書契之初軌。……今略摭金文、龜甲文、石鼓文、貴州紅岩古刻,與《說文》古籀互相勘校,楬其歧異,以著淆變之原,而會最比屬,以尋古文大小篆沿革之大例。①

《名原》一書,並未述及漢字發展的歷史和階段,但他打破了自許慎以來"鋪陳文字於平列的不動的靜態中加以分析"的局面。陳夢家說:

> 偏旁的分析不能算作孫氏的創見,因爲許慎的《說文解字》最先分別部居、剖析形聲,乃鋪陳文字於平列的不動的靜態中加以分析。孫氏將不同時代的銘文加以偏旁分析,藉此種手段,用來追尋文字在演變發展之中的沿革大例——書契之初軌、省變之原或流變之跡。他對於古文字學的最大貢獻,就在於此。②

古人對漢字結構和發展演變的關係的認識雖然還不深刻和清晰,但對現代學者的研究無疑是有影響的。

一、唐蘭的三書說

陳夢家指出,唐蘭是"在孫詒讓以後第一個企圖打破舊說而以古文字學重新擬構中國文字的構造的"學者③。唐蘭在 1934

---

① 孫詒讓《名原・敍錄》,齊魯書社,1986年。
② 陳夢家《殷虛卜辭綜述》56頁,中華書局,1988年。
③ 陳夢家《殷虛卜辭綜述》75頁,中華書局,1988年。

年寫的《古文字學導論》中提出了著名的三書說,其後 1936 年在《古文字學導論》的改訂本中、1949 年在《中國文字學》中又作了闡述,下面將唐蘭三書說的主要觀點作一綜合介紹①:

1. 三書名目

> 我把中國文字分析為三種,名為三書。第一是象形文字,第二是象意文字,這兩種是屬於上古期的圖繪文字。第三是形聲文字,是屬於近古期的聲符文字。這三種文字的分類,可以包括盡一切中國文字,不歸於形,必歸於義,不歸於意,必歸於聲。(《導論》改訂本,402 頁)

> 用三書來解釋中國文字的構造,是最簡便,而且是最合理的。(《導論》改訂本,403 頁)

> 如果要尋求真理,要確實地明白文字的構造和演變,那就非用三書說不可,因為在革新文字學的進行中,這是第一塊的基石。(《導論》改訂本,404 頁)

2. 三書界說

> 象形文字是畫出一個物體,叫人一見能認識這是代表什麼。見馬形名之為馬,見牛形名之為牛,名與實合,所以我把它叫做"名"。象意文字不僅畫出一個物體,而是由物形的變易增損,或綜合兩個以上的物形,來表示某種狀態,可以由讀者去意會的。物相雜之謂文,所以我把它叫做"文"。形聲文字以有聲符為特點,字者孳乳而生,所以我把它叫做"字"。這三者間的界限是很容易分的,象形象意和形聲的區別,是後者的有了聲符,而不屬於象形和形聲的

---

① 唐蘭《古文字學導論》,北京大學,1935 年;改訂本,北京大學,1936 年;合印本,齊魯書社,1981 年。以下引文所標,均為齊魯版的頁數。《中國文字學》,開明書店,1949 年;上海古籍出版社,1979 年。

字,必然是象意字了。(《導論》改訂本,403頁)

凡是象形文字:
一、一定是獨體字,
二、一定是名字,
三、一定在本名以外,不含別的意義。

例如古"人"字象側面的人形,一望而知它所代表的就是語言裏的"人",所以是象形字。古"大"字雖則象正面的人形,但是語言裏的"大",和人形無關。我們可以推想,古"大"字是象大人的意義,……由大人的"大",又引申做一般的"大",這個字已包含了人形以外的意義,那就只是象意字。(《中國文字學》76頁)

這裏的象意文字的範圍,包括舊時所謂"合體象形字""會意字"和"指事字"的大部分……這裏有一個最簡捷的方法,只要把象單體物形的"象形字"和注有聲符的"形聲字"區別出來,所剩下的就都是"象意"。(《導論》,102頁)

3. 三書時期

由原始文字演化成近代文字的過程裏,細密地分析起來,有三個時期。由繪圖到象形文字的完成是原始期。由象意文字的興起到完成,是上古期。由形聲文字的興起到完成,是近古期。(《導論》,83頁)

我們在文字學的立場上,假定中國的象形文字,至少已有一萬年以上的歷史;象形象意文字的完備,至遲也在五—六千年以前;而形聲文字的發軔,至遲在三千五百年前。(《導論》,79頁)

關於三個時期的具體時間,唐蘭在《導論》改訂本中,將文字起源的時間,改在六七千年之間。在他晚年寫的《文字學規劃初

步設想》一文中,又將文字起源改在五六千年之間,將形聲字的產生改在距今四千年①。如下表:

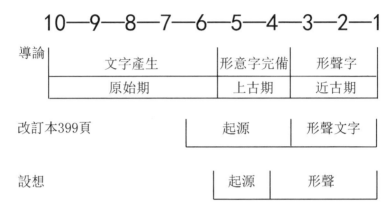

4. 文字的演變

除了文字發展的三個時期以外,唐蘭還提出了文字演變的六種方法。他說:

> 文字的演變有三條大路,形的分化,義的引申和聲的假借。上古期文字分化的結果,使文字漸漸聲音化,後世人們加以"歸納",就創始了注音的方法。於是就假借來的私名注上形符,有時就拿音符來注形符,這是"轉注"。至於引申來的語言,本不一定需要形符,後來也頗有"增益"。歸納、轉注、增益,這是形聲文字產生的三條路徑。(《導論》,117頁)

> 分化,引申,假借,孳乳,轉注,緟益,我把它們叫做"六技",是說明古今文字構成的過程的。分化,引申,假借是一類,自有文字,就離不開這三種方法。由圖畫文字變為形聲文字後,又增加了孳乳,轉注和緟益三類。文字的構造,因而顯得愈錯綜,也愈複雜了。(《中國文字學》102頁)

應該指出的是,唐蘭在《導論》中說的"三條大路""三條路

---

① 唐蘭《文字學規劃初步設想》,《中國語文》1978年2期。

徑"和在《中國文字學》中說的"六技"並不完全相同,一是《導論》的"歸納""增益"在《中國文字學》中變爲了"孳乳""緟益",而且這兩對術語的含義也不完全相同,這裏就不細說了。

唐蘭還繪製了一幅"古文字演變圖"(《導論》,91 頁),現略加簡化介紹如下:

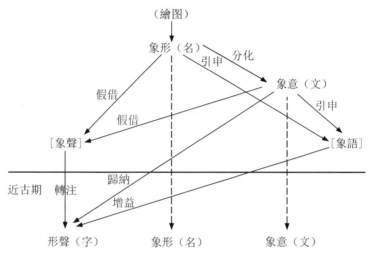

唐蘭對"六技"作了如下的解釋:

"'分化'的方法,是把物形更換位置,改易形態,或採用兩個以上的單形,組成較複雜的新文字。"也就是變形和組合,如"人"變爲"匕"(化),兩個"人"組合爲"从"。(《導論》,88 頁)

"'引申'是文字的意義的延展,例如'日'字是象形,在語言裏,卻可用作今'日'的意義。"(《導論》,89 頁)

"'假借'是文字的聲音的借用,例如'羽'字是象形,借來代表語言裏翌日的'翌'。"唐蘭把引申義叫作"象語",把假借義叫作"象聲",認爲二者都是本無其字,所以不算漢字的結構方式。(《導論》,89 頁)

歸納,唐蘭是指"在象意文字極盛的時候,漸漸發生了有一定讀音的傾向"。也就是一般所說的會意兼形聲的字,人們可以從中歸納出形聲的規律,如"受、漁"等字。(《導論》,113 頁)

轉注，就是在假借字上加形符變爲形聲字，如"子、商"變爲"好"（姓，"子"聲）、"滴"（水名）。（《導論》，116頁）

增益，就是爲引申義在本字上加形符變爲形聲字，如"少、長"變爲"妙、張"。（《導論》，117頁）

5. 對唐蘭三書說的評價

唐蘭的"三書"說，第一次衝破了六書的束縛，擺脫了因爲拘泥於六書而造成的一字兼兩書、三書甚至四書的糾纏，使漢字的結構分析比較符合漢字的實際情況。但是，唐蘭的"三書"說也有一些缺陷，主要有：

（1）象形和象意實際上劃分不清

唐蘭認爲，象形和形聲很好確定，除去二者，剩下的就是象意了。實際上問題並不如此簡單。就以唐蘭著意分辨的"尸""身"兩字來看，唐蘭說："單體象意文字有些近似象形文字，不過象意字注重的是一個圖形裏的特點，例如古'尸'字象人蹲踞，就只注重蹲踞的一點，'身'字象人大腹，就只注重大腹的一點，此外可以不管，這是象形字和單體象意字的分別。"[①] 其實，這"尸"和"身"，怎麼又不可以是象人蹲踞之形和大腹之形的象形字呢？因此，陳夢家在《殷虛卜辭綜述》中提出批評說：

> 事與物，都是我們象形的對象，這些事物有處於靜態的，也有處於動態的，因此象形字當然不僅是名字而且可以是動字。卜辭的"雨"字象掉下雨點之形，就其爲雨點而言是名字，就其爲雨點落下而言是動字，所以卜辭"不雨""其雨"的雨是動詞，"又大雨""遘雨"之雨是名詞。象形之分爲單體複體是人工的分析，單複並無關於其爲象形。我們可以分析"有"字爲從又從肉，然而它依然象手持肉之形；古"企"字從人足下有"止"（趾、腳），象人顛起腳來望遠之形，後來分寫成"人""止"，它原來是

---

① 唐蘭《中國文字學》77頁，上海古籍出版社，1979年。

象形。一切象形字可以有形的分合(如企)，義的引申(如"日"象太陽，引申爲每日)，聲的假借(如羽象羽毛，假借爲翌日)，但是"企""日""羽"等字他們原來都是象形。以此例之，不能因爲"大"字引申爲大小之大，就說他是象意。同例，我們應說"天"象人的頭頂，引申爲顚，爲天地之天①。

又唐蘭以獨體、名詞、本義作爲象形字的標準，但語言文字的經濟性原則決定了大部分象形字都會有引申義，如"人、馬、牛、羊"都可以作量詞，這就會造成大量的象形、象意兼類，如果這樣，分類就沒有意義了。

(2)貶低了假借的作用，僅把假借看作"六技"之一

陳夢家指出：

> 在以文字爲語言的符號的意義上來說，從象形過渡到形聲以及形聲本身的發展過程中，象形(後來又有形聲)作爲語言的代音字或注音字(即所謂假借)是極重要的。在這裏，被假借的象形(或形聲)事實上是音符，假借字必須是文字的基本類型之一，它是文字與語言聯繫的重要的環節；脫離了語言，文字就不存在了②。

(3)發展時期的時間度量比較粗疏

陳夢家說："他的原始、上古、近古的分法，是虛擬的，可以不論。"③

總之，唐蘭三書說的象徵意義大於實際意義，裘錫圭說："唐先生批判六書說，對文字學的發展起了促進作用，但是他的三書說卻沒有多少價值。"④

---

① 陳夢家《殷虛卜辭綜述》76 頁，中華書局，1988 年。
② 陳夢家《殷虛卜辭綜述》76 頁，中華書局，1988 年。
③ 陳夢家《殷虛卜辭綜述》76 頁，中華書局，1988 年。
④ 裘錫圭《文字學概要》104 頁，商務印書館，1988 年。

二、陳夢家的三書說

1. 基本觀點

陳夢家在《殷虛卜辭綜述》中提出了他的三書說,其基本觀點如下:

> 事與物,都是我們象形的對象,這些事物有處於靜態的,也有處於動態的,因此象形字當然不僅是名字而且可以是動字。……一切象形字可以有形的分合(如企),義的引申(如"日"象太陽,引申爲每日),聲的假借(如羽象羽毛,假借爲翌日),但是"企""日""羽"等字他們原來都是象形。(76頁)

> 假借字必須是文字的基本類型之一,它是文字與語言聯繫的重要環節;脫離了語言,文字就不存在了。(76頁)

> 我們認爲象形、假借、形聲並不是三種預設的造字法則,只是文字發展的三個過程。漢字從象形開始,在發展與應用的過程中變作了音符,是爲假借字;再向前發展而有象形與假借之增加形符與音符的過程,是爲形聲字。(79頁)

2. 發展模式

陳夢家用下圖表示了三書的發展模式:

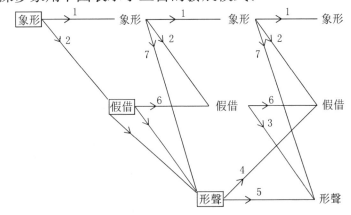

1 象形一直是象形。
2 象形變爲假借。
3 假借加形符或音符變爲形聲。
4 形聲變爲假借。
5 形聲一直爲形聲。
6 假借一直爲假借。
7 象形加形符或音符變爲形聲。(80頁)

3. 時間表

關於三個發展階段的具體時間,陳夢家說:

我們假設漢字是從武丁以前500年以前開始的(紀元前1700—1238?年),到了武丁時代可能發展成爲武丁卜辭。如此,可能在成湯或較前乃漢字發生的時期。(83頁)

漢字在武丁時代已經大致定型了。(83頁)武丁時代形聲還不大發達,用象形字作爲音符的假借類型還是占了優勢。武丁以後到帝乙、帝辛,主要的發展是形聲字的逐漸加多起來。(80頁)

武丁以後三千多年,漢文字在上述的基礎上向前發展,只有數變而無質變。(83頁)

可圖示如下:

4. 對陳夢家三書說的評價

(1)其基本觀點是正確的

裘錫圭說:"我們認爲陳氏的三書說基本上是合理的,只是象形應該改爲表意(指用意符造字)。這樣才能使漢字裏所有的表意字在三書說裏都有它們的位置。"①

(2)說漢字是從武丁以前500年開始的不可信

甲骨文是盤庚遷殷後的遺物,殷墟甲骨已是相當發達的文字,說漢字產生於成湯或稍早,即商開國前不久,一種文字五百年不可能完成從產生到象形文字階段、再到假借文字階段這樣複雜的變化,故有人說陳夢家的時間表是一種躍進的說法。

(3)說武丁至今漢字只有量變不符合事實

說武丁時代漢字已大致定型,以後三千多年,漢字只有數變而無質變,這不符合事實。

三、劉又辛的三書說

劉又辛1957年發表了《從漢字演變的歷史看文字改革》一文,提出了表形、假借、形聲三階段說②。

1. 基本觀點

(1)表形、假借、形聲三個階段及其時間

劉又辛認爲:"第一階段的特點是因字形而見義。所謂'形'是和語音對舉的,所以連會意、指事字也都應該算做表形的文字。"象形字是"根據物的形體畫成的",指事字"是用一種形狀再加以標識而造成的","會意字其實就是複合的象形字","三者都還離不開畫畫的手段。這種文字是用眼睛看的,不是用耳聽的。從一個符號雖然可以讀出一個音節的聲音,可是是通過這個符號的形體本身所代表的意義去讀這個聲音的",所以是表形的文字。第一階段的時代,早在甲骨文之前,"甲骨文不是最原始的文字","它已經有了表音文字出現,可以把甲骨文當做第一、二階段演化過程中的文字看待"。

---

① 裘錫圭《文字學概要》106頁,商務印書館,1988年。
② 劉又辛《從漢字演變的歷史看文字改革》,《中國語文》1957年5期。

"第二階段的特點,是漢字開始走上標音文字的路,大量使用假借字。""這種假借字從甲骨文開始,一直到春秋戰國時期,在漢字中一直佔著很重要的地位。""這樣的文字對記錄漢語的能力大大加強了。凡是不易造成或不能造的字,只要借一個同音字來使用就行。因此書面語言也可以比較接近口語了。這當然是一個大進步。"但"假借字的大量應用曾經引起長時期的文字混亂狀況:一方面是同一個字可以假借爲不同的詞,就造成一字多義的現象。一方面是同一個詞可以用不同的假借字來表示,就造成一詞異形的現象"。

第三階段是形聲字階段。"在春秋戰國期間,形聲字已經逐漸居於優勢。這是中國社會、經濟、文化劇烈變動的時期,文字的變化也不能不跟著發生變化。在這時期,假借字和形聲字兩條路線的鬥爭達到最高點,而最後卻決定性地表現在秦朝的文字統一政策上面。李斯'書同文字'的政策是根據當時的需要決定的。這種政策就決定了漢字的形聲字路線。所以漢字的第三階段應該從秦朝開始。"《說文》形聲字約佔80%,"80%是一個決定性的百分比,以後漢字便只有量的發展,沒有質的變化了。從《說文》以後,字數日漸增加,而增加的新字絕大多數都是形聲字。宋鄭樵在《通志·六書略》裏有一個統計:象形、指事、會意字一共1455字,而形聲字卻有21341字,佔當時總字數的94%左右"。

劉又辛還說:"三個階段的劃分,不能夠標出嚴格的年代,只能表示一個大體的趨勢。"新形式是在和舊形式的矛盾鬥爭中發生發展的,新階段是在舊階段中孕育形成的,要將幾個階段截然斷開,也確實有一定困難。

(2)漢字沒有變爲拼音文字而走上了形聲化道路的原因

劉又辛認爲這是"中國政治上的日趨統一和方言分化之間的矛盾所產生的結果"。"爲了記錄語言中新出現的一些新詞語,不能不用大量的假借字來滿足這種需要。""可是當這種滿是假借字的文章拿到方言不同的讀者手裏時，麻煩就來了。因爲讀者和作者的方音不同，有些字很難猜到它到底代表的是哪些詞。爲了解決這個矛盾，就只好在假借字上加上個形符。這樣一來，儘管兩地的讀音不一致，靠了形符的幫助，也就可以懂得作者的意思。因此，在漢字中就出現了一種非常複雜的情況：一方面假借字不斷地在著作者的筆下產生；一方面這些假借字又很快的加上形符變爲新形聲字，在更大的區域內通行。又因爲作者在使用假借字時是依照自己的方音爲取捨標準，各地方音不同，同一詞的假借字也不相同，但在變成形聲字時卻以意義爲准，加上了相同的形符，就又造成了許多異體字。這就是周末幾百年文字急劇變化的輪廓。"秦統一天下的時候，"言語異聲，文字異形"，"可是語言不是憑人力在任何條件下都能夠統一的。秦朝的李斯似乎懂得這個道理，因而只提出了'書同文字'的政策。在全國範圍內儘管'言語異聲'，口語不一致，只要能夠'書同文字'，有一套全國通用的書面語言符號也就可以勉強滿足當時的需要了"。"在全國方言分歧的時候，這種文字的確是當時唯一可用的文字。""因此，秦朝的這個措施以及當時的政治情勢，就最後決定了漢字的命運。漢字再也不能向拼音文字發展，假借字的路子宣告終止。""假如漢族發展的歷史不是從分化走向統一，假如春秋的一百多個'國'或戰國的七個'國'分裂成許多民族，那麼這些民族自然就會形成自己的民族語言。這種民族語言的方言大約不會像漢語這樣紛歧。如果有了這個條件，文字演化的情況也就會有所不同。在那種條件下的文字不會不向表音文字發展。也許'漢字'早在兩千年前已經像埃及、巴比倫的古文字一樣成爲歷史上的遺物了。"

劉又辛在他晚年所著的《漢字發展史綱要》中，仍然堅持以上的觀點[①]。

---

① 劉又辛、方有國《漢字發展史綱要》，中國大百科全書出版社，2000年。

2. 對漢字走上形聲化道路原因的印證

(1)趙元任的《通字方案》①

漢字如果走上表音文字的道路,如果是音節文字,將會是一個什麼樣子?趙元任曾作過一個試驗。他的《通字方案》設計漢語一個音節只用一個漢字來記錄,漢語連聲調約 1400 個音節,則用 1400 個左右的漢字就能記錄全部漢語。下面是該書樣品中的幾個句子:

張<u>計</u>《風<u>喬</u>夜泊》:月<u>洛</u>烏提霜滿天,江風魚火對愁綿,姑蘇<u>成</u>外寒山寺,夜半鐘聲到客船。

賀知章《回香偶書》:<u>而同</u>相見不相<u>式</u>

<u>里</u>白《月下獨酌》:我哥月排回

字下的橫線爲我們所加,表示同音替代字。從中可以看出,這種"通字"如果全面使用,同音詞可能難以區分。

(2)文字和民族分化的關係

因爲民族分化而導致語言文字分化,最典型的例子莫過於中亞東干族和東干語。東干族原本是居住在我國陝甘一帶的回民,19 世紀 60 年代陝甘回民大起義失敗後,其殘部在清軍的追殺之下,經新疆退入今中亞吉爾吉斯斯坦、哈薩克斯坦、烏茲別克斯坦等地,其後裔形成東干族(據說取意"東部甘肅"),所操漢語陝甘方言被稱爲東干語,上世紀 20 年代創制阿拉伯字母式東干文,50 年代改爲斯拉夫字母。改革開放以後,又有稱其爲中亞回族者②。

下面是東干族一位著名作家的詩和漢語譯文:

---

① 趙元任《通字方案》,商務印書館,1983 年。

② 參看郝蘇民譯《中亞東干人的歷史與文化》,寧夏人民出版社,1996 年。林濤主編《中亞東干語研究》,香港教育出版社,2003 年;林濤譯《中亞回族詩歌小說選譯》,香港教育出版社,2004 年;林濤編譯《中亞回族的口歌和順口溜兒》,香港教育出版社,2004 年。

東干族著名作家Я·щиваза的一首詩

Вәмусы минда шонян
Совет гуонй ин шонди
Зә кәхуарди гуй туни
Лян хуар й иён жонни
　　　　　Я·щиваза

Вә му сы мин да шо нян
我　們　是　命　大　少　年
Совет гуон й ин шон ди
蘇維埃　光　陰　上　的
Зә кә хуар ди гуй ту ни
在　開　花兒　的　国　土　裏
Лян хуар й и ён жон ни
連　花兒　一　樣　長　呢
　　　　Я· щи ва за
　　　　雅　十　娃　子

譯文：我們是蘇維埃時代的，幸福的少年，
　　　在開花的國度裏，和花兒一起成長。

再舉兩首兒歌和一些詞語①：

拉鋸

la²⁴ tɕɤ⁴⁴ tʂʼə⁵¹ tɕɤ⁴⁴ ni⁵¹ tɕiou⁴⁴ tɕia²⁴ mən²⁴ tɕʼiæ̃²⁴ tʂʼaŋ⁴⁴ ta⁴⁴ ɕi⁴⁴
ла жɤ, чә жɤ, ни жю жя мын чян чон дащи。
拉　鋸，扯　鋸，你　舅　家　門　前　唱　大　戲。

我娃是個乖蛋蛋

ta⁵¹ luə²⁴·luə mə²⁴ mi æ̃⁴⁴·mi æ̃ və⁵¹ va²⁴ sʅ⁴⁴·kə kuɛ²⁴ tæ̃⁴⁴·tæ̃
да луәлуә, мә мянмян, вә ва сы гә гуэдандан。
打　鑼鑼，磨　麵麵，我　娃　是　個　乖蛋蛋。

---

① 均選自林濤主編《中亞東干語研究》，香港教育出版社，2003年。

ямын 衙門（政府）、дажын 大人（官員）

бонбан 幫辦（副手）、ляншу 聯手（夥伴）

дачингуй дихуа 大清國的話（漢語）

щежязы 寫家子（作家）、са 啥、зали 咋哩（怎麼）

ната 哪塔（哪兒）、жу 捐（舉）、эр 捅（扔）

дачуй 打錘（打架）、любый 落白（說謊）

дафа 打發（嫁女）、пый жы 配治（整治）

Занжин 展勁（用力）、суй 碎（小）

пишы 皮實（牢實）

可以看出，所謂東干語，實際上是漢語陝甘方言；所謂東干文，實際上是記錄漢語方言的斯拉夫字母式的標音文字，但因爲這部分人群已經分化出去多年，文字又穿上了其他民族文字的外衣，所以就很容易被看作外文和外語了。

語言文字的分合與國家民族的分合有很大的關係。北歐四國語言相互能聽懂百分之七八十，但因爲是不同的國家，所以相互都認爲是不同的語言。漢語方言分歧有時大到不能通話的程度，但仍被認爲是一種語言，中國是一個統一的國家是其中非常重要的因素。

3. 對劉又辛三書說的評價

（1）總體上講是比較合理的

劉又辛的三書說，較爲合理地說明了漢字的歷史發展趨勢和階段，以及決定這種發展的內部和外部原因，總體上講是比較合理的。

（2）還有一些問題需要繼續研究

對於劉又辛的三書說，我們覺得還有幾個問題需要進一步研究和補充。

① 表形文字階段還缺乏實證

從甲骨文、金文中保存的大批象形文字來看，表形文字階段也許是存在的，作這種擬測是合理的。但既然甲骨文已經進入假借文字階段，而甲骨文以前，現在事實上還沒有發現成系統的文字材料，也就是說，漢字的表形文字階段，還缺乏實際證據。

② 純粹的象形文字能否构成完善的文字體系

象形文字難以記錄抽象詞彙和虛詞，光用象形字，還不可能逐詞逐句地記錄語言，要完全地記錄語言，只有待假借字大量出現以後。納西東巴文形貌相當原始，已有相當數量的假借字和形聲字。裘錫圭認爲："在文字形成的過程中，表意的造字方法和假借方法應該是同時發展起來的，而不是像有些人想象的那樣，只是在表意字大量產生之後，假借方法才開始應用。"[1]這涉及對文字體系形成標準的判定，也許早期的純粹的象形文字的體系，只能記錄主要語詞以幫助記憶和誦讀，這還不是完善的文字體系，算不算文字？

③ 甲骨文是不是表音文字體系

甲骨文按字頻統計，假借字可能達到百分之六七十的比例，因此可以認爲甲骨文已是表音文字。但這裏有兩個問題需要注意。一是統計的標準和方法問題。甲骨文因爲占卜程式的限制，多干支字、人名、地名，這些字在統計時都看成了假借。而我們知道，漢語的人名、地名一般都是有意義的，如"北京、天津、重慶"。在統計時我們因爲無法知道甲骨文人名、地名的得名之由而把它們判定爲假借，可能已經扭曲了甲骨文的原貌，從而導致統計數據的不實。二是甲骨文中有很多象形字，如"人、牛、馬、鹿、日、月"等，從不用作假借字，也不假借其他字來表示，這些字都是甲骨文的基本詞彙。如果一種文字屬於表音文字，但它內部又有大量最基本的詞彙只能用象形字表示，這個矛盾如何解釋？

---

[1] 裘錫圭《文字學概要》5頁，商務印書館，1988年。

第三節　黎錦熙的七階段說

黎錦熙在《國語辭典序》中提出了語文演進的七階段說①。這七階段,是把語言和文字綜合在一起說的。

一、黎錦熙七階段說的基本觀點

黎錦熙提出的七個階段是:

文字產生的前提是原始的第一階段。這一階段"雖無文字,卻有語言,且有口頭歌唱的優美文學","以耳治不以目治"。(1頁)

"從'結繩'演進而爲'圖像文字',包括六書中的'指事''象形''會意'三項在內,這是語文演進的第二階段。""我們可以假定一個公式:語文原始的第一階段專憑口耳,是主'音'的,爲正面;語文演進的第二階段始制文字,是主形的,爲反面。"(1頁)按黎錦熙先生的原意,結繩並不在第二階段之內,因上文說"《易》曰,'上古結繩而治',這已經快到'易之以書契'的第二階段了,因爲'結繩'就是後世所謂六書中的'指事'的前驅呢"。(1頁)"快到"當然是未到第二階段。

假借是語文發展的第三階段。這一階段"雖像第一階段的主'音',卻已吸收了第二階段'圖像文字'之主'形'的貢獻,故'假借'是一種綜合"。(2頁)

"'假借'太濫了,又太歧了,於是乎有'轉注'。這就到了語文演進的第四階段。"(2頁)第四階段即形聲字階段。"'形聲'字有兩個源頭:其一在前,就是'轉注',先有已經行用的假借字

---

① 《國語辭典》第一冊,商務印書館 1937 年初版,第二冊以下出版於抗戰期間,黎序於 1936 年 12 月。此據 1947 年重版。以下引文只注頁碼。又見於黎錦熙《文字改革論叢》附錄,文字改革出版社,1957 年;《黎錦熙語言學論文集》,商務印書館,2004 年。

爲'聲',再注上一個建類的'注義符號'爲'形',所謂'以事爲名',此實帶釋'轉注'之義也;又其一才是後來大批製造的形聲字,先立一個建類的'注義符號'爲'形',再諧一個假借的'注音符號'爲'聲',所謂'取譬相成'也,'江河是也'。""第四階段發明了這兩種造字法,用'衍形'的方式,得'標音'的實用,儀態萬方,孳乳無盡,從此就永遠不必與其他語族合流而走上字母拼音的路線了。"(5頁)形聲字"讓那些太濫太歧的假借字漸漸地都有個'形'的區別,於是語文演進,從主'音'的正面,漸漸地又走到主'形'的反面了"。(5頁)

"簡體字是語文演進的第五階段,原則上是主'音'的,其作用在使文字工具'簡易化''普遍化'。""遠自漢人之用'章草',唐人之寫佛經,近到宋元以來之刊曲本,最近則有學術機關和語文學者之擬議,有出版界之鑄'手頭字'銅模,有教育部之追認、審定而公佈的《簡體字表》。這算是第五階段。第五階段經過的時代,似乎是與第四階段並列,但其性質是'普遍化'的,因緣於文化擴展與下逮的需要,故'普遍化'實在是比第四階段更進一步的,所以要列爲第五階段。第五階段的形態,表面上雖又像回復於第三,但第三階段是一味'假借',一味地寫別字;這第五階段雖是老百姓在那兒做主導,但於'假借'的別字之外,還能夠綜合'轉注'與'形聲'的貢獻,把固有的繁體改爲簡體,把堆砌的筆劃改爲行草。"(8頁)

注音字母的制定和注音漢字的行用是語文演進的第六階段。因爲"注音字母而名爲'注音',後來又把字母改稱'符號',乃是表明這套東西並非用來制作主'音'文字的字母,僅是用來拼注主'形'的漢字之音的符號,……它是壓根兒沒有打算離開漢字而獨立的",(9頁)"注音漢字,字字注音,正是與簡體字對立的。注音漢字不像簡體字要侵犯漢字的本身,……只在漢字的旁邊,給漢字一種合理而有效的幫助",(10頁)所以"第六階段是從第五階段主'音'的正面而又演成主'形'的反面"。

國語羅馬字是語文演進的第七階段。"表面的形態又是主'音',和原始的第一、演進的第三、第五各階段相似,但質與量大不同了,它把第二、第四、第六各主'形'階段的貢獻也都一齊綜合起來,而成為主音的新階段。"(11頁)"它把六書中原始的三種'圖像文字'廢棄了,它把'假借'和'轉注''形聲'三種造字的方法升高了。"(12頁)"這個語文演進的第七階段,雖然是將來的,可也是必然的。"(13頁)

以上七個階段,我們可以將它簡示如下:

```
  1      2      3      4      5       6        7
 語言  象形字  假借字  形聲字  簡體字  注音字母  國語羅馬字
  音    形     音     形     音      形        音
```

黎錦熙1937年寫過一篇題為《"六書"新說和中國語文"音""形"對立演進的七大階段》的文章①。這篇文章我們沒有見到,但題目中的"音形對立演進"已很概括地顯示了他關於語文發展的基本思想。他還在《中國文字之"正反合辯證式"的歷史進展》一文中,畫了一个文字发展的陰陽太極圖,形象地表示了"对立演进"的思想②。

二、對黎錦熙七階段說的評價

1. 把語言和文字擺在同一平面不妥

我們覺得,黎錦熙把"語"和"文"合起來說是欠妥的。要合

---

① 黎錦熙《"六書"新說和中國語文"音""形"對立演進的七大階段》,《世界日報·國語週刊》第274期(1937年)。

② 黎錦熙《中國文字之"正反合辯證式"的歷史進展》,黎著《文字改革論叢》,文字改革出版社,1957年;又《黎錦熙語言學論文集》,商務印書館,2004年。

起來說,先應分成無文字和有文字兩大階段。文字發展的某一具體階段,不能和無文字階段並列,因爲語言和文字本不在一個平面之上。

2. 注音字母、國語羅馬字、簡體字都不是獨立的文字階段

注音字母(或注音漢字)和國語羅馬字並沒有成爲通行的文字,簡體字從來都沒有作爲一個獨立的文字體系取代過正體字,因此注音字母、國語羅馬字、簡體字這三個階段事實上並不存在。

3. "對立演進"非常牽強

用"對立演進"來描述漢字演變的狀況,可能是想體現一種"辯證"的思想。但把漢字演變的各個階段硬套進非音即形的對立演進模式,並不符合漢字演變的歷史事實,如說形聲字、注音字母是主形的,簡體字是主音的,都非常牽強,難以令人信服。

4. 象形、假借、形聲三階段是合理的

七階段除去非文字的語言和未曾獨立的注音字母、國語羅馬字、簡體字這四個階段,剩下的象形、假借、形聲三個階段是合理的。

第四節　姚孝遂的兩階段說

1979年底,中國古文字學術研究會第二屆年會在廣州舉行。姚孝遂在論文《古漢字的形體結構及其發展階段》[①]中,對漢字的發展階段提出了新的見解,引起了學界對古漢字性質的熱烈討論[②]。

---

① 姚孝遂《古漢字的形體結構及其發展階段》,《古文字研究》第四輯,中華書局,1980年。以下引文注該書頁碼。

② 《中國古文字學術研究會第二屆年會紀要》,《古文字研究》第四輯,中華書局,1980年。

一、姚孝遂兩階段說的基本觀點

姚孝遂說:

> 文字的發展過程,大體經歷了以下這幾個階段:
> 一、表意文字:文字畫——圖繪文字
> 二、表音文字:音節文字——音素文字
>
> "文字畫"並未形成爲符號,更談不上有固定的讀音,它基本上未能脫離圖畫的範疇。"圖繪文字"雖然也還沒有形成固定的讀音,但已經逐漸向符號的方向發展。儘管這些符號還是比較原始的,線條化、規則化還非常不夠,還不便於書寫,可是,它畢竟已逐漸脫離了圖畫,而跨入了文字的範疇。
>
> 在漢字的早期發展過程中,缺乏有關"文字畫"的資料。至於"圖繪文字"的資料,我們在商周時期的青銅器銘刻中,往往可以看到。這種文字主要是通過其形體本身來表達概念,還沒有固定的讀音,這是名副其實的表意文字。(8頁)

接著姚孝遂舉了下面幾個圖形作爲"圖繪文字"的例子[①]:

《金文編》017　　《金文編》213　　《金文編》128

姚孝遂指出:

> 文字的發展階段,與文字符號的構形原則,是兩種截然不同的概念,我們必須嚴格加以區分。文字的發展階段,是就文字符號的功能和作用所到達的程度來說的;文字的構

---

① 三個例字見於《金文編》附錄上,編號已改爲第四版的編號。

形原則,是就文字符號的來源來説的。(11頁)

　　即如上面這段甲骨刻辭,……整段刻辭共二十三個字,假借字十七個約佔 74%;形義一致的只有兩個字,還不到 9%。所有甲骨刻辭大體上都是這個比例。青銅器銘文的情況同樣是如此。(14頁)①

　　無論是甲骨文也好,金文也好,就這些文字符號的來源來説,是客觀事物的圖像,是象形文字;但是就這些文字符號的作用來説,只是利用這些符號來記録語言,它是表音的,整個的文字體系已發展到表音文字的階段。(15頁)

　　姚孝遂還認爲:形聲字(包括小篆中的形聲字)中的形符,僅僅是"一種區别符號","是文字孳生發展的一種手段","實際上並没有太多的表意作用"。(27頁)《説文》水部有 468 字,木部有 421 字,等等,"用同一個符號來表示一百個、兩百個以至四百多個不同的概念,這是不可能的。因此,我們從這些所謂'意符'的實際功能來説,它並不能起到表意的作用"。(31頁)

二、姚文對甲骨文、金文假借字的統計

　　姚孝遂文舉了一條卜辭和一篇金文考察、統計假借字所佔的比例,例中加橫綫者爲假借字②:

---

①　由姚孝遂執筆的《古文字研究工作的現狀及展望》曾説甲骨文常用字中,假借字佔百分之九十以上。《古文字研究》第一輯 20 頁,中華書局,1979 年。

②　原文標注假借、引申義、本義使用了三種符號,金文例"征"誤作"伐",金文未計算出數據,本引文作了技術性的處理。

癸未卜,殻貞:"旬亡囚?"王占曰:"往乃兹有祟。"六日戊子,子弢囚。(《菁》一,即合 10405 正)

假借字比例:17÷23＝73.91%

合 10405 正

珷征商，隹甲子朝，歲貞，克䏧夙有商。辛未，王在𬮦𠂤，易又史利金。用作檀公寶尊彝。（利簋）

假借字比例：22÷32＝68.75%

利簋（4131）

三、對姚孝遂兩階段說的評價

1. 區分文字的發展階段和構形原則是非常正確的

姚孝遂指出文字的發展階段和文字符號的構形原則是兩種截然不同的概念，文字的性質決定於它的功能而不是符號的形態，這是非常正確的。我們常說甲骨文金文是象形文字，這主要還是從字的外形來判斷的，而不是從文字的功能來判斷的，這也許是文字的表面現象，因此也可能是不準確的。

2. 認爲甲骨文、金文是表音文字，有其合理性

姚文統計甲骨文金文假借字字頻達到70%左右，從文字使用功能的角度認定甲骨文金文爲表音文字，有其合理性。

3. 對甲金文假借字進行定量研究，在方法上有示範作用

以前研究甲骨文金文假借字，多是個別的舉例，缺乏量的觀念和總體的觀照。姚文舉出具體的辭例，逐字判定並統計出百分比，使研究更加精細準確，對於古文字的計量研究，在方法上有示範的作用。

4. 否定形聲字形符的表意作用不妥

姚孝遂說小篆也屬於表音文字，完全抹煞形符的表意作用，是不妥當的。《說文》中形聲字佔百分之八十以上。人們所說的形符的表意作用，並不是說形符能表達完整的概念（或詞義），而是說形符能表示概念（或詞義）的類別，或者說含有某個義素。我們知道，概念和詞義都是可以分析的。以詞義而言，詞義可以分析爲義素，如"女、妹、姐、姊、妻、姑、姨、嬸、婆、姥"都有"女性"這一義素。同形符的字，在詞義上往往屬於同一個語義場，如從金之"銅銀"（金屬）、"鈴鐘"（製品）、"鍛銑"（加工方法）、"銳鈍"（性質）、"鏗鏘"（聲音）等，都是從不同的角度與金屬有關聯。"女壻"之"壻"，又從"女"作"婿"，並非女婿是女人，僅表與女人有關係而已。這就是形符的表義作用，因此不能責備說：水部有幾百個字，水旁能表幾百個概念嗎？

當然，由於形符和義素的關係非常複雜（一個形符可以表示幾個相關的義素，一個義素可以由幾個不同的形符來表示），由於古今詞義和人們觀念的演變，現在不少形聲字的形符所表示的意義已晦澀不明了，但是，我們還是不能完全抹煞形聲字，特別是古形聲字形符的表意作用。試看"珠、株、銖、茱、洙、蛛、侏、邾、砵、誅"等字，如果沒有形符，同音詞如何區分？

趙元任在《語言問題》中寫過一篇《飢雞集機記》①：

唧唧雞，雞唧唧，
幾雞擠擠集機脊。
機極疾，雞飢極，
雞冀己技擊及鯽。

雞既濟薊畿，
雞計疾機激幾鯽，
機疾極，鯽極瘠，
急急擠集磯級際。

繼即鯽跡極寂寂，
繼即幾雞既飢即唧唧。

以上共 67 字，用聲符 23 個（非形聲字也看作一個聲符）。無同聲符的字有：飢雞集脊極疾冀己技擊既薊計激瘠際繼跡寂；同聲符的字有：幾機畿磯，即唧鯽，及急級，擠濟。如果沒有形符，同音字難以區別。

5. 否定形聲字是一个独立的发展阶段，也就否定了漢字發展的階段性

按照姚孝遂的說法，表意文字中的文字畫"基本上未能脫離圖畫的範疇"，而且漢字缺乏文字畫的材料。圖繪文字"也還沒有形成固定的讀音"，(8 頁)而"作爲一種嚴格意義的文字。它必須是、而且只能是記錄語言的符號；它必須有固定的讀音"，(7 頁)因此，姚孝遂所說的表意文字，實際上並不是嚴格意義的文字。漢字還沒有發展到音素文字的階段，形聲字又不是一個獨立的階段，這樣，作爲嚴格意義的文字，漢字就只剩下了音節文字（從甲骨文到現代漢字）這樣孤零零的一個階段，這實際上也

---

① 趙元任《語言問題》150 頁，商務印書館，1980 年。

就否定了漢字發展的階段性。

綜上所述,我們認爲陳夢家、劉又辛表形、假借、形聲三書說比較合理地說明了漢字的基本結構和發展趨勢及階段,以及決定這種發展的內因和外因,是一個比較合理的框架。當然甲骨文以前的表形文字階段,還有待於證實。純粹的表形文字能否成爲完善的文字體系,甲金文中的表形字基本詞的作用,字的使用頻率和文字性質的關係①,假借字比例的計算方法等,都還需要進一步研究,但這不妨礙我們將漢字分成表形字、假借字、形聲字三大塊來學習和講授。

思考題:

1. 《周禮》"六書"内容的探索。
2. 清人六書說整理。
3. 今人漢字結構研究述評。
4. 試用六書分析若干常用漢字,看看六書的適用性和局限性。
5. 漢字體系形成和漢字結構發展的關係(純象形字能否構成完善的文字體系,完善的文字體系是否應該和假借字一起產生等)。

---

① 孫常叙《假借形聲和先秦文字的性質》(《古文字研究》第十輯,中華書局,1983年)認爲:"詞彙量和詞的使用頻率不是一回事,決定文字性質的是詞彙中各個詞的寫詞方法和體系,而不是它的使用頻率。"

第五章　表形字研究

第一節　表形字研究的意義

按照陳夢家、劉又辛的三書說，六書中的象形、指事、會意三書可以合稱爲表形字。表形字研究的意義主要體現在以下兩個方面：

一、表形字是漢字造字的基礎

從文字研究本身看，表形字是漢字造字的基礎。表形字中的象形字，是漢字中最先產生的部分，會意、形聲和大部分指事字都是以象形字爲基礎構成的。日本學者島邦男的《殷墟卜辭綜類》，根據甲骨文自身的形體結構特點，分甲骨文爲 164 部（見下圖）①。

---

① 島邦男《殷墟卜辭綜類》，日本東京汲古書院增訂本，1971年。

部首

（右は檢字索引の頁數
左は本文の頁數）

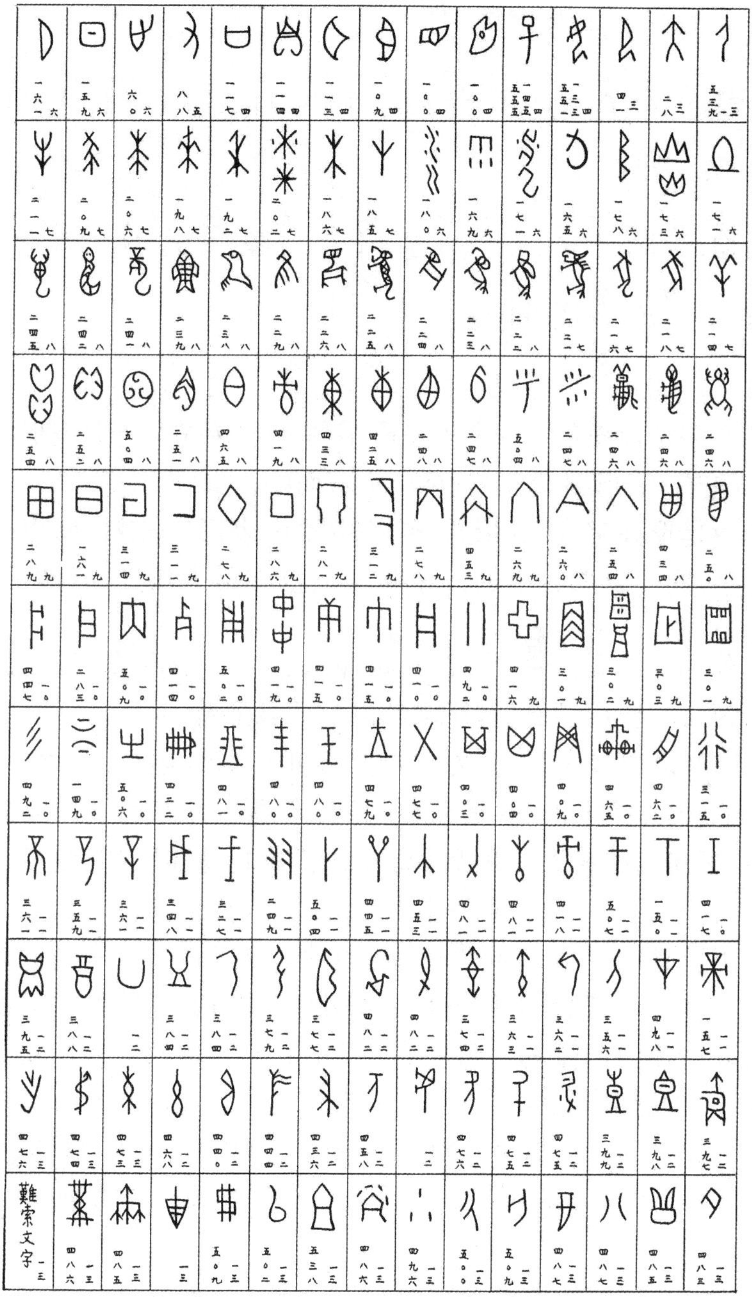

姚孝遂、肖丁主編的《殷墟甲骨刻辭類纂》將其歸併爲 150 部①，大部分部首是象形字。如：

人體：𠤎人、大大、卪卩、𠨰女、子子、目目、耳耳、自自、口口、止止、又又、首首。

動物：牛牛、羊羊、犬犬、豕豕、馬馬、象象、虎虎、隹隹、魚魚、龍龍、虫虫、萬萬、黽黽、龜龜。

自然：日日、月月、雲雲、雨雨、申申、土土、山山、水水。

就造字結構來說，甲骨文表形字佔 75% 左右，金文表形字佔 60% 左右，表形字研究的重要，不言而喻。

即使是形聲字，因其形符、聲符主要由表形字充當，所以研究表形字，對了解形聲字的義類和音讀也有很大幫助。如"頁"甲骨文作 ，金文作 ，小篆作 ，象人頭形。"顛、題、顏、頗、頌、碩、顧、頓"皆與頭有關，所以都以"頁"爲形符。

以"題"爲例來說，《說文‧九上頁部》："題，額也，从頁，是聲。""額"即"額"，"題"就是額頭，又引申爲事物的前端，如"題目"。古書中有一種帝王的專用葬制叫"黃腸題湊"，如《漢書‧霍光傳》："光薨。……賜……梓宮、便房、黃腸題湊各一具。"顏師古注引蘇林曰："以柏木黃心致累棺外，故曰黃腸。木頭皆內向，故曰題湊。""黃腸"即堆壘在棺槨外的黃心柏木枋，"題湊"指木枋的頭一律向內排列，"黃腸題湊"即帝王陵寢槨室四周用柏木枋堆壘成的框形結構。這裏"題"就是用的"事物的前端"義。有意思的是，後來在考古中發現了"黃腸題湊"的實物。20 世紀 70 年代初，北京大葆台漢墓首次發現"黃腸題湊"。墓室四壁用

---

① 姚孝遂、肖丁主編《殷墟甲骨刻辭類纂》，中華書局，1989 年。

30層柏木枋子15880根圍砌而成，約用木材122立方米。每根木枋長90釐米，10或20釐米見方，端頭向内，層層鋪砌成高3米，厚0.9米，長42米的木牆，雖在地下兩千多年，仍整齊堅固如初。如下圖：

大葆台漢墓"黃腸題湊"

漢字形聲字沒有專職的聲符，聲符都由表形字充當（後來也有由形聲字充當的）。如"枼"甲骨文作🌿，金文作🌿，小篆作枼，即"葉"之初文①，知道了"枼"的讀音，也就知道了從"枼"的"渫、諜、堞、碟、喋、蹀、蝶、牒、鰈"等字的大致讀音。

二、表形字是古代社會的一面鏡子

從古代歷史文化的研究來看，表形字是古代社會的一面鏡子。表形字或"畫成其物"，用圖形來摹寫物象，或"比類合誼"，曲折地表達那些難以直接摹寫的動作、情態和性質，生動形象地記錄了古代社會的風貌，是我們探視古代歷史文化的一面鏡子。張世祿說："世界言象形文字者，必推吾國，則此文字者，誠有史以前，先民遺跡之所留，曷藉以窺其政俗之梗概，以補史策之所未及者乎。"②英國學者莫豪斯說："圖畫文字只是對自然的一種

---

① 羅振玉釋果，此從郭沫若說。見《卜辭通纂》394頁，科學出版社，1983年。
② 張世祿《文字上之古代社會觀》，《張世祿語言學論文集》，學林出版社，1984年。

模寫，而表意文字是由創造者的發明力所創造出來的新的產物。因此，表意文字很有研究價值，這是因爲，它多少能夠向我們表示出完全不能進行直接證明的時代的人們的思維方法。"① 莫氏所說的"完全不能進行直接證明的時代"應是指史前時代；莫氏所說的"圖畫文字"指象形字，"表意文字"指會意字，其實象形字和會意字一樣具有這方面的研究價值。如：

巛（災）1349②：甲骨文"災"初文作 ≋、𡿧，象洪水之形；"昔" 0813 作 ⿱巛日、⿱日巛，從巛從日，應即洪災的日子，這隱約地透露出先民們對洪荒時代的記憶。

毓 1698、1086：甲骨文"毓"作 ⿰、⿰，象婦女生子之形，除生育義外，還用爲君主之"后"，兩義的聯繫反映了母系氏族時代婦女的崇高地位。

虹 1571：甲骨文"虹"作 ⿰、⿰，卜辭有："有出虹自北，飲于河。"（合 10405 反），可見民間視虹爲雙頭龍喝水的觀念，由來已久。

象 1151：甲骨文"象"作 ⿰、⿰，"爲"0336 作 ⿰、⿰，象以手牽象之形，加上卜辭中有"獲象"的記載，這成爲商代氣候較後爲暖，豫州因產象而得名的重要證據③。

亥 1721：甲骨文干支字"亥"作 ⿰、⿰、⿰、⿰，先祖名"王亥"之"亥"有時上加一鳥頭作 0505 ⿰、⿰、⿰、⿰。商代青銅器玄鳥婦

---

① 莫豪斯《文字的起源》，武占坤譯，《河北大學學報》1985 年 1 期。
② 此爲《甲骨文編》的編號，下同。
③ 胡厚宣《氣候變遷與殷代氣候之檢討》，《甲骨學商史論叢》二集，齊魯大學國學研究所專刊，1945 年；又《甲骨學商史論叢初集（外一種）》，河北教育出版社，2002 年。竺可楨《中國近五千年來氣候變遷的初步研究》，《考古學報》1972 年 1 期。徐中舒《殷人服象及象之南遷》，《中央研究院歷史語言研究所集刊》二本一分，1930 年。

壺"玄鳥婦"三字合書作🐦。學者們認爲，這是商人以鳥爲圖騰在文字上的表現，與《詩經·商頌·玄鳥》"天命玄鳥，降而生商"的記載相合。

美 0513，文 1086：甲骨文"美"作 ⚊、⚊，象人頭戴羊角頭飾形；"文"作 ⚊、⚊、⚊，象人文身之形，這反映了古人的審美觀念及生活習慣。

臭 1186：甲骨文以从犬从自（鼻子）的 ⚊ 表動詞嗅，表明了古人對動物習性的深刻認識和造字的巧妙構思。

豭（合 11267）：甲骨文"豭"字作 ⚊，豕腹中所懷，竟與"孕" ⚊ 1695 字人腹中所懷相同，甲骨文還有 ⚊ 4556、⚊ 4590，從馬從子、從豕從子，前者或釋"駒"，應與"豭"字相類。這說明古人對"子"字詞義的高度抽象，不僅表小孩，而且表小動物。現在四川邛郲方言中有"豬兒子、牛兒子、狗兒子、樹兒子、桌兒子、板凳兒子"等小稱，湖北隨州方言有"牛娃兒、魚娃兒、兄娃兒（弟弟）、屋娃兒（小屋、玩具房子）、船娃兒（小船、玩具船）、板凳娃兒，豬娃子、椅娃子、鍋娃子、小樹娃子、小姑娘娃子"等小稱，頗有甲骨文"豭"字的遺風①。

不同民族的表形文字，由於所象的客觀事物大致相同，人類的思維規律基本一致，因此不少字形體相近，構思相同，表現手法十分相似。例如②：

---

① 四川邛郲方言例由西南師範大學中文系已故林序達教授提供，隨州方言例見劉村漢《隨州方言語法條例》，載《荊楚方言研究》，華中師範大學出版社，1992 年。

② 表中例字編號分別爲《甲骨文編》《納西象形文字譜》的編號。

不同文字構思一致例

詞義	箕	虹	衣	裘	明	溢	陟	从	饗
甲骨文	0577	1571	1038	1042	0841	0628	1642	1025	0664
東巴文	1041	13	805	808	35	904	634	698	701

　　但是，更多的表形字則表現了不同民族所處的特殊地理環境、歷史文化傳統，和對客觀世界獨特的感受與表達方式，從而使這些表形字成爲民族歷史文化研究的珍貴材料。

　　如甲骨文"北"1029作 ，象兩人相背之形，可能是"背"的初文；"南"0776作 ，象懸掛的樂器，表南方應是假借字。而東巴文"北"作 、"南"作 ，合起來正是 "水"字。李霖燦據此而推測說：納西人初創文字時應該住在一條自北向南的大河旁邊，而現代納西族主要聚居地麗江與此條件不合。李霖燦根據地理、歷史和文字內部的證據推斷，納西象形文字的發源地在川滇交界的無量河邊①。東巴文"日出"作 ，"日落"作 ，象太陽出入於山後之形；而甲骨文"旦"0823作 ，"暮"0059作 、 ，象太陽出入於地平面、草木叢之形，這是由於兩族先民居住的環境不同所致。所以董作賓說："漢字的創造，無疑的是在黃河流域的大平原。這都是象形文字可以明徵的。"② 又

---

　　① 李霖燦《論麼些族象形文字的發源地》，載《麼些研究論文集》，台北故宮博物院，1984年。又郭大烈、楊世光《東巴文化論集》471頁，雲南人民出版社，1985年。
　　② 董作賓《〈麼些象形文字字典〉序》，國立中央博物院專刊，1944年。又郭大烈、楊世光《東巴文化論集》476頁，雲南人民出版社，1985年。

如甲骨文"監"1037作 ，象人對著器皿中的水映照之形，這說明甲骨文產生在以水爲鑒的時代①。而東巴文"鏡子"作 ，"照鏡子"作 ，"鏡子"還有一個異體作 ，象銅鏡反面，上有紐紋，與唐宋形制相近，説明東巴文的創制時代在唐宋前後②，而這正與專家們根據文獻得出的結論相吻合。

第二節 象形字舉例

象形字可以從不同的角度進行分類。根據其構成可以分爲獨體象形和合體象形兩類。

一、獨體象形

獨體象形是直接畫出事物的形體。又可以分爲兩個小類。

1. 畫出整體。如：

隹 0489　　　　　　　　鳥 0521

雞 0493　　 0521　　　　鳳 0522

---

① 據考古發掘，距今約 4000 年的齊家文化遺址已有銅鏡出土，在殷墟婦好墓，也發現了 4 面銅鏡，圓形，背面有半環形紐(《中國大百科全書·考古學》370、446 頁，中國大百科全書出版社，1986 年)，爲什麽還説甲骨文產生於以水爲鑒的時代？這是因爲殷墟甲骨文已是比較發達的文字，其產生當在商代以前。同時貴族有了銅鏡，可能百姓還只能以水爲鑒，《尚書·酒誥》"人無于水鑒"説明至少在西周仍有以水爲鑒的習俗。

② 董作賓《〈麽些象形文字字典〉序》，國立中央博物院專刊，1944 年。又郭大烈、楊世光《東巴文化論集》476 頁，雲南人民出版社，1985 年。

有的事物形體相近，則突出它們的特徵，以此加以區別。如：

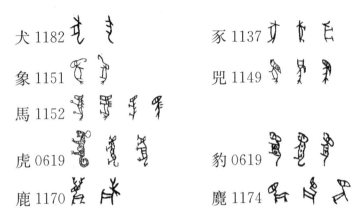

上列犬和豕，用身體的肥瘦和尾巴的長短曲直來區別；兩字最後一例，表示肚子的筆畫都可以省略，但上述特徵不變。象、兕、馬，則用象鼻、兕角、馬鬃來區別；兕和馬的最後一例，已省略到了極點，但角和鬃毛不能省略。虎和豹，用花紋來區別。鹿和麇（幼鹿），則用是否長角來區別。

畫出整體的象形字，其形體等於詞義。

下面再按意義類別列舉若干例字：

(1) 自然

星 0836　　　　　　云 1373
虹 1571　　　　　　山 1197　，《甲骨文編》釋火。
丘 1030　　　　　　土 1589
田 1602　　　　　　水 1265
川 1346　　　　　　火 1197

(2) 動物

鷹 1166　　　　　　兔 1181

鼠 4651　　　　　　　　龍 1378

魚 1374　　　　　　　　黽 1577

貝 0792　　　　　　　　虫 1568

萬 1671　　　，蠍子。　　它 5023

燕 4837　　　　　　　　角 0573

(3) 植物

木 0720　　　　　　　　栗 0853

禾 0871　　　　　　　　來 0698　　　，麥子。

黍 0889　　　　　　　　米 0890

(4) 人及人體

母 1420　　　　　　　　女 1412

子 1694　　　　　　　　首 1083

目 0463　　　　　　　　自 0476　　　，鼻子。

耳 1396　　　　　　　　口 0086

心 0792　　　　　　　　身 3345

足 0254　　　　　　　　止 0142

又 0350　　　　　　　　左 0387

(5) 建築

章 0684 [圖],城郭。　　京 0685 [圖]

行 0231 [圖],道路。　　宀 0895 [圖],房屋。

門 1391 [圖]　　　　　戶 1388 [圖],單扇門。

(6) 器用

鼎 0864 [圖]　　　　　壺 1254 [圖]

鬲 0329 [圖]　　　　　甗 0330 [圖]

爵 0661 [圖]　　　　　豆 0610 [圖]

皿 0624 [圖]　　　　　其 0577 [圖],畚箕。

戈 1503 [圖]　　　　　我 1526 [圖],刃部有齒的兵器。

戉 1524 [圖]　　　　　戌 1719 [圖],斧類兵器。

斤 1620 [圖],斧頭。　　刀 0551 [圖]

弓 1541 [圖]　　　　　矢 0676 [圖]

幸 1255 [圖],手梏。　　斗 1628 [圖]

車 1629 [圖]　　　　　舟 1050 [圖]

壴 0606 [圖],鼓。　　　力 1608 [圖],農具,耒。

衣 1038 [圖]　　　　　裘 1042 [圖]

糸 1548 [圖]　　　　　絲 1564 [圖]

网 0969 [圖]　　　　　東 0754 [圖],囊橐。

冊 0259 [字形] [字形]　　　朋 0800 [字形] [字形]，玉串。

2. 畫出局部。如：

牛 0077 [字形] [字形]　《金》附錄上 204①　[字形]

羊 0510 [字形] [字形] [字形]　比較：《金》附錄上 200　[字形]

鹿 1177 [字形] [字形]　　　　　虍 0614 [字形]　[字形]

此類字甲骨文很少，但東巴文卻很多：

[358] 牛 [字形]　　　[362] 羊 [字形]　　　[365] 犬 [字形]

[374] 豬 [字形]　　　[367] 馬 [字形]　　　[377] 虎 [字形]

[380] 豹 [字形]　　　[382] 象 [字形]　　　[395] 鹿 [字形]

[399] 獐子 [字形]　　[292] 雞 [字形]　　　[316] 鴨 [字形]

[299] 孔雀 [字形]　　[440] 蛇 [字形]　　　[445] 龍 [字形]

當然這些東巴文也有它們的全形異體，只是相對來講用得少一些。如：

[409-6] 牛 [字形]　　　[409-1] 虎 [字形]

[335-2] 孔雀 [字形]　　[445-1] 龍 [字形]

畫出局部的象形字是以局部表示全體，其形體義小於詞義。

二、合體象形

合體象形是畫出與所象之物相關的事物，以利於理解和識別。相關事物的形體對於所象事物是多餘的，字的形體義大於詞義，但多餘的形體對於表示詞義是必需的或有助益的。如"眉"[字形][字形]字，若不畫出眼睛，只畫[字形]或[字形]，倒是很真實

---

① 此爲《金文編》第四版的編號，下同。

了,但讀者會不會誤認爲是波浪或幾根草呢?

甲金文合體象形字爲數不多,主要用例如下:

頁 1081 [字形] ,"頁"本人頭,畫出身體。

天 0003 [字形] ,頭頂,畫出身體。

眉 0474 [字形] ,畫出眼睛,甚至身體。

須 [字形] ,《金》1487 [字形] ,"須"本鬍鬚,畫出頭部和身體。

齒 0252 [字形] ,畫出口部。

尾 1049 [字形] ,畫出人身體。

首《金》1278 [字形] ,畫出眼睛代表頭部。

父 0352 [字形] ,《金》0453 [字形] ,"父"即"斧"的初文,畫出持斧之手。

聿 0391 [字形] ,"聿"即"筆"的初文,畫出持筆之手。

侯 0678 [字形] ,"侯"爲射箭的靶子,畫出射侯之矢。

函 0851 [字形] ,"函"爲箭囊,畫出函中所裝之矢。

箙 0460、0575 [字形] ,"箙"爲箭架,畫出箙中之矢。

叟 0400 [字形] ,"叟"爲盛食物的用具,畫出勺子和手。

磬 1132 [字形] ,"磬"爲石質敲擊樂器,畫出槌子和手。

鬯 0660 [字形] ,"鬯"爲香酒,畫出盛酒的容器。

牢 0082 [字形] ,"牢"爲圈養的牛羊,畫出關牛羊的圈。

葉 0739 [字形]，葉的初文，畫出樹木。

果《金》0929 [字形]，畫出樹木。

石 1131 [字形]，"口"象石塊形，畫出山崖。

雨 1356 [字形]，在雨點上畫出天空。

暈 0815 [字形]，"暈"爲日月周圍的光環，畫出太陽。

州 1350 [字形]，"州"，水中的陸地，畫出水，後寫作"洲"。

三、轉義象形

有的象形字所表示的詞義不是字形表面的意義，而是與字形相關的比喻義、象徵義，這可以叫做轉義象形字。轉義象形是從表意的角度劃分出來的一個小類，與其相對的是一般的表本義（包括引申義）的象形。轉義象形字很少。如：

大 1239 [字形]，象正面人形，與"子"[字形]相對，但在甲骨文中并不是"大人"，而只用爲大小的"大"。

小 0061 [字形]，象小顆粒形，用爲微小的"小"。

高 0682 [字形]，象高臺上的房屋，用爲高低的"高"，甲骨文只有"高祖""高妣"之類的用例。

長 1133 [字形]，象長髮老人形，用爲年長的"長"和長短的"長"。

帚 0981 [字形]，象掃帚之形，但甲骨文全用爲婦女的"婦"。這可能和古代社會對婦女的看法有關，《史記·高祖本紀》："呂公曰：'……臣有息女，願爲季箕帚妾。'"婦女的職責是執箕帚，甲骨文"帚"用爲"婦"，當取義於此。寢 0908 [字形]，從宀從帚，"帚"應不是掃帚而是婦女，"寢"不是有掃帚的房子，當是會王婦居室之意。準此，甲骨文"帚"（婦）應爲轉義的象形字。

巛(災)1349 〜〜〜，象洪水形，用爲災。

以上各字，"大、小、高、長"形體象名物，但詞義是形容詞，有的書另列一類，叫作象義字。因本書沒有象義這一類，還是看作象形，只是與一般象形有所不同。

用"帚"爲"婦"，用水形爲"災"，詞性沒有變化，但"婦"和"災"不是原字詞義的引申、同源詞的分化，而是一種詞義以外的文化意義關聯。沈兼士稱這類字爲"義通換用"，他指出這類字"在形非字書所云重文或體之謂，在義非訓詁家所云引申假借之謂，在音非古音家所云聲韻通轉之謂"。① 也就是說，"帚"表"掃帚"和"婦"，不是一個字的異體，因爲它們所表的詞不同；也不是詞義的引申，因爲它們所表的意義不是一個詞分化的結果；也不是音的假借和通轉，因爲它們的讀音差距很遠。這類象形字在東巴文中很多，可供參考②。如：

[246] 小麥 dze^{33}—[245]五穀 tʂɿ^{21}。以物名表類名。

[362] 羊 bv^{33}—[336]家畜 nɯ^{21}。

[302] 布穀 gv^{33}hɯ^{21}—春天 ȵy^{21}。以候鳥表季節③。

[318] 野鴨 bæ^{33}—夏天 ʐu^{21}。

[882] 鍋 bv^{33}—銅 ər^{33}。以物品表物質。

[947] 斧頭 tse^{55}be^{33}—[139]鐵 ʂu^{21}。

[143] 火 mi^{33}—[1183]紅 hy^{21}。以物品表性質。

[178] 花 ba^{21}—美 zi^{33}

---

① 沈兼士《漢字義讀法之一例》《初期意符字之特性》，《沈兼士學術論文集》251、208頁，中華書局，1986年。

② 參見喻遂生《納西東巴文、漢古文字中的"轉意字"和殷商古音研究》，《中央民族大學學報》1994年3期；又收入《納西東巴文研究叢稿》，巴蜀書社，2003年。

③ 將布穀用爲春天、野鴨用爲夏天、鍋用爲銅、花用爲美，見方國瑜、和志武《納西象形文字譜》65、66頁。

四、變體象形

甲骨文有的象形字字形變化,並不區別意義,只是一個字的異體。有的字形體稍變,就有區別意義的作用,這種象形字如果要起名,可以叫做變體象形字。變體象形字是從字源的角度劃分出來的一個小類,與其相對的是字的本體(或者叫基本字)。如"大"的變體字:

大 1239 ✦ → 屰 0265 ✦ ✦、矢 1250 ✦ ✦、夨 1252 ✦、交 1253 ✦

另甲骨文"車"1629 作 ✦(花東 416)、✦(合 11449),也有寫作 ✦ ✦(合 10405 正)者,正好此條卜辭記述的是一次車禍,或認爲這不是正常的"車"形,而是"覆車形"和"轅折之車"①。如真是如此,這兩個字形也可看作變體象形字。但卜辭中有"車"字的辭條多系殘辭,有的車轅斷開的"車"字在卜辭中明顯地不含有特別的意義,故上述"車"字還不能下最後的結論。

東巴文用變體的方法造字比較普遍,主要有以下幾種方式②:

1. 傾斜、倒置:[1] ✦ 天 → ✦ 斜天,[3] ✦ 月亮 → [69] ✦ 夜晚,[922] ✦ 飯 → [923] ✦ 缺糧,[395] ✦ 鹿 → ✦ 死鹿。

2. 缺損、斷裂:[2] ✦ 日 → [53] ✦ 日蝕,[3] ✦ 月 → [54] ✦ 月蝕,[170] ✦ 樹 → [184] ✦ 折,[742] ✦ 骨 → [743] ✦ 骨折。

3. 伸縮、扭曲:[116] ✦ 水尾(下游) → ✦ 水尾長遠,

---

① 康殷《古文字學新論》398、516 頁,榮寶齋,1983 年。
② 參見喻遂生《納西東巴文象形字研究》,收入《納西東巴文研究叢稿》,巴蜀書社,2003 年。

[111]🗻神山→🗻神山之腰→🗻神山之腳，[446]⽊人→[582]⽊發抖

4. 塗黑：[178]✿花→[235]✿毒草，[170]✿樹→[269—8]✿鬼樹（陰界之樹），[827]✿鞋→[828]✿靴子，[972]✿房子→[977]✿牢獄

5. 人體動作變化：[559]✿立、[560]✿坐、[563]✿蹲、[564]✿起、[565]✿跪、[637]✿跳、[581]✿跌、[586]✿匍匐、[602]✿舞、[603]✿舉、[605]✿接、[166]✿左、[458]✿右

漢字轉義象形和變體象形字不多，但其構成方式值得注意。

第三節　指事字舉例

一、指事字的定義和類別

《說文敘》關於指事的定義含混不清，正如有學者指出的："象形的'畫成其物，隨體詰詘'、會意的'比類合誼，以見指撝'、形聲的'以事爲名，取譬相成'，都是著眼構形表意而作的界說；但'視而可識，察而見意'，則是從認知角度來定義指事的，這樣的界說缺乏區別性特徵。"① 所以清人王筠說："惟六書之中，指事最少，而又最難辨。""所謂'視而可識'則近於象形，'察而見意'則近於會意。"② 前人對指事看法紛繁，所認定的指事字主要

---

① 龔嘉鎮《論指事字的構形表意及兼書說》，《漢語史研究集刊》第十五輯，巴蜀書社，2012年。

② 王筠《說文釋例》卷一，5頁，武漢市古籍書店，1983年。

有以下幾類①：

1. 獨體指事，如：一二三三上下等。
2. 加體指事，如：本末刃亦牟羋并等。
3. 減體指事，如：了（從子無臂）、片（木的一半）、冎（從骨去其肉）、夕（從月半現）、甶（鬼頭）等。
4. 反體指事，如：叵（可之反）、乏（正之反）、㐆（身之反）、匕（從倒人）、県（從倒首）等。
5. 變體指事，如：夭矢交尸兀（尣）等。皆爲人之變形。

我們認爲，3、4、5 三類都可以歸到象形中去，剩下的兩類是指事。

加體指事字中，"本、末"是在"木"字上加符號表示樹根、樹梢的方位，所加的符號不是從實有的物體抽象出來的符號，即非象形的抽象符號。"牟、羋"是在"牛、羊"上加符號表示聲音，聲音無形可象，也是非象形的抽象符號。很多人將"甘、血"也看作指事字。"甘"小篆作曰，甲骨文作 0583 ，《說文·五上甘部》的解釋是："美也。从口含一。一，道也。""血"小篆作血，甲骨文作 0645 ，《說文·五上血部》的解釋是："祭所薦牲血也。从皿，一象血形。""甘"口中所含的點是食物的象形，"血"器皿中裝的點是血的象形。古文字中點是可以象物的，如"雨、水"等字中的點，這樣的點是象形的符號。也就是說，"甘、血"中的點和"本、末"的點性質是不一樣的，"甘、血"之類的字不宜看作指事字。

這樣，我們將指事字定義爲：用非象形的抽象符號或表形字加非象形的抽象符號構成的字。之所以在"抽象符號"前加上

---

① 參見高亨《文字形義學概論》169 頁，齊魯書社，1981 年。該書將"一二三三上下"視爲象形，見 78、146、221 頁。關於前人對指事的看法，可參看黎千駒《歷代探究"六書"旨意之著述》，《說文學研究》第五輯，線裝書局，2010 年；劉敬林《考"事""視"之確義 求"指事"之真諦》，《勵耘學刊·語言卷》2013 年第 1 輯，學苑出版社，2013 年。

"非象形"的定語,是因爲從理論上講,任何符號都是抽象的,如人⚹雖是象形字,但已捨去了各種人的具體特徵,也是抽象的符號。"非象形的抽象符號"強調表示指事意義的符號並不來源於具體的物象。

按照指事字的構成,可將指事字分爲兩類:

1. 純指事字。此類字完全由非象形的抽象符號構成,常見的只有"一、二、三、亖、上、下"幾個字。

2. 加體指事字。由表形字加非象形的抽象符號構成,常見的如"本、末、刃、亦、寸"等字。

二、加體指事字的意義類別

按指事符號表示的意義和作用,加體指事字可以分爲以下的類別:

1. 指示方位

本,《金》0926 ⚹,《說文·六上木部》的解釋是:"木下曰本,從木,一在其下。"徐鉉注:"徐鍇曰:一記其處也,本末朱皆同義。"說明小徐認爲"本、末、朱"三字"木"上所加的"一"都是指示方位的。

末,《金》0928 ⚹,《說文·六上木部》的解釋是:"木上曰末,從一在其上。"

朱,0724 ⚹,《金》0927 ⚹ ⚹,《說文·六上木部》:"朱,赤心木,松柏屬。從木,一在其中。"人們據此認爲"一"指示樹心。郭沫若說:"余謂朱乃株之初文,與本末同意。……用爲赤色字者乃假借也。"[1]高亨也說"一畫指其處也"[2]。但"商承祚謂朱乃珠

---

[1] 郭沫若《金文叢考·釋朱》,人民出版社,1954年。
[2] 高亨《文字形義字概論》170頁,齊魯書社,1980年。

之初文,其上下出乃貫珠之系"。① 按這種看法,"朱"就是象形字了。

刃,0569 ⟨圖⟩,《說文‧四下刃部》:"刃,刀堅也。象刀有刃之形。"點指示刀的刃部。

亦,1249 ⟨圖⟩、《金》1674 ⟨圖⟩,《說文‧十下亦部》:"亦,人之臂亦也。从大象兩亦之形。"小篆中兩點都是指示方位的。甲骨文"亦"⟨圖⟩(合 6072)、"母"⟨圖⟩(合 14976)都在人體上加兩點,"亦"的兩點是虛擬的,指示腋下的位置,"母"的兩點是實體,象母親的乳房,所以二字有指事、象形之分。

寸,⟨圖⟩,"寸"小篆才出現,《說文‧三下寸部》:"寸,十分也,人手卻一寸動脈謂之寸口。从又从一。""寸口"是人體穴位名,從手腕退後一寸。王筠說:"又即手,一以記寸口,與本末朱同意。"②"寸"是指示方位的指事字。

指示方位的指事字,在甲骨文中還可以舉出一些③:

⟨圖⟩ ⟨圖⟩1082,在人的頭部加一短線,表示臉之所在,或釋爲"面"。

⟨圖⟩,卜辭有:"疾 ⟨圖⟩ 御于妣己暨妣庚?"(合 40372)或可釋爲"頸、項"。

⟨圖⟩4259、⟨圖⟩4331,卜辭有:"貞,⟨圖⟩亡疾?"(合 13750 正)李孝定釋爲"臀"④。《殷墟甲骨刻辭摹釋總集》隸定作"尻"。

---

① 郭沫若《金文叢考‧釋朱》,人民出版社,1954 年。
② 王筠《說文釋例》卷一,41 頁,武漢市古籍書店,1983 年。
③ 參見陳漢平《古文字釋叢》,載《出土文獻研究》,文物出版社,1985 年。
④ 李孝定《甲骨文字集釋》2747 頁,台北歷史語言研究所,1970 年再版。

🦴 4258，指示手臂。

🦴 4259，卜辭有："貞，勿于父乙告疾🦴？"（合 13670）或可釋"膝"。

🦴 4482，指示胸部。

🦴 5223、🦴 5129，卜辭有："貞，有疾🦴？"（合 13679）或可釋"肘"。

🦴 3244，卜辭有："貞，疾🦴，唯……？（合 13693）"或可釋"足"。

上列諸字，是在身體的某一部位加一符號，表明患病的部位，不一定就是後代的"頸、臀"等字，但這些符號的指示作用，應是和"亦、寸"等字相同的。

有學者認爲這類小圈兒還表示癰腫之類①，這可能不對。卜辭有："癸卯子卜，至小牢，用豕🦴？"（合 21803）應是問祭祀是否用豬的臀尖肉，如果"豕🦴"爲長了癰疽的肉，是萬萬不能用來祭祀神靈的。

2. 表示聲音、氣味等

聲音氣味本是無形可象的，但人們往往用圖示的方法把它們表現出來。如在喇叭上畫幾道折線，表示喇叭在叫；在佳餚上畫幾道線，表示撲鼻的香味等。古文字中也有這樣的方法，例如：

(1) 表示聲音

牟牟，《說文·二上牛部》："牟，牛鳴也，从牛象其聲氣從口出。"

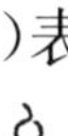

---

① 王宇信《建國以來甲骨文研究》158 頁，中國社會科學出版社，1981 年。

芈 0511 ⿳⿳，《說文·四上羊部》："芈，羊鳴也，从羊象聲氣上出，與牟同意。"王筠稱"牟芈"爲"以會意定指事"，說："牟芈皆事，無形可象，故以牛羊會其意，而上半象其聲。聲乃事也，故爲指事。"①

彭 0607 ，《說文·五上壴部》："彭，鼓聲也，从壴，彡聲。"郭沫若《甲骨文字研究·釋龢言》說："金文戠字於言若音之旁益以八者，殆即表示樂器之音波，如鼓音爲彭，彭於骨文竟有作 、 諸形者，即以點畫爲音符也。"②

康 0875 ，郭沫若《甲骨文字研究·釋支干》說："庚字小篆作兩手奉干之形，然於骨文金文均不相類。金文更有作 者，……作 者……。此二庚字與殷彝中之一圖形文字極相似，如宰樠角罍内二銘文之' '……。余按此即古庚字也，文既象形，不能言其所從，其下之丙字形蓋器之鐏耳。觀其形制，當是有耳可搖之樂器，以聲類求之當即是鉦。……從庚之字有康字，小篆作㯽，從米，云穅之省。穅曰'穀之皮'。然古文康字不從米，卜辭之康祖丁或康丁作 若 ，金文亦同。……庚下之點撇，蓋猶彭作 若 ，言之作 若 。"③

言、舌、音 3199 ，《甲骨文編》未釋。島邦男《殷墟卜辭綜類》124頁"舌"作 、 、 諸形，言(音)作 、 諸形④，上

---

① 王筠《說文釋例》卷一，32頁，武漢市古籍書店，1983年。
② 郭沫若《甲骨文字研究》96頁，科學出版社，1982年。
③ 郭沫若《甲骨文字研究》169頁，科學出版社，1982年。
④ 島邦男《殷墟卜辭綜類》124頁，日本東京汲古書院增訂本，1971年。

文所引,郭沫若認爲八即表聲波。卜辭有"余……[字]……"(合5004),[字]與"聞"字連用,點釋爲聲波,比釋爲唾沫更恰當。

　　聞 [字] 1399,《金》1926 [字]。字中小點董作賓釋作唾液,恐不妥①。

(2)表示氣味

　　皀 0655 [字] [字],《說文·五下皀部》:"皀,穀之馨香也。……又讀若香。"

　　食 0662 [字] [字]

　　香 3193 [字] [字] [字],《甲骨文編》未釋。郭沫若釋香:"香字小篆作[字],從黍從甘,此作[字],上正從黍,下亦甘省。"②李孝定說:"蓋字象以器盛黍稷之屬以見馨香之意。"③按甲骨文"黍"0889字作[字]、[字]、[字]諸形,"香"字所從當爲"禾"字,字中小點泛指五穀的馨香。

(3)表示視線

　　直 1530 [字] [字],象目光直視。

　　眔 0464 [字] [字] [字],《金》0575 [字] [字],《說文·四上目部》:"眔,目相及也。"金文多作[字]形。卜辭中多用爲連詞,如:"疾頸御于妣己眔妣庚?"(合40372)"叀牛眔犬,王受佑?"(合

---

① 董作賓《殷曆譜》下編卷三 23 頁。《甲骨文獻集成》31 冊 490 頁,四川大學出版社,2001 年。
② 郭沫若《卜辭通纂》143 頁,科學出版社,1983 年。
③ 李孝定《甲骨文字集釋》2394 頁,台北歷史語言研究所,1970 年再版。

30678)郭沫若以爲字象流涕形,爲涕之古字①。姜亮夫認爲這些點"作爲一種想象中的代表符號","正代表相及的一種意象"②。金文"彤"《金》0817 作 ▨▨ ▨▨,▨象丹的光彩。"眾"中目光無形可象,所以採用指事性的意象符號。

(4)表關聯和斷絕

并 1027 ▨▨ ▨▨ ▨▨,象兩人相從,以短線連接兩人腿部,表示兩人並立。高亨《文字形義學概論》以"并"爲指事,說"以二畫或一畫聯之,以示其合併之意也。"③"并"又有作 ▨▨(合 32832)者。甲骨文"从"1025 ▨▨、"北"1029 ▨▨ 不同字,加短横後表兩人並立,▨▨、▨▨ 就同字了。"並"1264 ▨▨ ▨▨ 和"并"意義相同,但二者造字方法不同,▨▨ 中短横表地面,或作 ▨▨ 成兩"立"字並列,爲會意字。

夫 1262 ▨▨ ▨▨,以短線連接兩人頭部,表示兩人並行。《說文·十下夫部》:"夫,並行也。从二夫,輦字从此,讀若伴侶之伴。"

▨▨ ▨▨ 4993,《甲骨文編》未釋。此字象人對著器皿照影之形,與"監"1037 ▨▨ ▨▨ 字相類。人頭與皿中圓圈之間畫一短畫,可能有表示二者之間的關係的意思。

折 0050 ▨▨ ▨▨ ▨▨,《金》0085 ▨▨(兮甲盤)、▨▨(洹子孟姜壺)、▨▨(洹子孟姜壺),《說文·一下艸部》小篆作 ▨▨,籀文作 ▨▨。"折"甲骨文爲會意字,象以斤斷木形,從金文起"木"訛變爲

---

① 郭沫若《卜辭通纂》264 頁,科學出版社,1983 年。
② 姜亮夫《古文字學》101 頁,浙江人民出版社,1984 年。
③ 高亨《文字形義學概論》169 頁,齊魯書社,1980 年。

"艸"，部分字形置"二"於斷草之間表示斷絕。王筠定《說文》籀文㭊爲"以會意兼指事字"，說："二非八字，但以之界屮之間，以見其爲已斷。"①郭沫若亦指出洹子孟姜壺"折"字"左旁中作二橫，即示草本之折斷。"②

馘 5203 [字形] [字形] [字形]，5202 [字形]，《甲骨文編》未釋。此字象以戌（斧類兵器）砍斷奚（奴隸）頭之形，前兩個字形在身首之間加短畫，表斷絕之意。

絕 5009 [字形] [字形]，《甲骨文編》未釋。《說文·十三上糸部》："絕，斷絲也，從糸從刀從卩，[字形]，古文絕，象不連體絕二絲。"《金》2100 作 [字形]（中山王壺）。《說文》古文和金文作以刀絕絲形，会意。甲骨文用指事符號表示斷絕。

三、和東巴文的比較

納西東巴文中類似的指事字很多。如：

表示聲音：[354] [字形] 吼　　[273] [字形] 鳴　　[645] [字形] 言
　　　　　[648] [字形] 笑　　[568] [字形] 眠　　[751] [字形] 聽

表示氣味：[400] [字形] 麝香

表示視線：[755] [字形] 讀
　　　　　[753] [字形] 看　《象》326 [字形] 照鏡子③

表示關聯：[695] [字形] 爭吵　[700] [字形] 交談

---

① 王筠《說文釋例》卷十五，692 頁，武漢市古籍書店，1983 年。
② 郭沫若《金文叢考·釋朱》，人民出版社，1954 年。
③ 李霖燦《麼些象形文字字典》326 號，國立中央博物院專刊，1944 年；又文史哲出版社，1972 年。

表示斷絕：[1114] 🗡 斷　　[117] 🔨 阻水

東巴文中還有一些指事用法是漢字中沒有的。如：

表示搖動：[87] 🌋 地震　[665] 天 搖頭　[583] 🌸 害怕
表示延續：[570] 大 長壽　[924] 👑 足食　[183] 🌱 發芽
表示多數：[29] 🐚 繁星　[554] 天 我們　[990] 🏠 富豪

第四節　會意字舉例

會意字按其構成成分的異同，可以分爲同文會意，對文會意，異文會意三類①。

一、同文會意

同文會意是會合相同之字而成的會意字。如：

林 0756 ⋈

森 0759 ⋈⋈

雧 0519 🐦，《說文·四上雧部》："雧，群鳥也。"

䖵 1572 🐛　🐛，《說文·十三下䖵部》："䖵，蟲之總名也。……讀若昆。"

众 1032 𠈌

炎 1235 炎

焱 1236 焱

---

① 此從高亨說。見《文字形義學概論》178頁，齊魯書社，1981年。

姜亮夫說："在甲文金文中有多量重形字，如虎、牛、馬、犬、豕、羊、艸、木、魚、隹、鳥、虫、巴、禾、兔、貝、火、口、鹿等，在小篆體系中，皆分爲二字二義或三字三義（如木、林、森；隹、雔、雥等）。在甲文金文中，使用情況，除極其少數各有別義外，皆與單體形的字不甚分別。我疑心甲文金文時代可能用以差別單數多數，可惜證據還不夠充分。"①

用同文重疊的方法表示多數，姜亮夫的話是有道理的，如上舉"林、雥、蚰、众"諸例即是。但說重形字和單形字爲僅有數的差別的一字的異體，可能難以成立。甲骨文有些字形體還不太固定，確有重形單形不區別意義的情況（是否有數的差別尚難斷定），如"羴"0517 作 ⿳、"卣"0852 作 、"豩"1144 作 ，但多數重形字是區別意義的，如"人、从、众"意義顯然有別，應各是一字。《甲骨文編》正編收錄同文會意字 41 個，其中音義不明的有：址 0152 、壵 0153 、爾 0331 、0363 、0396 、0629 、0659 、0692 、棘 0755 、0884 、鬴 0982 、1059 、1091 、1146 、1178 、林 1344 、1384 、畾 1605 、酺 1717 ，共 19 個，其餘 22 個都是能區別意義的。前列林、森、雥、蚰、众、炎、焱，重體主要是表示多數。下列重體，則會合成另外的意義：

从 1025 ，《說文·八上从部》："从，相聽也。"

競 0282 ，《說文·三上誩部》："競，彊語也，一曰逐也。"

---

① 姜亮夫《古文字學》45 頁，浙江人民出版社，1984 年。

友 0367 [字形],《說文·三下又部》:"友,同志爲友,从二又,相交友也。"

多 0849 [字形],《說文·七上多部》:"多,重也。"

競 1066 [字形],《說文·八下兄部》:"競,競也。从二兄,二兄競意,从丰聲。"按,甲骨文字形非形聲。

夶 1262 [字形],《說文·十下夫部》:"夶,竝行也。"

竝(並)1264 [字形],《說文·十下立部》:"竝,併也。"

奻 1446 [字形],《說文·十三下女部》:"奻,訟也。"

劦 1613 [字形],《說文·十三下劦部》:"劦,同力也。"

戔 1512 [字形],《說文·十二下戈部》:"戔,賊也。"

齊 0855 [字形],《說文·七上齊部》:"齊,禾麥吐穗上平也。"

秝 0886 [字形],《說文·七上秝部》:"秝,稀疏適也。"

關於同文會意字,劉琳《同符會意字初探》作了比較深入的研究,可以參看①。

二、對文會意

對文會意是會合兩個字形構形相同而方向相反的字而成的會意字。如:

収 0288 [字形]

步 0160 [字形]

---

① 劉琳《同符會意字初探》,《勵耘學刊·語言卷》2006 年第 2 輯,學苑出版社,2007 年。

聑 1400 ▨,《說文·十二上耳部》:"聑,安也。"

北 1029 ▨

鬥 0349 ▨ ▨

卯 1102 ▨,《說文·九上卯部》:"卯,事之制也。"

䢺 0804 ▨,《說文·六下䢺部》:"䢺,鄰道也。"

冓 0526 ▨ ▨,《說文·四下冓部》:"冓,交積材也,象對交之形。"

虤 0623 ▨,《說文·五上虤部》:"虤,虎怒也。"

0353 ▨,《說文》無。

同文會意和對文會意數量都不多,對文會意在《甲骨文編》正編中僅上列 10 例,另在附錄中還有 5 例。同文會意和對文會意可以看作是會意字中的特例。由於會意構件的形體必須相同或相對,而且對文會意限於二體,同文會意二體、三體均有,四體及以上的很少見,其造字能力受到很大的局限,致使兩類字數量都不多。

同文會意和對文會意有時可以互相轉換,如"𣲷"0982 ▨爲同文會意,有時寫作對文字形▨;"步"0160 作▨,爲對文,是正常的字形,但有時寫作同文字形▨。

三、異文會意

異文會意是會合不同的字而成的会意字。異文會意沒有構件字形和數量的限制(理論上),造字靈活多樣,數量很多,是會意字的主體。下面按意義類別略舉數例:

1. 祭祀、教化

祭 0013 [字形]，以手持肉祭祀，《金》0020 [字形]，增加"示"旁。

祝 0018 [字形]，《金》0027 [字形]。

鬻 0865 [字形]，象鼎中煮肉之形，後加聲符"丮"作[字形]。"鬻"字《說文》失收，見於《玉篇·鼎部》："鬻，煮也。"

尊 1718 [字形]，《金》2418 [字形]，象以手捧尊形，或加階梯（一說小山）。甲骨文用爲祭祀動詞，金文有動、名兩種詞性。

彝 1554 [字形]，《金》2122 [字形]，象雙手奉祭牲祭祀之形。小篆作[字形]。《說文·十三上糸部》釋爲"彝，宗廟常器也。从糸，糸，綦也；廾，持；米，器中實也；互聲。"小篆字形已面目全非了。

薶 0049 [字形]，象坑中有牛、羊、犬、鹿、麋、麇之形，或釋"陷、阱、坎"，是一種祭祀方式，也是一種狩獵方法。

沉 1297 [字形]，象將牛羊沉入水中祭祀之形。

教 0452 [字形]，《金》0558 [字形]，小篆作[字形]。《說文·三下教部》："教，上所施，下所效也。从攴从孝。[字形]古文教，[字形]亦古文教。"

斅 0453 [字形]，《金》0559 [字形]，小篆作[字形]。《說文·三下教部》："斅，覺悟也。从教从冖。冖，尚矇也。臼聲。學，篆文斅省。"按《說文·七下冖部》："冖，覆也。从一下垂也。"徐鉉注："今俗作冪,同。"

典 0259 [字形],《金》0725 [字形],甲骨文象以手捧冊之形,《甲骨文編》釋"冊",與 [字形] 歸爲一字,不妥。

畫 0392 [字形],《金》0480 [字形],象以手持筆畫圖之形。

無 0708 [字形],《金》0966 [字形],象人雙手持物舞蹈之形,爲"舞"的初文。金文又作 [字形]、[字形],楚帛書作 [字形],銀雀山漢簡作 [字形],居延漢簡作 [字形]。"無"假借作有無字,舞蹈義遂加"舛"作"舞"以區別。

鼓 0609 [字形],《金》0763 [字形],擊鼓之形,動詞。

聲 1398 [字形],"聲"是一個會意兼形聲字,象以槌擊磬口誦耳聽之形,"磬"亦聲。比較:聽 1401 [字形]。聖 1397 [字形],《金》1923 [字形],小篆作 [字形],《說文·十二上耳部》:"聖,通也。从耳,呈聲。""聖"的本義爲聽覺靈敏,後引申到道德層面,爲聖賢義。郭沫若認爲:"古聽、聲、聖乃一字,其字即作耴,從口耳會意,言口有所言,耳得之而爲聲。其得聲之動作則爲聽。聖聲聽均後起之字也。"①從三字的形音義,可以看出三字的同源关系。

饗 0664 [字形],《金》0844 [字形],象兩人相向而食之形,後分化爲"饗、嚮、鄉、卿"等字。比較:0656 即 [字形],象人就食之形,故"即"有到義,如"即位"。既 0657 [字形],象人食

---

① 郭沫若《卜辭通纂》489 頁,科學出版社,1983 年。

畢頭偏向一邊之形,故"既"有完成義,如《左傳·莊公十年》:"既克,公問其故。"

2. 征伐、刑罰

伐 1007 〼,《金》附錄上 085 〼

游 0825 〼,《金》1104 〼,小篆作〼。《說文·七上㫃部》:"游,旌旗之流也。从㫃,汓聲。"

旅 0827 〼,《金》1108 〼。"旅"甲骨文象旌旗下有人列隊之形,金文或加車,因軍旅作戰用車。有車之後,或省人,或省旌旗"㫃"。

族 0828 〼,《金》1109 〼,《說文·七上㫃部》:"族,矢鋒也。束之族族也。从㫃从矢。"按"族"甲骨文從㫃從矢,卜辭有"多子族","族"應是一種軍事組織,《說文》釋爲箭鏃,應是其引申意義。

寇,《金》0533 〼,小篆作〼,《說文·三下攴部》:"寇,暴也。从攴从完。"《說文》字形分析不準確,字象手持棍進屋敲擊人頭(元)施暴形。比較與之字形相近的"冠",小篆作〼,《說文·七下冖部》:"冠,絭也,所以絭髮,弁冕之總名也。从冖从元,元亦聲。冠有法制,從寸。"徐鍇《系傳》:"絭音卷,卷束也。"

兵 0294 〼,斤爲斧頭,雙手執斤,會兵器義。

何 0589 〼,《金》附錄上 084 〼,《金》1322 〼,象人負戈形,是負荷義的初文。《說文·八上人部》:"何,儋也。""儋"後來寫作"擔","何"中的"口"是後加的衍畫。

陟 1642 ![字形] ，《金》2323 ![字形]，象兩腳沿著階梯（一說小山）上升形。

降 1644 ![字形]，《金》2325 ![字形]，象兩腳沿著階梯（一說小山）下降形。古文字形多異體，常左右無別，正反無別，但有的時候區別嚴格，如"陟"必須是兩腳向上，"降"必須是兩腳向下；出 0775 ![字形] 必須是腳從洞口向外，各 0103 表來，必須是腳從洞外向內 ![字形]。

隊 1643 ![字形]，象人從階梯（一說小山）上倒著墜落之形，是"墜"的初文。

涉 1345 ![字形]，象人涉水之形，以兩腳爲常，也有畫多腳的。

孚 0335 ![字形]，俘 1008 ![字形]。"孚"象以手抓人，表俘獲義。"俘"本從"彳"，增加道路，表示行動。

執 1256 ![字形]，《說文·十下幸部》："執，捕罪人也。從丮，從幸，幸亦聲。""幸"甲骨文作 ![字形]，是古代的手梏，由兩塊木塊做成。每塊挖出兩個半圓形的槽，手伸進去，木塊兩頭固定起來，手就銬住了。"執"象人帶梏之形，殷墟出土的帶梏陶俑，正象此形。"執"還有人頭帶枷的，如後兩字形。

圉 1257 ![字形]，象人帶梏被關在牢獄之形，第三形增加以手持槌的"殳"，第四形省人，爲後世字形所本。

刖 1639 ![字形]，象以刀鋸斷人足之形，《甲骨文編》釋"陵"，以爲人循梯級升高之形，不妥。或釋"刖"，可從。

3. 生產、田獵

璞 3412 ▣ ▣ ▣ ▣，《甲骨文編》未釋，郭沫若釋"寇"①，不妥。唐蘭釋"璞"，象"一座大山的腰裏，有人舉了木棍把玉敲下來放在筐子裏"②，可從。高明《古文字類編》釋"鑿"，"作山中鑿玉之形，乃鑿字古體"③。

鑄 1615 ▣，《金》2226 ▣ ▣ ▣，象兩手捧坩堝傾倒鑄造之形。

興 0317 ▣ ▣ ▣ ▣，《金》0420 ▣ ▣，小篆作▣，爲眾手舁凡（盤之初文）之形。商周銅盤，大者如虢季子白盤，體積爲 130×82×41 釐米，重 225 公斤，故需眾人抬舉。字下部之"口"，一說表眾口呼號。但視爲衍畫，似更恰當。

獸 1673 ▣ ▣，《金》2357 ▣ ▣，小篆作▣。"獸"的甲骨文字形由木叉和犬構成，在卜辭中用爲動詞狩獵之意，後來變作▣，並用爲名詞，狩獵義則新造"狩"字擔任。

逐 0174 ▣ ▣ ▣，象追逐動物形，所逐動物有豕、鹿、兔。

虣 0621 ▣ ▣，象以戈擊虎形。傳世典籍作"虣、暴"，《詩經·鄭風·大叔于田》"襢裼暴虎"，毛傳："暴虎，空手以搏之。"裘錫圭據甲骨文字形指出："虣"是以戈擊虎，可能是"不乘田車徒步搏虎，漢代人錯誤地理解爲徒手搏虎了"④。

---

① 郭沫若《卜辭通纂》451 頁，科學出版社，1983 年。
② 唐蘭《中國文字學》92 頁，上海古籍出版社，1979 年。兩手所舉之物應是鑿子而不是木棒。參見詹郭鑫《釋辛及與辛有關的幾個字》，《中國語文》1983 年 5 期。
③ 高明《古文字類編》518 頁，中華書局，1980 年。
④ 裘錫圭《說"玄衣朱襮裣"——兼釋甲骨文"虣"字》，《文物》1976 年 12 期。

敢，《說文》正篆作"敢"，商代金文作☩，《漢語古文字字形表》認爲"象雙手持干刺豕形，☩象倒豕"①，以會勇敢之意。《金》0659 西周金文作☩ ☩ ☩，《說文·四下受部》："敢，進取也，從受古聲。☩籀文敢。"睡虎地秦簡作☩，居延漢簡作☩，今"敢"字由《說文》籀文演變而來。

漁 1377 ☩ ☩ ☩ ☩ ☩ ☩，字象以手持線釣魚或雙手張網捕魚形，《甲骨文編》歸在"漁"字下，《新甲骨文編》釋前一字形爲"釣"（744頁）。《金》1879 ☩ ☩ 釋"鯀"，《金》1886 ☩ ☩ 釋"漁"。這些字反映了古代捕魚的實況，但是否"漁""釣"字，則難斷定。

牧 0428 ☩ ☩ ☩ ☩，象以手持棍趕牛羊形，或增"彳"強調行動。

耤 0571 ☩ ☩ ☩ ☩ ☩，象人舉足踏耒翻地之形。

埶 0342 ☩ ☩，《金》0444 ☩ ☩，小篆作☩，象人栽種樹苗形，爲"藝"的初文。

蓐 0058 ☩ ☩ ☩，象手持蚌鐮刈除草木形。"辰"即"蜃"，《淮南子·氾論訓》："古者剡耜而耕，摩蜃而耨。""蓐"應即"耨、薅"的初文，或認爲"蓐"即"農"字。

農 0328 ☩ ☩，象以蚌鐮刈除草木形，《金》0425 作☩，此即《說文·三上晨部》"農"古文☩的來源。《金》0425 又加"田"

---

① 徐中舒《漢語古文字字形表》155 頁，四川人民出版社，1980 年。

作🔲🔲🔲，後"田"訛變作"囟"，此即《說文》"農"籀文🔲、小篆🔲的來源。"農"小篆從"臼"應還受到"晨"（晨）字的影響。《說文·三上臼部》："臼，叉手也。"《三上晨部》："晨，早昧爽也，从臼，从辰。辰，時也，辰亦聲。""晨"0327 作🔲，《金》0424 作🔲🔲🔲，小篆作🔲。就文字形體來講，"蓐、農、晨"是同出一源的。

夙（夙）0848 🔲🔲🔲，《金》1135 🔲🔲🔲，象在月下做事之形，《說文·七上夕部》："夙，早敬也，从丮，持事；雖夕不休，早敬者也。"

秉 0360 🔲🔲，象手持禾之形，故"秉"有持義。手持雙禾則爲兼，《金》1170 🔲，《說文·七上秝部》："兼，并也，从又持秝。兼持二禾，秉持一禾。"

4. 生育、生活

孕 1695 🔲🔲

育（毓）1698 🔲🔲🔲🔲🔲，最後一個字形是繁體，象小孩出生後，有人雙手捧衣給小孩穿著之形。

乳 4458 🔲，小篆作🔲。

棄 0525 🔲，象捧箕棄嬰之形，亦有作🔲（合 21430）者，爲後世簡體"弃"字所本。小篆作🔲，《說文》古文作🔲。上古棄嬰爲常見之事，周之始祖后稷曾爲其母所棄，故名爲"棄"。

宿 0907 🔲🔲，象人在屋中於蓆上就寢之形。

寢（夢）0962 🔲🔲🔲🔲，象人在牀上手舞足蹈之形，小篆作⿱(七上夕部)，添加了"夕"表示夜晚；又作⿱(七下宀部)，添加了房子。

疒 0964 ⿰ ⿰，象人患病臥牀出汗形。卜辭如："旬有祟，王⿰首？"(合 13613)"貞，⿰齒御于父乙？"(合 13652)《甲骨文編》釋"疒"，小篆作⿰。《說文·七下疒部》："疒，倚也，人有疾病，象倚箸之形。"現多釋"疾"。比較：疾 0965 ⿰(合 21054)，象人腋下中箭受傷之形，《甲骨文編》釋"疾"。小篆作⿰，《說文·七下疒部》："疾，病也。从疒，矢聲。⿰，古文疾。"按"疒"應是由⿰字中的人和牀併合而成，戰國侯馬盟書⿰(疾)的"疒"旁人的形體還比較明顯。⿰應是⿰字的異體，"疾"字應是"⿰(疒)"和⿰中的矢併合而成，"矢"非聲符。

糞，《甲骨文編》0734 ⿰釋"棋"，0577 ⿰釋"箕"，0578 ⿰釋"祺"，實應為"糞"，小篆作⿰。與棄字構造相似。

臽 0893 ⿰ ⿰，《金》1176 ⿰，小篆作⿰。《說文·七上臼部》："臽，小阱也。从人在臼上。"按"臽"為"陷"的本字，象人陷凵(坎)中之形，金文"凵"訛變為"臼"。"臼"小篆作⿰，《說文·七上臼部》："臼，舂也。古者掘地為臼，其後穿木石。象形。中，米也。"

舂 0892 ⿰ ⿰ ⿰，《金》1175 ⿰，小篆作⿰。《說文·七上臼部》："舂，擣粟也。从廾持杵臨臼上。午，杵省也。"

丞 0289 ⿰，象兩手將人從坑中拉出之形，為"拯"的初文，小

篆作 [圖]。

承 0289 [圖] [圖]，象兩手將人從下捧起之形，《甲骨文編》釋爲"丞"，實爲"承"的初文，小篆作 [圖]。

易 3866 [圖] [圖] [圖]，象將一器之水倒入另一器之形，《甲骨文編》未釋，應爲"易"之初文①，後省作 1150 [圖]、[圖]，《金》1594 作 [圖] [圖] [圖] [圖]，小篆作 [圖]，《說文·九下易部》："易，蜥易。……象形。"釋爲蜥蜴，已錯訛甚遠了。

歙（飲）1079 [圖] [圖] [圖] [圖]，《金》1464 [圖] [圖] [圖]，甲骨文象人扶著酒尊垂頭伸舌飲酒形，第四個字形頭部分離，成"今"字形，是字形變作"歙"的濫觴，金文第三個字形已作"食"旁。

盡 0630 [圖] [圖] [圖]，象手持刷子將器皿洗淨之形，《說文·五上皿部》："盡，器中空也。"

四、字義會意字

字義會意字是會合字的意義而成的會意字，即字義由各偏旁的詞義加合而成。如：小隹爲雀，小土爲尘，四方木爲楞，合手爲拿，不正爲歪，不好爲孬，任儿爲凭，羊臭爲羴，少力爲劣，大力爲夯，永日爲昶，更生爲甦，日出廾米爲暴（曓）。這種字的偏旁往往可以連讀成句，整個句子就是對字義的解釋，所以又被稱爲連讀成句的會意字②。這種字既然是在連讀成句的各偏旁字的基礎上產生的，而偏旁字中已有很多一般的會意字，因此連讀成句的會意字應產生於一般以形會意的會意字之後。事實上這種字

---

① 郭沫若釋爲益之省，見《由周初四德器的考釋談到殷代已在進行文字簡化》，《文物》1959 年 7 期。

② 參見裘錫圭《文字學概要》135 頁，商務印書館，1988 年。

大部分都產生於漢以後,而且數量不多。

　　一般的會意字是會合事物的形體而成,會意字相當於一幅合乎自然事理的圖畫,如"牧"象以手持棍趕牛,"伐"象以戈擊人之頭,而連讀成句的會意字則不能匯合成一幅圖畫。試比較"塵"和"尘"。《說文·十上麤部》:"麤,鹿行揚土也。从麤从土。"小篆作🀀,後簡化爲"塵"。從字形我們可以想象一群鹿從土上跑過,揚起了塵埃。而"小土"則不是一幅圖畫,只是用"小的土"這樣的詞語來體現塵埃之意。

　　有的圖形會意字,因爲筆畫太繁,人們會造出相應的字義會意字。如"麤"所從之"麤",《說文·十上麤部》釋爲:"麤,行超遠也,从三鹿。"段玉裁注:"鹿善驚躍,故从三鹿。"即以鹿群會意。到敦煌俗字中,字形變作"🀀、🀀",則是以"三""鹿"兩字的字義會意了。因爲書寫的關係,上面的"三"字變形,字變作🀀、🀀①,字書遂以"麁、麆"作爲"麤"的俗字,如《龍龕手鑑·鹿部》。

　　又如"雙"字,《說文·四上雔部》:"雙,隹二枚也,从雔,又持之。"以一手持二鳥爲雙。東魏碑《劉雙周造塔記》"雙"寫作🀀,以"兩""隻"字義會意②,《五音集韻·江韻》《字彙·隹部》收有"䨇"字。但因"兩""雨"在書寫時經常訛混,敦煌俗字"雙"寫作🀀、🀀③,使本義爲"雨貌"的"霎"字,也有了"雙"的音義,如《龍龕手鑒·雨部》"霎"下注:"所江反,雨皃,今作雙,全也。"

　　《說文·七上日部》:"暴(暴),晞也。从日,从出,从収,从

---

① 黃征《敦煌俗字典》68頁,上海教育出版社,2005年。
② 毛遠明《漢魏六朝碑刻校注》第七冊194頁,線裝書局,2008年。此字又見於同書第八冊137頁東魏《呂望表》(兩見),但字不甚清晰。又見秦公《碑別字新編》421頁,文物出版社,1985年。
③ 黃征《敦煌俗字典》379頁,上海教育出版社,2005年。

米。"小篆作🔲,一般認爲是連讀四字成句的會意字,表示日出以手捧米暴曬的意思。裘錫圭認爲《說文》的分析有問題,此例能否成立,需要研究①。

關於字義會意字,有幾個問題值得注意:

一是字義會意字大多產生較晚,但也有較早的,如甲骨文"雀"0491 🔲,由"小隹"構成;"昔"0813 🔲 🔲 🔲,由"巛日"構成,表示过去洪荒时代的日子。"赤"1238 🔲 🔲 🔲,似不是以火燒人,而是以"大火"會赤色義,若如是,則也是字義會意字。

二是有一些字義會意字不能連讀成句。如"尖"不能讀成"小大","嬲",音 niǎo,《玉篇·男部》:"嬲,戲相擾也。"爲戲弄、糾纏之意,不能讀成"男女男"。

三是有些會意字只有其中的一部分偏旁是以字義會意,其餘部分還是以形體會意。如:

追 0173 🔲,甲骨文"追"只用於人②;🔲讀爲"師",表示軍隊,應該是假借義;在"追"字中,🔲當是以假借義參與會意。

衛 0232、《金》0292,其演變序列爲:🔲 🔲 金→🔲 甲→🔲 金→🔲 🔲 甲、🔲 金。"衛"是"圍"的同源分化字,初文象四隻腳圍著城垣之形,後減少腳、加"行",最後四個字形,是用"方"代替"囗",應是用"方"的詞義代替方形城垣之意。

葬,小篆作🔲,《說文·一下茻部》:"葬,藏也。从死在茻中。一,其中所以薦之。易曰:古之葬者厚衣之以薪。"按"死"是會意字,甲骨文作 0546 🔲 🔲 🔲,象人對著骨殖(歹,俗體作

---

① 參見裘錫圭《文字學概要》136 頁,商務印書館,1988 年。
② 參見楊樹達《積微居甲文說·釋追逐》,上海古籍出版社,1986 年。

"歺")悼念之形,小篆作 ⺼（四下死部）。"葬"字中以"死"字代替屍體埋入草莽之中,是以"死"的字義會意。試比較東巴文：[576] ▢ 棺材、[577] ▢ 埋、[578] ▢ 焚屍,都是以人形參與會意。

五、會意字意義合成的方式

會意字意義合成的方式,大致可以分爲以下三類：

1. 會形式

圖形＋圖形,相當於一幅自然圖畫。又可分兩小類。

(1)詞義相當於畫面義。如：

牧 0428 ▢、宿 0907 ▢

比較：東巴文[626] ▢ 放牧、[568] ▢ 睡覺

(2)詞義是畫面義的引申義或象徵義。如：

男 1607 ▢、劦 1613 ▢

比較：東巴文[1190] ▢ 美(人戴花爲美)、[926] ▢ 辛苦(飯來之不易,辛苦)

2. 形義式

圖形＋圖形,其中一個圖形是以詞義參與會意,不相當於一幅自然圖畫。如：

豢(合 11267) ▢,豕腹中的"子"已不表示人,而表示小的動物。

寑 0908 ▢,不是有掃帚的房子,而是王婦居住的房子,甲骨文"帚"用作"婦"。

比較：東巴文［204］🐾核桃（⌒爲石頭，核桃像石頭一樣硬）

3.會義式

字義＋字義，有的可以連讀成句，有的不能連讀成句。例如前舉之例，不贅述。

前兩種可稱爲圖畫式，後一種可稱爲語言式。其細節還需要進一步深入研究。

六、會意字意義的約定性

會意字是由幾個部分會合而成的，但會意字的意義並不等於各部分意義的簡單相加。一幅圖畫有時可能有多種解讀，如"旦""莫"，象太陽在地平面上、草木叢中，爲什麼是早上、傍晚而不是相反？"男"象用力（耒）於田，爲什麼是耕田的男人而不是耕田的動作？這都是造字時由先民約定俗成的，後人解字，只能遵從先民的約定。先民的約定可從文獻即古人對文字的運用中得知，也可從歷史文化的背景材料中找到一些旁證。所以，不能完全無條件地望形生義。如無確實的材料，只能若干假設並存，或暫付闕如。

如果離開了文獻而對古文字望文生義，那就會主觀臆斷，瞎說一氣。如：

甲骨文 ⿱口止（合 7505）爲"征"的初文，金文寫作 ⿱口止（二祀𠨘其卣）、⿱口止（正觚），有人據此說我國在商周時代就已有足球運動了。

侯⿸厂矢（合 23559）是射箭的靶子，小篆加"人"寫作 ⿸厂矢，後變作"侯"，與猴子毫無關係。有人說"射侯"的"侯"可能得名於箭靶上畫一個猴，而猴又似人，侯的準的叫正，正的金文作 ⿱口止、⿱口止，就是這個人形①。

西周銅器利簋 [字] 字，比較甲骨文金文"聞"字，1399 [字]（合1075正）、[字]（花東 38）、《金》1926 [字]（大盂鼎），此字應爲"聞"字。但有人說"其在左方上部者宜爲'止'字，在此下者則如人張雙臂向空中上下倒換著拋擲一對彈丸"。同器 [字] 字，比較甲骨文金文"夙"字，0848 [字]（合 5357）、《金》1135 [字]（大盂鼎）、[字]（師虎簋），此字應爲"夙"字。但有人說字"分三部組成一個人張雙臂而單腳跳舞"②。

這方面比較典型的例子是康殷的《文字源流淺說》和《古文字學新論》③。康殷在書中也有一些好的見解，但他過分強調望形生義，而把不能如此的古人今人斥之爲"圖盲"。因爲不需文獻的驗證，只任一己的遐想，他釋的字有不少是錯誤的，讀時應特別小心④。

唐蘭說："古文字學的功夫不在文字學。"就是強調文獻知識對於古文字研究的驗證作用。如果一味望形生義，那勢必走上完全憑主觀想象隨意解釋文字的歧路，那就不是一門科學，而是射覆猜謎了。

---

① 楊公驥《漫談禎》，《社會科學戰線》1978 年 2 期。
② 《關於利簋銘文考釋的討論》，《文物》1978 年 6 期。
③ 康殷《文字源流淺說》，榮寶齋，1979 年；《古文字學新論》，榮寶齋，1983 年。
④ 參見高景成《讀〈文字源流淺說〉》，《中國語文》1981 年 5 期；夏淥《評康殷文字學》，武漢大學出版社，1991 年。

第五節　象形、指事、會意三書的交叉

一、前人著述中六書分類的糾纏

前面我們給象形、指事、會意三書各舉了若干典型的例字，但要嚴格劃定三書之間的界限卻是十分困難的。鄭樵《六書略》將象形分爲象形、形兼聲、形兼意三類，將指事分爲指事、事兼聲、事兼形，事兼意四類。王筠《說文釋例》將指事分爲正變九類，將象形分爲正變例十一大類十五小類，將會意分爲正變例十五類。朱駿聲《說文通訓定聲·說文六書爻列》將指事分爲指事、象形兼指事、會意兼指事、形聲兼指事四類，將象形分爲象形、形聲兼象形、會意兼象形、會意形聲兼象形四類，將會意分爲會意、形聲兼會意兩類。各類內部名目繁多，各類之間糾纏不清，這除了分類的方法問題外，最根本的原因是這三書之間本沒有嚴格的界限。對某一個具體的字，各家更是眾說紛紜。如：

例字	王筠《文字蒙求》	朱駿聲《說文通訓定聲》	高亨《文字形義學概論》
甘	以會意定指事	象形兼指事	合體象形
旦	會意變例：即字之部位見意	象形兼指事	合體象形
身	象形變例：全無形而以意聲爲形	會意形聲兼象形	合體象形

正如唐蘭所說，"漢儒的六書理論，本是演繹的，沒有明確的界說"，如果我們囿於六書之說，那只會弄得"瑣屑拘泥，界畫不清"，理不出一個科學的體系來①。

---

① 唐蘭《中國文字學》21頁，上海古籍出版社，1979年。

二、劉又辛、高元白主張三書合併的理由

黎錦熙、高元白、陳夢家、劉又辛都主張將象形、指事、會意歸併爲一類。劉又辛說："所謂'形'是和語音對舉的，所以連會意、指事字也都應該算做表形的文字。"① 高元白說："象形、指事、會意，都不脫圖畫的意味——象形是簡單的圖畫；指事是意匠的圖畫，亦即意匠的象形；會意是複雜的圖畫，亦即複雜的象形：所以這三書可總名之爲'象形'。"②

高元白把指事叫做"意匠的象形"是很有道理的。指事字中的抽象符號，也在一定程度上具有象形的性質。

1. 從符號的來源看

從這些符號的來源看，它們許多本源於象形符號。如所謂純指事字"一二三三"，可能就是算籌或手指的象形，唐蘭《古文字學導論》、姜亮夫《古文字學》即持此說③。

"上、下"二字被視爲純指事字，試比較：

上 0005 ⼆、⼆，下 0008 ⼆、⼀——橫線表基準

生 0777 ⼭、立 1263 ⼤、土 1589 ⼝、旦 ⽇——橫線表地面

雨 1356 ⽲——橫線表天空

之 0769 ⼭、至 1385 ⽮——橫線表起點、終點

其情形可視爲一類。

"五"小篆作 ✕，古文作 ✕，《說文·十四下五部》釋爲："五，五行也。從二，陰陽在天地間交午也。"有人認爲 ✕ 表交午，"五"爲指事字。實 ✕ 形表交會也可能源於象形。甲骨文十字路口

---

① 劉又辛《從漢字演變的歷史看文字改革》，《中國語文》1957 年 5 期。
② 高元白《漢字的起源發展和改革》9 頁，五十年代出版社，1954 年。
③ 唐蘭《古文字學導論》101、408 頁，齊魯書社，1981 年。姜亮夫《古文字學》80 頁，浙江人民出版社，1984 年。

"行"作0231 ⼻,東巴文岔路口作[1132]✕;"鬥"甲骨文作0349 ,東巴文作[688] ,✕形在象形字中即表示交會的意思。

東巴文以點示多,也可能來源於象形。東巴文餓作[656] ,飽作[655] ,腹中之點可看作表多的符號,也可以看作實物。東巴文沙作[131] 、麵粉作[929] 、溢作[904] ,就是以點表實物。小篆"胃" 中的點也是如此。佛經中以"恒河沙"表無計其數,也是這個道理吧。

2. 從符號的用法看

從符號的用法看,用指事符號表示無形可象的聲音、氣味等,實際上類似於一種象徵的手法、通感的手法。利用這種手法,人們可以把非視覺的形象訴諸於視覺。這在小人書中用得特別多,諸如聲音、氣味、電波、電流、不可見光、視線、思維、病痛、運動趨勢等等,都可以通過一些曲、直的線條來表示,人們似乎並沒有感覺到這是"指事"。

東巴文長壽作[570] ,足食作[924] ,發芽作[183] ,隕星作[30] ,用曲線表示延續、上升、下落,表示了若干連續的鏡頭。"耴"小篆作 ,《說文·十二上耳部》:"耴,耳垂也,从耳下垂,象形。春秋傳曰:秦公子輒者,其耳下垂,故以爲名。""其耳下垂"怎麼表示呢?只好從耳朵上畫一條線向下,甲骨文作 (合10936正),小篆作 ,蓋取意於此。王筠在談到《說文》一些指事字的釋義時說:"事必有意,意中有形,此象人意中之形,非象人目中之形也。凡非物而說解云象形者皆然。"[①]"通

---

① 王筠《說文釋例》卷一,18頁,武漢市古籍書店,1983年。

感"的手法,就是把"意中之形"變成了"目中之形"。

明白了指事也具有象形的性質,把象形、指事、會意歸爲一類,也就是很自然而合理的了。

思考題:
1. 表形字對於研究人類早期文化的價值。
2. 表形字的内部分類。
3. 指事字的表意功能。
4. 會意字意義合成的方式。
5. 會意字意義的約定性和釋讀古文字應注意的問題。

第六章 假借字研究

第一節 假借字的性質

　　世界上任何一種古老的文字，最先產生的都是"畫成其物，隨體詰詘"的表形字。但表形字有很大的局限性，抽象的概念、虛詞無形可象，要逐詞記錄語言，只好借用音同音近的字來替代，這就是假借字。關於假借字的定義和界限，在文字學史上有不同的意見。

一、假借字的本質是依聲託事

1. 許慎的定義和後世的紛爭

　　許慎《說文敘》："假借者，本無其字，依聲託事，令長是也。""本無其字，依聲託事"，按現在通常的理解就是，本來沒有表示那個詞的字，依照相同的聲音找一個同音字來寄託這個詞的意義，也就是被借字的意義和被借去表示的詞的意義沒有關係。許慎給假借下的定義無疑是正確的，但他所舉的例字卻有問題。甲骨文"令"1090作 ，象人跽跪於屋下發令之形，引申為發令之人，縣令之令。甲骨文"長"1133作 ，象人長髮形，以此表年長之長。《漢書·百官公卿表上》："縣令、長，皆秦官，掌治其縣。萬戶以上爲令，秩千石至六百石。減萬戶爲長，秩五百石至三百石。"發令和縣令、年長和縣長，二者之間有引申關係，不應是假借字。許慎的定義和例字的矛盾，導致了後世有義假借和無義假借的爭論。從宋代鄭樵《通志·六書略》起，始分"有義之假借"和"無義之假借"。下面是古代幾位大家的看法：

戴侗《六書故》說："所謂假借者，義無所因，特借其聲，然後謂之假借。"戴侗認爲假借和意義沒有關係。

戴震《答江慎修先生論小學》說："一字具數用者，依於義以引申，依於聲而旁寄，假此以施於彼，曰假借。"他把假借分爲依聲託事和依義引申兩類。

江聲《六書說》說："凡一字而兼兩誼三誼者，除本誼之外，皆假借也。"

王筠《說文釋例》卷五說："凡與本義不符者，皆假借也。"

朱駿聲《說文通訓定聲》卷首《通訓》說："其一字而數訓者，有所以通之也。通其所可通則爲轉注（引按：即詞義引申），通其所不通則爲假借。如網爲田漁之器，轉而爲車網，爲蛛網，此通以形；又轉而爲文網，此通以意。……不得謂之本訓，不可謂非本字也。至如角羽以配宮商，唐虞不沿顓頊（引按：意即堯舜不是顓頊的嫡系子孫），用斯文爲標識，而意無可求。（下略）"朱駿聲認爲只有依聲託事、意義無關的才是假借，網本田漁之器，後轉爲車網、蛛網、文網是轉注（引申）；角、羽以配宮商，則是假借。

許說有兩種可能性：一、定義與今同，則例字誤；二、例字不誤，則定義與今異。由於許慎《說文敘》的說解十分簡單，除此之外在正文中再無假借的例字，也許許慎本來對字義的引申和字的假借就沒有區分，所以現在來討論許慎假借的原意，可能暫時還是一個無解的問題①。

2. 引申和假借是兩種本質不同的語言文字現象

以上的兩種觀點,當然以戴侗、朱駿聲的爲對。

(1)從理論上看

引申和假借是兩種本質不同的語言文字現象。語言作爲交際工具,因要求經濟的緣故,大多數的詞都是多義詞。一個字記錄多義詞的幾個義項,是這個字原來的表義功能的深化和延伸,談不上借字的問題。這就是朱駿聲說的"不得謂之本訓,不可謂非本字也"。而假借字和它所表達的詞則僅有語音上的關聯而並無意義上的聯繫。假借是不同的詞之間字的借用問題,引申是同一個詞內部詞義的衍生問題,所謂"詞無假借,字無引申"即此。

(2)從實踐上看

把詞義引申看作假借,在實踐中也是行不通的。一是因語言中多數詞是多義詞,若把記錄多義詞的字都看作假借字,則幾乎所有的字都是假借字,這樣的分類就沒有什麼意義了。二是多義詞有幾個甚至十幾個義項,這就使大多數字都同時是幾個甚至十幾個假借字。三是假借義是離散的,不可歸併的,是有準確的數量可計的。如"雍",鳥名,借作"饔、廱、癰、壅、擁、甕",各自意義不同,不能歸併。而引申是連續的,是可以歸併的。同一個詞,義項的粗細多寡因人、因字典而異,如"深"的義項,《漢語大詞典》列23項(假借義除外),《現代漢語詞典》列8項,《小學生字典》列3項②。有些詞義項的分合,又難以決然劃斷。這樣,一個字是否假借字,是多少個假借字,會漫無標準,無法操作。

---

① 關於"令長"和"假借"關係的種種看法,可參看劉敬林《釋"令長"說"假借"》,《勵耘學刊·語言卷》2011年第2輯,學苑出版社,2012年。

② 北京大學中文系編《小學生字典》,廣東人民出版社,1981年。

因此，我們認爲假借應該與引申無關，至於對許慎的定義的理解，則是另一個問題，可以繼續討論。

二、假借字是世界文字普遍的現象和文字發展的重要階段

假借字是各種文字中一種普遍的現象，也是文字發展的重要階段。例如古埃及文字本是一種象形文字，在表示人名時，就假借同音的字來表示：

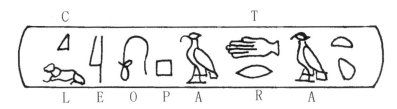

上圖是埃及著名女皇克莉奧白特拉（Cleopatra）的名字，每個音素用首字母與之同音的象形字表示①。

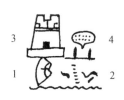

又如古代美洲阿茲特克文中的人名字：1、嘴唇，音 te-n-tli；2、道路，音 o-tli；3、房子，音 cal-li；4、牙齒，音 tlan-tli。四個字的第一個音節合起來就構成了人名 Teocaltitlan（音節 ti 未表示出來）②。

再如納西東巴經《送情死者》片段： thɯ²¹ 喝，假作 thɯ³³ 那； tʂɿ³³ 土塊，假作 tʂɿ⁵⁵ 時光； se²¹ 岩羊，假作 se³³ 完； 爲表音的哥巴文 se²¹，表示"了"； tʂɿ³³ 拴，假作 tʂɿ⁵⁵ 據說是。全句读作 thɯ³³ tʂɿ⁵⁵ se³³ se²¹ tʂɿ⁵⁵，意爲："說是那時

---

① 遲軻《西方美術史話》15 頁，中國青年出版社，1983 年。
② В·А·Кочергина《文字史概要》，載《語言學論文選譯》第五輯，中華書局，1958 年。

光完結了。"①

　　假借字是通向形聲字和拼音文字的橋樑。如埃及古文字 h n w 是一個假借字組,音 h＋n＋w(埃及古文字表音時只表示輔音),有液量、歡欣、鄰人等義。爲避免混淆,分別加上形符  啤酒罐、歡樂、男人女人,構成形聲字以示區別②。如下圖:

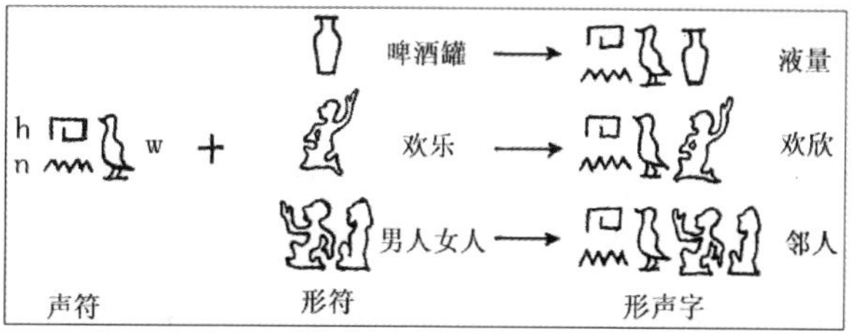

東巴文 go²¹ 曰齒,可借以表示與之同音的"熬、分離、盲、麥萊菜"等意義,後變爲標音文字哥巴文的字符  go。世界上的拼音文字,大體上都走過了這樣的道路。

三、本有其字假借的原因

　　假借有本有其字的假借,即有本字仍然借用他字。其原因前人的解釋多是"倉卒無其字"。此語源自鄭玄,鄭氏曰:"其始書之也,倉卒無其字,或以音類比方假借爲之,趨於近之而已。受之者非一邦之人,人用其鄉,同言異字,同字異言,於茲遂生矣。"(陸德明《經典釋文序錄》引)據我們考察,本有其字的假借不完全是由於倉促之間找不到字或寫了別字,有時可能還有別

---

　　①　方國瑜、和志武《納西象形文字譜》557頁,雲南人民出版社,1982年。
　　②　金觀濤、王軍銜《悲壯的衰落——古埃及社會的興亡》附錄"古埃及象形文字簡介",四川人民出版社,1986年。

的原因。如東巴文至少有以下情況①：

1. 別音義

現代納西語中"人"讀 ɕi³³，字寫作🕺，而經典中常讀古音 tsho²¹。東巴經的結尾往往有對事主的祝福語"佳音盈耳，水流滿潭，娶妻生子，人丁興旺"云云。末兩句一般寫作👤，象女人產子形，而在《九種·某莉亥孜的故事》中則寫作👤②。人能產象，豈非怪事？實此"象"字是借來表人的古音 tsho²¹ 的。

2. 避重複

東巴經屬於民間文學，好排比鋪陳，致使有的詞語反復出現，下面是《九種·麼些族的洪水故事》中的一段③：

意思是："（豎眼天女）她一次生了一窩，生了一窩松樹和栗樹。她又一次生了一窩，生了一窩熊和野豬。她又一次生了一窩，生了一窩猴子和雞。她又一次生了一窩，生了一窩蛇和青蛙。"4 節共用了 8 個"生"字，每句前一個"生"用本字🕺 su³³ 生育來表示，後一個則假借▦ sv²¹ 骰子來表示。本字和假借字有規律地交替出現，顯然不是一時寫了別字，而是東巴經師爲避重複而有意爲之，以達到使經書卷面富有變化的效果。

---

① 喻遂生《納西東巴文本有其字假借原因初探》，《中央民族大學學報》2002 年 1 期。

② 李霖燦等《麼些經典譯注九種·某莉亥孜的故事》235 頁，台灣中華叢書編審委員會，1978 年。

③ 李霖燦等《麼些經典譯注九種·麼些族的洪水故事》48 頁，台灣中華叢書編審委員會，1978 年。

3. 求新奇

在東巴經中,常借 ✿ 大爲 𝟭 一,借 🐟 魚爲 𝟭𝟭 二,借 🌿 木爲 𝟭𝟭𝟭 三,借 🐍 蛇爲 ⌐ 路。爲什麼明明有簡單明晰的本字不用,而要假借更繁而且往往不完全同音的字呢? 李霖燦在評論《九種·菩赤阿祿的故事》的"續貂之嫌"時說:"麼些巫師有爭強鬥狠的習慣,你的經典上只有三種神通變化,我的經典上則有五種,大約這是遇到一位才華灼爍的大多巴了,添增的痕跡十分顯然。"① 這種爭強求異心理,很可能使東巴別出心裁,棄正趨邪,有本字不用而借用他字。

此外還有仿古、用字不規範等原因,例從略。

四、假借字的音近度

"音近度"指形聲字和聲符字、假借字和被借字語音相近的程度。有的學者主張假借字和被借字一定同音,若不同音,則認爲是語音分化的結果,並以此作爲擬測古音的依據。如趙誠《甲骨文字學綱要》說甲骨文"鳳"假作"風","鳳"先秦爲奉母,濁音,"風"爲非母,清音,故推知甲骨文時代清濁不分。"心"用作水名,後寫作"沁";"心",心母,舌擦音,"沁",清母,塞擦音,故推知甲骨文時代舌擦音和塞擦音不分。"衣"假作"殷",故推知甲骨文時代陰陽不分。"易"用爲"夷",故推知甲骨文時代陰入不分。"元"同"兀",故推知甲骨文時代陽入不分,等等②。這樣的推斷方法大有可商之處。

舉古書的例子,可能被認爲是已經分化的結果,下面舉東巴經《送情死者》爲例。該經爲麗江東巴和泗泉等人於上世紀 20

---

① 李霖燦等《麼些經典譯注九種·麼些族的洪水故事》300 頁,台灣中華叢書編審委員會,1978 年。

② 趙誠《甲骨文字學綱要》194、196、214、209、212 頁,商務印書館,1993 年。

年代創作，從中可以看出現代東巴使用假借字的情況。納西象形文字譜》所舉該經的一段①，有 37 個小節、171 個字、記錄 187 個音節，基本上完全記錄了語詞，有大量的假借字，其語音有以下幾類：

(1)音全同：🌿 ɕi²¹ 稻子，借作 ɕi²¹ 養育，〰 huɯ³³ 牙齒借作 huɯ³³ 去，⌒ kho³³ 角借作 kho³³ 遠。

(2)聲、韻同，調不同：⬭ phi²¹ 腿、肉借作 phi⁵⁵ 逃亡，🐛 luɯ⁵⁵ 牛虱借作 luɯ³³ 會來，𠃊 ua³³ 五借作 ua²¹ 是。

(3)韻母不同：🦎 kuɯ⁵⁵ 穿山甲借作 kə⁵⁵ 反、翻。

聲韻同、調不同的數量遠遠超過全同的數量。可以設想，在上古文字不太完善之時，是否有那麼多同音字可借呢？所以，假借的音近度，可能是音同，也可能僅是音近而已。因此，把假借字當作完全同音的材料來擬測古音是不一定可靠的。

第二節　古文字中的假借字

一、甲骨文中的假借字

甲骨文是現存的最早的成系統的漢字。甲骨文的造字結構，大部分是表形字，百分之二十多是形聲字。但在使用中，表形字以及形聲字，多數時侯都用作假借字。據姚孝遂估計，甲骨卜辭中假借字佔 70% 以上。他舉的例子是（圖見四章四節）：

　　　　癸未卜，殼貞："旬亡囚?"王占曰："往乃茲有祟。"六日
　　　　戊子，子弢囚。（《菁》一，即合 10405 正）

全辭共 23 字，其中下加橫線的是姚孝遂認定的假借字，共

---

① 方國瑜、和志武《納西象形文字譜》543 頁，雲南人民出版社，1982 年。

17字,佔73.91%。姚孝遂說:"所有甲骨刻辭大體上都是這個比例。"①

下面再舉數例,假借字的認定,我們和姚孝遂容或有所不同:

合 10405 反

王占曰:"<u>有</u>祟。"八日庚戌,<u>有各</u>雲<u>自東</u>,<u>宜母昃有</u>出虹<u>自北</u>,飲<u>于</u>河。(合10405反)

全辭共25字,其中假借字14個,佔56.00%。

癸巳卜,殻貞:"<u>旬亡</u>囚?"王占曰:"<u>有</u>祟。其<u>有來</u>艱。"乞<u>至五</u>日丁酉,允<u>有來</u>艱<u>自西</u>。沚馘告曰:"土方正<u>于我東</u>啚,戈二邑。邛方亦侵<u>我西</u>啚田。"(合6057

---

① 姚孝遂《古文字的形體結構及其發展階段》,載《古文字研究》第四輯,中華書局,1980年。又由姚孝遂執筆的《古文字研究的現狀及展望》說甲骨卜辭中假借字佔90%以上,載《古文字研究》第一輯,中華書局,1979年。

合 6057 正

正,此辭在該片左部)

卜辭共 51 字,其中假借字 33 字,佔 64.71%。

王占曰:"有祟。其有來艱。"乞至七日己巳,允有來艱自西。長友角告曰:"舌方出,侵我于鬯田七十五人。"(合 6057 正,此辭在該片中部)

卜辭共 38 字,其中假借字 25 字,佔 65.79%。

癸卯卜,㱿貞:"旬亡囚?"王占曰:"有祟。其有來艱。"五日丁未,允有來艱,飲御……自呂囿。六月。(合 6057 正,此辭在該片右部)

卜辭共 32 字,其中假借字 21 字,佔 65.63%。

甲骨文 4000 多字中,實際認識的只有 1000 多字,所以還不可能對甲骨卜辭中假借字的比例進行全面的定量統計。但從上面抽樣調查的情況看,說甲骨文假借字佔百分之六七十,是基本可信的。

二、金文中的假借字

姚孝遂又指出:"青銅器銘文的情況同樣是如此。"①他舉了1976年出土的現存最早的西周銅器利簋爲例（圖見四章四節）：

斌征商，隹甲子朝，歲貞，克睧夙有商。辛未，王在闌𠂤，易又史利金。用作𣪘公寶尊彝。

銘文共32字，其中假借字22字，佔68.75%。

下面我們再舉兩例。

西周中期懿王時期大師虘簋：

大師虘簋（4252.1）

---

① 姚孝遂《古文字的形體結構及其發展階段》，載《古文字研究》第四輯，中華書局，1980年。

正月既望甲午,王在周師量宮。旦,王各大室,即立。王乎師晨召大師虘入門立中廷。王乎宰曶易大師虘虎裘。虘拜稽首,敢對揚天子不顯休。用乍寶𣪕,虘其萬年永寶用。隹十又二年。

銘文共 70 字,其中假借字 31 字,佔 44.29%。

西周晚期厲王時期無㠭簋:

無㠭簋(4225.2)

隹十又三年正月初吉壬寅,王征南夷,王易無㠭馬四匹,無㠭拜手稽首曰:"敢對揚天子魯休命。"無㠭用乍朕皇且𨎟季尊𣪕,無㠭其萬年子孫永寶用。

銘文共 58 字,其中假借字 23 字,佔 39.66%。

甲骨文、金文中假借字的定量分析,是一項有意義的基礎工作,還需要擴大規模作更深入的調查。這項工作雖然有一定的

三、簡帛中的假借字

戰國秦漢簡帛文字,有的就形體發展階段來說是在小篆之後,但因其不少形體尚存古意,所以一般學者亦將其歸入古文字研究的範疇。在出土的簡牘帛書中,假借字明顯地較傳世文獻多。例如馬王堆三號漢墓帛書《老子》甲、乙本和唐代傅奕校訂的《道德經古本篇》的比較,下加橫線者爲帛書比傳世本多出的假借字①:

① 傅本:兕无所投其角,虎无所措其爪。(王本 50 章)

　甲本:矢无所揣亓角,□□无所昔亓蚤。(26)

② 傅本:舍德之厚者比之於赤子也,蜂蠆不螫,猛獸不據,攫鳥不搏。(王本 55 章)

　甲本:□□之厚□比於赤子,逢楋蜦地弗螫,攫鳥猛獸弗搏。(36)

　乙本:含德之厚者比之於赤子,蠠癘虫蛇(190 下)弗赫,據鳥孟獸不捕。(191 上)

③ 傅本:江海所以能爲百谷王者,以其善下之也。……是以天下樂推而不猒,以其不争,故天下莫能與之争。(王本 66 章)

　甲本:□海之所以能爲百浴王者,以亓善下之,是以能爲百浴王。(62)……天下樂隼而弗猒也,非以亓无爭與。(63)

　乙本:江海所以能爲百浴□□,(203 上)□亓□下之也,是以能爲百浴王。(203 下)……天下皆樂誰而弗猒也,不□亓无争與。(204 上)

④ 傅本:雖有舟輿,无所用之,……鄰國相望……(王本 80 章)

---

① 帛書例據《馬王堆漢墓帛書[壹]》,文物出版社,1980 年。文後括號内的數碼爲其行數。爲便於查找,傅奕本例後注出了通行本王弼《老子道德經》的章數。

甲本：有車周无所乘之，(64)……瓉邦相望。(65)

乙本：又周車，无所(204下)乘之，……叟國相望。(205上)

⑤ 傅本：天下皆謂吾大，似不肖。夫惟大，故似不肖。若肖，久矣其細也夫。吾有三寶，持而寶之：一曰慈，二曰儉，三曰不敢爲天下先。夫慈故能勇，儉故能廣，不敢爲天下先故能成器長。今捨其慈且勇，捨其儉且廣，捨其後且先，是謂入死門。夫慈以陳則正，以守則固，天將救之，以慈衛之。（王本67章）

甲本：夫唯□，故不宵。若宵，細久矣。我恒有三葆之：一曰茲，二曰檢，……(68)故能廣，不敢爲天下先，故能爲成器長。今舍亓茲且勇，舍亓後且先，則必死矣。夫茲，□□(69)則勝，以守則固。天將建之，女以茲垣之。(70)

乙本：天下□(206上)胃我大，大而不宵。夫唯不宵，故能大。若宵，久矣亓細也夫。我恒有三琛，市而琛之：一(206下)曰茲，二曰檢，三曰不敢爲天下先。夫茲故能勇，檢敢能廣，不敢爲天下先故能爲成器長。□(207上)舍亓茲且勇，舍亓檢且廣，舍亓後且先，則死矣。夫茲，以單則朕，以守則固。天將(207下)建之，如以茲垣之。(208上)

⑥ 傅本：是謂配天古之極也。（王本68章）

甲本：是胃天古之極也。(71)

乙本：是胃肥天古之極也。(208下)

⑦ 傅本：寵辱若驚，貴大患若身。何謂寵辱若驚？……故貴以身爲天下者，則可以託天下矣；愛以身爲天下者，則可以寄天下矣。（王本13章）

甲本：龍辱若驚，貴大梡若身。苟胃龍辱若驚？(114)……故貴爲身於爲天下，若可以迡天下矣，愛以身爲天下，女可以寄天下。(115)

乙本：弄辱若驚，貴大患若身。何胃(227上)弄辱若驚？(227下)……故貴爲身於爲天下，若可以橐天下(228上)□；愛

以身爲天下,女可以寄天下矣。(228下)

⑧ 傅本:大道廢焉有仁義,智慧出焉有大偽,六親不和有孝慈,國家昏亂有貞臣。(王本 18 章)

　　甲本:故大道廢案有仁義,知快出案有大(125)偽,六親不和案□畜茲,邦家閭乳案有貞臣。(126)

　　乙本:故大道廢安有仁義,知慧出安有□□,(233上)六親不和安又孝茲,國家閭凡安有貞臣。(233下)

據錢玄研究,傅本老子 5500 餘字,其中"通借字"30 餘個,不足 1%。馬王堆帛書《老子》乙本用"通借字"320 個,佔 6%①。傳世典籍中的假借字,在長期傳抄翻刻的過程中,經過後人的多次校改,大部分被改成了本字。可以設想,秦漢以前的典籍中的假借字,確實比現在傳世的本子多得多。

古文字中的假借字,按語音關係分,可以分爲同音假借、音近假借兩類。音近假借又可以分爲雙聲、疊韻、旁紐、旁對轉假借等小類。

按字形關係來分,以帛書《老子》爲例,可以分爲以下幾類:

1. 無字形聯繫的

　　周→舟　　鳴→冥　　負→倍　　筮→逝
　　泊→薄　　蚤→早　　彈→坦　　矢→兕
　　弄→寵　　蓮→裂　　芮→退　　肥→配
　　畏→威　　眾→終　　畜→孝　　梡→患

2. 聲符字借作形聲字

　　弋→哉　　胃→謂　　規→窺　　昔→措

---

① 錢玄《秦漢帛書簡牘中的通借字》,《南京師院學報》1980 年 3 期。錢文所謂"通借字"包括一些同源字,如:正:政,知:智,至:致。據高宜祖統計,《老子》甲本全文 4160 字,共有假借字 252 個,佔 6.5%。關於帛書《老子》的假借字,可參看周祖謨《漢代竹書與帛書中的通假字與古音的考訂》,《音韻學研究》第一輯,中華書局,1984 年;王大年《帛書〈老子〉甲乙本中的通假字》,《古漢語論集》第一輯,湖南教育出版社,1985 年。

亨→烹　　申→神　　五→吾　　朕→勝
發→廢　　亞→惡　　古→固　　茲→慈
龍→寵　　禺→愚、隅

3. 形聲字借作聲符字
　　致→至　　賀→加　　弊→敝　　靜→爭
　　浴→谷　　定→正　　視→示　　忘→亡
　　意→音　　畸→奇　　懸→既

4. 借作同聲符字
　　地→蛇　　逢→蜂　　形→刑　　芒→妄
　　汪→枉　　雞→豀　　賢→堅　　格→客
　　談→淡　　苛→何　　省→姓　　說→脫
　　說、脫→倪

按假借字和被假借字的數量關係，可以分爲以下幾類：

1. 一字借爲一字（例略）
2. 一字借爲數字
　　蚤→早、爪　　說→脫、倪　　母→毋、侮
　　女→如、若　　禺→愚、隅　　單→戰、繟、坦
3. 數字借爲一字
　　才、戈→哉　　單、彈→戰　　兌、閱→銳
　　治、怡→似　　楮、諸→奢　　誰、隼→推
　　規、覝→窺　　逡、跧→稅　　帀、芒→妄
　　龍、弄→寵　　橐、迲→託　　卑、俾→譬
　　蕭、繡→寂　　謬、繆→寬

幾種情況結合在一起，可以呈現出十分複雜的群字互借的局面：

情→靜→爭←諍
↓
請→清→靖←靚
↓
精

上文已引過鄭玄談假借字的一段話："其始書之也，倉卒無其字，或以音類比方假借爲之，趣於近之而已。受之者非一邦之人，人用其鄉，同言異字，同字異言，於茲遂生矣。"（陸德明《經典釋文序錄》引）假借字過濫造成的混亂局面，使之成爲閱讀古籍的一大障礙。故朱駿聲說："不知假借者，不可與讀古書。"①戴震說："古字多假借，後人始增偏旁。"②有的典籍，雖經歷代整理詮釋，仍有不可通讀或誤解處，假借是其重要的原因。

例如《史記·李斯列傳》"阿縞之衣，錦繡之飾"，劉宋裴駰《集解》引徐廣曰："齊之東阿縣，繒帛所出。"《文選·子虛賦》"被阿緆，揄紵縞"，注："張揖曰：阿，細繒也。緆，細布也。"但後代不少選本仍以"阿縞"爲東阿之縞。《楚辭·招魂》"蒻阿拂壁，羅幬張些"，王逸訓蒻爲蒻席，阿爲曲隅，扞格難通。《廣雅·釋器》："絅縞緻䋣，練也。"長沙仰天湖楚簡有"䋣純絅縞之𦅛"（帶繐的細薄的春衣），"阿縞"也就是"絅縞""䋣縞"，正好與"錦繡"相對。"蒻阿"也就是"弱絅"，與"羅幬"相對。史樹青說，由於仰天湖楚簡的出土，才"校正了二千年來'阿縞之衣'的迷解"③。

第三節　假借和通用

一、通用字名稱的混亂

明人楊慎提出"四經二緯"、清人戴震提出"四體二用"說後，前人形成了造字的假借和用字的假借的觀點。造字的假借就是本無其字的假借，用字的假借就是本有其字的假借。本有其字的假借因兩字通用（不一定是雙向的），故又被叫做通假。王力《古代漢語》和一般中學語文界，均持此看法。

---

① 朱駿聲《說文通訓定聲·自敘》，中華書局，1984年。
② 戴震《答江慎修先生論小學》，《戴震文集》63頁，中華書局，1980年。
③ 史樹青《長沙仰天湖出土楚簡研究》第二簡，上海群聯出版社，1955年。

但在不少著作中,通假並不限於假借,而包括了通用和假借兩部分,而且還有"通借、通用、通、同"等不同的叫法。這樣,一切異字同義通用的現象,都可以用這些術語來稱呼,由此而產生了文字類別名實的混亂,有必要加以釐清。下面是中學語文教材"通、同"術語的使用情況:

類別	同	通
假借字	蚤同早(《鴻門宴》)	罷通疲(《論積貯疏》)
異體字	桮同杯(《鴻門宴》)	椎通錘(《訂鬼》)
同源字	内同納(《鴻門宴》)	取通娶(《孔雀東南飛》)
區別字	莫同暮(《石鐘山記》)	惛通昏(《齊桓晉文之事》)

這種範圍無邊的"通""同"混淆了幾種性質不同的文字現象,在一些工具書中也存在這類問題①,有必要加以辨別。

二、通用字的分類

1. 假借字、異體字、同源字

這三類字是從字與字的音義關係來劃分的,異體字、同源字與假借字有本質的區別,不應混爲一談。

類別	音	義
假借字	同、近	無關
異體字	同	全同
同源字	同、近	相關

(1)假借字

通用字中音同或音近,意義沒有衍生關係的是假借字。如

---

① 劉冬冰《論注釋術語"通"和"同"》,河南大學古代漢語研究室《古漢語研究》第一輯,河南大學出版社,1987年。

"蚤"假作"早","罷"假作"疲"。

(2)異體字

通用字中音義完全相同而形異的字是異體字,《說文》的"重文"主要是異體字①。異體字是同一語詞固有的(即非借用的)不同寫法,其產生與時代、地域、雅俗等多種因素有關②。按其形體差異,可以分爲以下的類別:

聲符或形符不同:碗/盌椀㼝　吃/喫　蝶/蜨　刨/鉋鑤
　　　　　　　　鋤/勘鉏

造字方法不同:淼/猋　灾/災　傘/繖　臁/羴　拿/挐挈

偏旁位置不同:峰/峯　略/畧　群/羣　够/夠　鵝/鵞䳘
　　　　　　　澗/𣹟

(3)同源字

"同源字"這個術語,在王力《同源字典》中實際上指的是同源詞③,這有字詞不分之嫌。有的學者用"同源字"指一組具有同一形體來源的字④。具有同一形體來源的字有的是同源詞,如"聲、聽、聖",有的不是,如"晨、農"。本書仍用"同源字"這一術語,但將其定義爲記錄一組同源詞的字。这些字音同或音近,意義相關,同出一源,字形可以有聯繫,也可以沒有聯繫,但以有聯繫的居多。如:

解/懈:夙夜匪解。(《詩·大雅·烝民》)

取/娶:終老不復取。(《孔雀東南飛》)

---

① 《說文》重文絕大多數是異體字,有少數是假借字和同義換讀字。參見黃天樹《〈說文〉重文與正篆關係補論》,《語言》第一卷,首都師範大學出版社,2000年。

② 關於異體字,可參看張書岩主編《異體字研究》,商務印書館,2004年;張書岩《異體字問題再認識》,《中國文字學報》第三輯,商務印書館,2010年。

③ 王力《同源字典》,商務印書館,1982年。

④ 王蘊智《同源字、同源詞說辨》,《古漢語研究》1993年2期;《殷周古文同源分化探論》,收入《字學論集》,河南美術出版社,2004年。邵文利、杜麗榮《試論同源字與異體字之畛域》,華東師範大中國文字研究與應用中心《中國文字研究》第六輯,廣西教育出版社,2005年。

生/姓、性：[百]生皆注其[耳目焉]。(帛書《老子》乙本《德經》)/君子生非異也。(《荀子·勸學》)

要/腰、邀：昔楚靈王好士細要。(《墨子·兼愛》)/便要還家。(《桃花源記》)

"要"本義爲腰部，引申爲中間，再引申爲攔截，友好的攔截便是邀請，《桃花源記》"便要還家"即是邀請之意，後來爲邀請義另造"邀"字。"要"和"邀"是一組字形沒有關係的同源字。

2. 區別字

區別字是從造字目的來劃分的。由於字所表示的詞義的增加（或引申，或假借），爲表示其中的某一意義而新造的專用字叫區別字。區別字可以分爲纍增字、同源區別字、後起本字三個小類，三者和原字的關係如下：

下面分類敘述：

(1) 纍增字

由於本字被假借義借用或被引申義佔用，爲本義新造專用字時，往往在本字上另加形符，造成床上架床，屋上疊屋的重複現象，王筠稱爲纍增字①。如：

其/箕　莫/暮　益/溢　州/洲　縣/懸　止/趾　受/授
匡/筐　它/蛇　蜀/蠋　須/鬚　采/採　要/腰　共/拱

纍增字一般以本字被假借義借用而造的居多，"腰""拱"是本字被引申義佔用而造的纍增字。

---

① 王筠《說文釋例》卷八，327頁，武漢市古籍書店，1983年。

(2) 同源區別字

同源區別字是指爲詞的引申義而新造的專用字,這些引申義往往已分化爲同源詞。如:

坐/座　取/娶　知/智　反/返　火/伙　湯/燙　聽/廳
包/抱袍　食/飼　要/邀

同源區別字以在原字上加形符的居多,"飼"是加聲符,"邀"與原字形體沒有關係。

(3) 後起本字

後起本字是爲本無其字的假借義新造的專用字。如:

卒/猝　胃/謂　兑/鋭　厭/饜　每/悔晦

齊/臍躋齏劑濟齏齋　辟/避襞嬖躄壁璧臂僻闢繴譬擗甓擘

古書中"齊"假借爲"臍、躋、齏、劑、濟、齏、齋"(皆上古脂部字),"辟"假借爲"避、襞(折疊)、嬖(寵信)、躄(腳病)、壁、璧、臂、僻、闢、繴(獵具)、譬、擗(搥胸)、甓、擘"(皆上古錫部字),後各造專字,是爲後起本字①。

3. 古今字

古今字是從字產生或使用的時代來劃分的。不同時代產生或使用的表示同一個詞的一組字即是古今字②。只要有文獻用例,即可證明其使用的時代,但其產生的時代,則未必能夠確定,所以只能定義爲"產生或使用的時代"。如:

臭,① 用鼻子聞:《說文·十上犬部》:"臭,禽走臭而知其迹者犬也。从犬从自。"② 氣味:"同心之言,其臭如蘭。"(《周易·

---

① "齊"組字例見《漢語大字典》第七册 4783 頁,"辟"組字例見《漢語大字典》第六册 4037 頁,四川辭書出版社、湖北辭書出版社,1989、1990 年。

② 參看趙克勤《古今字淺說》,《中國語文》1979 年 3 期;洪成玉《古今字概說》,《中國語文》1981 年 2 期;陸錫興《談古今字》,《中國語文》1981 年 5 期;李運富《早期有關"古今字"的表述用語及材料辨析》,《勵耘學刊·語言卷》2007 年第 2 輯,學苑出版社,2008 年。

繫辭上》)③ 臭味："香臭芬鬱……以鼻異。"(《荀子·正名》)

齅,《說文·四上鼻部》："齅,以鼻就臭也。从鼻从臭,臭亦聲。"

殠,《說文·四下歹部》："殠,腐氣也。从歹,臭聲。"

嗅,《玉篇·鼻部》："齅,《說文》云以鼻就臭也。……亦作嗅。"

從以上可知,表示用鼻子聞,臭①、齅、嗅是一組古今字;表示臭味,臭③、殠是一組古今字。

假借字、異體字、同源字,區別字,古今字,是從不同的角度用不同的標準劃分出來的,所以各類互有交叉。古今字中有假借字,如：蚤/早、卒/猝；有異體字,如：盌/碗、桮/杯；有同源字,如：受/授、取/娶,等等。

由於分類標準不同,加上字詞關係在漫長的歷史時期的发展變化,有的字詞關係呈現出異常複雜的局面,有時如"鳩占鵲巢,鳶又驅鳩"。如：

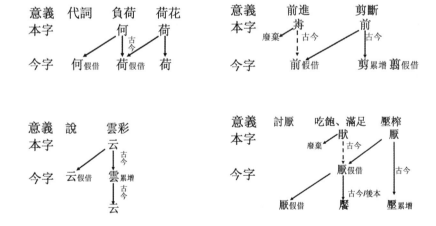

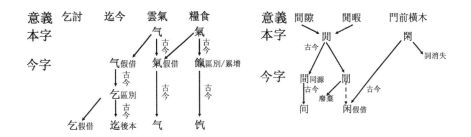

漢字通用字從其他角度還可以分出一些類別，如根據字形繁簡分爲繁體字和簡體字，根據是否符合官方規範分爲正字和俗字。漢字字際關係非常複雜，在學習、使用和研究時需要認真對待①。

思考題：
1. 假借字的性質。
2. 假借字的斷代研究。
3. 通用字的分類研究。
4. 文字通用類術語的辨析和整理。

---

① 參見李運富《論漢字的字際關係》，《語言》第三卷，首都師範大學出版社，2002 年；韓琳《字際關係研究述評》，《勵耘學刊·語言卷》2005 年第 2 輯，學苑出版社，2005 年。

第七章　形聲字研究

第一節　形聲字的產生

形聲字是在表形字基礎之上產生的一半表形、一半標音的文字。從甲骨文到現代漢字，形聲字所佔的比例由 20％多增加到 80％多。這代表了漢字發展的基本趨勢，並由此決定了漢字的性質，是漢文字學中一個值得認真研究的重要課題。

一、形聲字產生的原因

形聲字產生的原因，大致可以從以下三個方面來探索：

1. 表形字的窮於創造

表形字是圖畫式地描摹事物，而客觀事物無窮無盡，要用簡單的筆畫一一描摹而又能有所區別，事實上是不可能的。如甲骨文豕作 1137〔字形〕，犬作 1182〔字形〕，以身體的肥瘦和尾巴的長短別之。但狼、狐和犬十分相近，於是只好加聲符作 4728〔字形〕、1196〔字形〕①。

---

① 〔字形〕從犬亡聲（亡，甲骨文用作無），釋"狐"，從郭沫若說，見《卜辭通纂》471 頁，科學出版社，1983 年。

納西東巴文象形字的創造可以說達到了區別入微的程度，如表示烹調的字：

[913] 煮　　[914] 煎　　[916] 蒸

[918] 沸　　[912] 煨

這些字各象其形，而"炒"卻難以表示，只好造成從鍋珠聲的形聲字[915] 了。

《納西象形文字譜》收錄字形大同而小異的象形樹名字有30個之多。如：

[191] 松樹　　[194] 柏樹　　[197] 杉樹

[222] 楊柳　　[195] 細葉香木　[199] 香樟

[215] 桑樹　　[202] 黃栗　　[200] 構樹

[213] 山柳　　[201] 板栗　　[206] 橘子

[210] 花椒　　[205] 野荔枝　[203] 栗果樹

[208] 梅花　　[221] 漆樹　　[217] 榨油樹

[219] 刺桐　　[220] 棕櫚

但語言中的樹名何止此數，最後還是窮於創造，只好採用形聲法了，如白樺樹作[216]　，從樹，　白鵰聲，檜樹作[198]　，從杉，　說省聲。

2. 假借字大量使用後引起的文字混亂

表形字既窮於創造，假借字繼之而起。虛詞、抽象詞彙無形可象的問題，都可以用假借字來解決。誠如明人楊慎所說："四象之書（引按：指象形、象事、象意、象聲）有限，轉注假借無窮也。"①如以下兩片甲骨：

---

① 楊慎《古音後語》，《叢書集成初編》1243 冊 183 頁，中華書局，1985 年。

貞，翌癸未不雨？貞，翌壬午不雨？（合12388）

貞，翌丙子其有鳳（風）？（合13355）

前一片每條6字，除"雨"字外其餘5字皆爲假借字。後一片上部爲殘辭，下一條7字，全部爲假借字。

但假借字一多，一字多義、一詞多字，便造成了文字使用的混亂，使文字的交際功能大受影響。這方面最典型的例子是納西東巴經。下面是逐詞標音的東巴經《送情死者》的兩個片段①：

z_{l}^{21}蛇，借作z_{l}^{33}路；phər^{21}解開，借作白，白路即大路；thv^{55}奶渣，借作步；kho^{33}角，借作遠；y^{21}羊，借作語氣詞y^{55}。全句意爲"大路遙遠呀"，5字均爲假借字。

thɯ^{21}喝，借作thɯ^{33}那；pa^{33}蛙，借作pa^{55}境地；ko^{21}針，借作ko^{55}經受；象落日之形，用作mə^{33}不；tha^{55}塔，借作tha^{21}要。全句意爲"不要經受那種境地"，5字中有4字爲假借字。

據和志武研究，逐詞標音的東巴經假借字達百分之五六十②。在麗江著名東巴和即貴致喻遂生的一封東巴文書信中，

---

① 方國瑜、和志武《納西象形文字譜》546、553頁，雲南人民出版社，1982年。
② 方國瑜、和志武《納西象形文字譜》539、559頁，雲南人民出版社，1982年。

假借字佔 71.08%①。可以設想，如果一個假借字有 3 個假借義，則兩個假借字連用有 9 種組合的可能，3 個、4 個、5 個假借字連用有 27 種、81 種、243 種組合的可能。雖然有的組合因爲不成立或者語境的限制可以排除，但能成立的、可能的意義組合不會很少。假借給東巴文獻的釋讀帶來很大的困難，這是東巴經難讀的重要原因之一。甲骨卜辭、金文、簡帛和其他先秦典籍，也有類似的情況。認識了某個古文字的造字本義，往往不能讀通原文，也是因爲這些字可能作爲假借字記錄了其他詞的緣故。

3. 表形字內部表音成分的產生

形聲字在表形字、假借字之後產生，在文字內部必然有一個醞釀和發生的過程。唐蘭認爲在圖畫文字(按：即象形文字)裏，已經有了形聲的傾向，具體表現爲合文、計數字、象意字聲化。所舉例字，合文如"羽日"變作"翊"，"之日"變作"旹"(時)，"小隹"是"雀"，"○鼎"是"員"；計數字如二人是"仁"，五人是"伍"，十人是"什"，三匹馬是"驂"，四匹馬是"駟"；象意字聲化如名詞是"魚"，動詞是"魚攵"，區別字是"漁"(象魚在水中)。並說："這三種情形，尤其是象意字的聲化，在圖畫文字的晚期，幾乎已普遍地存在，它們已很像形聲字，所以真正的形聲字一觸即發了。"②

唐蘭指出象意字聲化對形聲字的啓發作用是非常正確的。甲骨文中確實有那麼一批成組出現、讀音相同或相近、詞性或詞義相異的字。如：

壴(鼓)—鼓 0609 (擊鼓)

声(磬，偏旁)—聲 1398 (擊磬而發聲)

---

① 喻遂生《一封最新的東巴文書信》，收入《紀念王力先生百年誕辰學術論文集》，商務印書館，2002 年；又《納西東巴文研究叢稿》，巴蜀書社，2003 年。

② 唐蘭《中國文字學》96 頁，上海古籍出版社，1979 年。

凡 1586 〖图〗—般 1053 〖图〗

它 1568 〖图〗—攺 0420 〖图〗—拕 1409 〖图〗

龍 1378 〖图〗—龔 0295 〖图〗—瀧 0840 〖图〗

魚 1374 〖图〗—漁 1377 〖图〗、〖图〗

网 0969 〖图〗—剛 0554 〖图〗

羊 0510 〖图〗—羌 0514 〖图〗—姜 1414 〖图〗

酉 1709 〖图〗—酒 1710 〖图〗

〖图〗是鼓的象形，〖图〗表示擊鼓的動作，意義有聯繫，讀音相同。〖图〗是會意字，但〖图〗兼有表音的作用，古代文字學家把這類字叫做會意兼形聲。會意字中含有表音的成分，可能會啟發人們認識表音成分在字的釋讀中的作用，從而促進人們自覺地創造形聲字。因此我們可以認爲象意字聲化是形聲字產生的內因。

總之，由於表形字的局限性，由於假借字大量使用後引起的文字混亂，由於表形字內部表音成分的滋長，使人們看到了用形音結合的方式造字的可能和優點，從而促進了形聲字的產生。

二、關於合文和形聲字關係的辨析

唐蘭在論述形聲字起源時說："合文就是形聲字的前驅。"[①]合文和形聲字的關係如何，需要對材料進行具體的辨析。因爲古漢字中的計數字很多都以合文的形式出現，所以下面將計數

---

① 唐蘭《中國文字學》96頁，上海古籍出版社，1979年。

字合併在一起來討論①。

1. 甲骨文合文概況

(1)數量

孫海波《甲骨文編》合文卷收錄合文 371 個,高明《古文字類編》(1980 年版)收錄甲骨文合文 267 個,增訂本收錄甲骨文合文 284 個(周原甲骨 1 例未計入),劉釗等《新甲骨文編》收錄合文 170 個,李宗焜《甲骨文字編》收錄合文 341 個②,甲骨文的合文應該在 300 個左右。

(2)書寫形式

主要有以下五類:

平列式	祖甲	大乙	大吉	四祖丁
縱列式	小乙	五牢	三百	上下它
錯綜式	般庚	翌日	十二月	母妣辛
包含式	報丁	三報	六月	雍己
穿插式	三千	五千	三萬	小甲

(3)語義內容

以《古文字類編》(1980 年版)統計,計有數目字("一月、三報"之類)107 個,先公先王稱謂 91 個,干支字 16 個,熟語("大

---

① 參見喻遂生《甲骨文、納西東巴文的合文和形聲字的起源》,《中央民族學院學報》1990 年 1 期;收入《納西東巴文研究叢稿》,巴蜀書社,2003 年。

② 高明《古文字類編》,中華書局,1980 年;高明、涂白奎《古文字類編》(增訂本),上海古籍出版社,2008 年;劉釗等《新甲骨文編》,福建人民出版社,2009 年;李宗焜《甲骨文字編》,中華書局,2012 年。按《甲骨文字編》1385—1464 頁《合文》分兩大部分,一是該書正文單字中未收錄的合文 328 個,二是已在正文單字中收錄,作者稱爲"重見正文"的合文 16 個,二者合計 344 個。但前者 172 號"毓祖乙"與 168 號"祖乙"、179 號"毓祖丁"與 175 號"祖丁"、203 號"毓妣辛"與 201 號"妣辛"寫法完全相同,只是指稱不同,不應另列,故該書實收合文 341 個。

吉、受佑"之類)30個,地名、人名、物名、時間名("今日、翌日"之類)23個。

(4)語法結構

以《古文字類編》(1980年版)統計,計有聯合式18個,如"上下、風雨、牝牡、甲寅";偏正式235個,如"小牢、大甲、人方、二月、八十、允雨";動賓式14個,如"受佑、亡尤、有禍、延雨"。

2. 古漢字合文演變的基本趨勢

古漢字合文的數量,我們根據相關工具書統計,得到如下的數據:甲骨文合文,《甲骨文編》合文卷收錄371個,《甲骨文字編》收錄合文341個。金文合文,《金文編》(1985年版)收錄78個,《古文字類編》(1980年版)收錄49個,增訂本收錄105個,《新金文編》收錄105個。[1]。戰國文字合文,《古文字類編》(1980年版)收錄13個,增訂本收錄242個;《戰國古文字典》收錄238個;《戰國文字編》收錄338個[2]。其中《金文編》和戰國金文有部分重複。

從甲骨文到金文,合文數量逐漸減少。從金文到戰國文字,合文數量有反彈。其原因大致有:一是六國文字異形,合文比較複雜;二是戰國璽印、貨幣文字中合文較多;三是各書收錄了相當數量的純數字合文,如《戰國古文字典》收了57個,《戰國文字編》收了55個,而其中有些不是合文,如:廿、卅、卌。但秦漢以降,合文還是逐漸減少並基本消失了。合文消逝的原因,是隨行款的規範而分開書寫。一時未消逝的,結構、用法沒有大的變化。如:

---

[1] 董蓮池《新金文編》,作家出版社,2011年。
[2] 何琳儀《戰國古文字典》,中華書局,1998年。湯餘惠主編《戰國文字編》,福建人民出版社,2001年。

	上下	一月	五月	五十	八十	小臣	之日	八月	至于
甲骨文									
金文									
簡帛陶文									

甲骨文以後產生的合文，如金文中的"寡人、公子、大夫、至于、無疆、寶尊、寶用"，戰國文字中的"子孫、之所、邯鄲、日月"等，都沒有凝固成形聲字的。以上有些合文包含形聲字，其產生就更在形聲字之後了。可以說，古漢字合文演變的基本趨勢是分書，而不是凝固成形聲字。

3. "翊、峕、伍、什"等字是否合文形聲字

唐蘭所舉的由合文、計數字變來的形聲字基本上都不能成立。

（1）從計數合文的類別和數量看"仁、伍、什"等字

按量詞來分，《古文字類編》（1980 年版）的計數合文有 23 類："三封、一月、三旬、三祀、二示、一告、一牢、一牛、一羊、一豕、二犬、一牝、二牡、一羌、二人、二南、一邕、一卣、二伐、二朋、三報、三祖丁、三祖庚"，總數共 87 個。

如果"仁、伍、什"真是由計數合文"二人、五人、十人"變成的形聲字，為什麼只有帶"人"的一類，而且又只有其中的"二人、五人、十人"變成了形聲字？可見即使"仁、伍、什"是由計數合文變來，也不具有普遍性。

（2）從詞彙複音化看"翊"字

說"翊"由合文"羽日"變來，其前提是"羽日"產生在"翊"字之前，但甲骨文的事實不能證明這一點。

甲骨文表今後某日，有"羽、翊、翌、羽日、翊日、翌日"等多種形式。一期甲骨大量使用單音詞"羽"，複音詞"羽日"僅有數例，

但此時形聲字"翊"已經產生,而且有了"翊日"的用法。

三期甲骨雙音詞"羽日、翊日、翌日"大量湧現,其中以"翌日"爲多,達 210 多次。這說明,形聲字"翊"產生在前,而由"羽"變爲"羽日、翌日"的複音化高潮在後。在一期甲骨中,複音詞"羽日"尚處於萌發階段,不可能逆流而動,緊縮爲單音詞"翊"。

另"翊"後仍可加"日"字作"翊日",說明形聲字"翊"中的"日"旁是外加的,而不是緊縮"羽日"而來。

(3)從出現的年代看"嵒、伍、什、驂、駉"等字

根據現有的材料,"嵒"始見於戰國中山王器,"伍"始見於戰國璽印,"什"始見於雲夢秦簡,"驂"始見於石鼓文,"駉"始見於西周晚期金文,都是後起形聲字,其產生距離形聲字起源的時代已相當久遠了。

同時"仁、雀"不是形聲字,說"員"從鼎〇(圓)聲是有可能的,但也不是沒有疑問,因古文字中還沒有"〇"獨立用作"圓"的用例。總的來說,唐蘭所舉的例字不能證明形聲字產生於合文。

4. 可能是合文形聲字的例證

甲骨文中可能確實有個別形聲字是由合文演變而來的,如"牝"。于省吾《甲骨文字釋林·釋牝》說:"牝字的初文本作匕,後來加上形符的牛字,遂成爲從牛匕聲的形聲字。就一時所知,甲骨文匕牛二字分作兩行者凡三見":

乙卯卜,貞,𣪠,先匕/牛?(乙 8728,即合 22283,又合 22284 與此同文)

己酉卜,用匕/牛彡? 弜用匕牛?(外 67,即合 34401)

例中"/"表示提行,"匕牛"分寫在兩行,當然不會是一個字。文中還舉了 5 片"匕牛"縱行排列但不分行的用例,認爲也應是兩字①。甲骨文"牝 𤘔、𤘔"字常見,如果此前確實是兩字,而後

---

① 于省吾《甲骨文字釋林·釋牝》,中華書局,1979 年。又張秉權、濮茅左等學者也有類似的看法,參見于省吾主編《甲骨文字詁林》1523 頁,中華書局,1996 年。

代又是一個形聲字,那中間就可能經過了一個通過合文逐漸凝固的階段,所以姚孝遂等學者將甲骨文中的"牝"以及"牡"都看作合文①。

但將甲骨文"牝"看作合文並沒有成爲學界的共識,即以上列兩條卜辭中的"先匕牛""用匕牛"爲例,常見的幾種甲骨文釋文,《殷墟甲骨刻辭摹釋總集》《甲骨文合集釋文》釋作"先妣牛""用人牛",《甲骨文校釋總集》釋作"先妣牛""用尸牛",只有《殷墟甲骨文摹釋全編》釋作"先匕牛""用匕牛"②。造成分歧的原因,可能是"匕牛"分行書寫的用例太少,各家對"匕"字的看法不一,"匕牛"變爲形聲字的中間環節不明等等,所以"牝"是否合文形聲字還需要研究。

5. 由合文演變爲形聲字必須解決的兩個難題

由合文演變爲形聲字會踫到兩個難題。一是兩個獨立的字,如何進行形聲分工;二是讀音要由雙音節變爲單音節,而且這種演變還應在表義功能等價或基本等價(如"翊"義即"羽日","伍"義即"五人")的情況下進行。

語法結構爲聯合式的合文,如"上下",兩字意義無輕重之別,似可任取一字作形符表義,另一字作聲符表音,如以"上"表義,以"下"表音;語法結構爲偏正式、動賓式的合文,如"小牢、受佑",意義重心在中心語和動詞,似應以"牢、受"爲形符,"小、佑"爲聲符。但是,詞的音義實際上是不可分割的整體,此音表此義,彼音表彼義,"下""小""佑"之音又如何能表示"上""牢""受"或"上下""小牢""受佑"之義呢? 又如"大甲",讀"大"難以表示"甲",讀"甲"難以表示"大"。所以,由合文的兩字進行形聲分

---

① 姚孝遂主編《殷墟甲骨刻辭類纂·序》12頁,中華書局,1989年。于省吾主編《甲骨文字詁林》1522、1525頁姚孝遂按語,中華書局,1996年。

② 姚孝遂主編《殷墟甲骨刻辭摹釋總集》,中華書局,1988年。胡厚宣主編《甲骨文合集釋文》,中國社會科學出版社,1999年。曹錦炎、沈建華《甲骨文校釋總集》,上海辭書出版社,2006年。陳年福《殷墟甲骨文摹釋全編》,線裝書局,2010年。

工,然後凝固成一個形聲字,從表音表義的角度看,是非常困難的。至於由三字構成的合文,那就更難了。

總之,合文的二合結構也許在形式上對形聲字的產生有啓發作用,有少數形聲字也有可能是由合文演變而來的,但這肯定不是形聲字產生的主流,合文與形聲字起源的關係不大。

第二節 甲骨文中的形聲字

要弄清漢字形聲字的產生和發展,必須對漢字進行分期斷代的研究。下面分甲骨文、金文、小篆和現代漢字幾個階段來談。

一、甲骨文形聲字研究的取材範圍

甲骨文是現存最早的成系統的漢字,距今約有 3300 年;商代還有金文,但數量較少;甲骨文是研究漢字早期形聲字的主要材料。甲骨文單字總數,孫海波《甲骨文編》共收單字 4673 字①,沈建華、曹錦炎《新編甲骨文字形總表》收單字 3986 字,二人後來出的《甲骨文字形表》收單字 3910 字②,劉釗等《新甲骨文編》收單字約爲 3554 字③,李宗焜《甲骨文字編》收單字 4378 字④。

---

① 孫海波《甲骨文編》,中華書局,1965 年版,1989 年第三次印刷。《甲骨文編》收字,正編按《說文》順序排列 0001—1723 號,合文 2001—2371 號,附錄上、下 3001—5949 號,除合文外,共收單字 4672 號。因正編中 1368 號重復一次(書中用 1368A、1368B 相區別),故《甲骨文編》正編實收 1724 字,全書實收單字 4673 字。

② 沈建華、曹錦炎《新編甲骨文字形總表》(香港中文大學出版社,2001 年)收字 4071 號,減去祖先名合文 85 號,實有單字 3986 字;二氏《甲骨文字形表》(上海辭書出版社,2008 年)收字 4026 號,減去祖先名合文 112 號、數字合文 4 號,實有單字 3910 字。

③ 劉釗等《新甲骨文編》,福建人民出版社,2009 年。該書《後記》說"《新甲骨文編》正編的字頭數約爲 2350",該書《附錄》收字 1204 號,兩項合計收字約爲 3554 字。

④ 李宗焜《甲骨文字編》,中華書局,2012 年。

《甲骨文編》正編（已隸定）1724字，附錄上、下（未隸定）2949字。正編中《說文》所有的、即一般認爲已認識的942字，說文所無、即一般認爲尚不認識的782字。此782字可以弄清其偏旁，甚至可以明瞭其意義，但音讀則仍不明，所以嚴格地說可以算得上認識的甲骨文，不過一千字左右。

圖示如下：

$$《甲骨文編》4673 \begin{cases} 正編（已隸定）1724 \begin{cases} 《說文》所有 942① \\ 《說文》所無 782 \end{cases} \\ 附錄（未隸定）2949 \end{cases}$$

確定是否形聲字應知道其讀音，從某種意義上說，認定一個形聲字比認定一個表形字還要困難。認定表形字，主要從字形入手（當然還要看辭例和文獻），如一些論著對《甲骨文編》附錄中下列表形字的釋讀：

3243 ，《漢語古文字字形表》78頁釋"疋"②。

4458 ，同上447頁釋"乳"。

5023 ，同上509頁釋"蠱"。

3382 ，《古文字類編》331頁釋"醯"③。

3412 ，同上518頁釋"鑿"。

3705 ，同上228頁釋"雞"。

5042 ，同上212頁釋"蟬"。

---

① 《甲骨文編·編輯序言》說該書正編見於《說文》的有941字，據我們核查實際爲942字。另此942字中，有3字是《說文》新附字，即：量0815、驛1155、濤1305。

② 徐中舒主編《漢語古文字字形表》，四川人民出版社，1980年。

③ 高明《古文字類編》，中華書局，1980年。

4705、4708，康殷《文字源流淺說》5頁釋"奇(騎)"①。

以上的字，有的已得到公認，如"乳"；有的字，如"醢"象人在容器中被搗成肉醬，是古代的一種酷刑，"鑿"象山洞中開礦之形，釋"醢"釋"鑿"雖不是定論，但意義不會差得太遠，大致可以接受。

而認定一個字是形聲字，必須要其音義都比較明確，而許多字的讀音，恰恰是最難確定的。如下列《甲骨文編》正編已經隸定而《說文》所無的字：

麤 0974　　羅 0975　　冤 0977

眾 0978　　敗 0979

它們究竟是會意字，還是形聲字？這5字很可能都是會意字，前4字象以網捕獸，後一字象以戍（斧頭）破網，但不能排除有一形一聲的可能性。由於音義難以確定，所以我們覺得甲骨文形聲字研究的取材，還是以限定在《甲骨文編》正編當中《說文》所有的、即讀音明確的942字範圍以內比較妥當。

4000多甲骨文以900多字爲研究對象，是否具有代表性？我們的看法是，甲骨文流傳到後代，哪些字在《說文》中得以留存下來，是隨機的，自然形成的，不是人爲挑選的，因此，942字中形聲字出現的概率，應該和《說文》所無的字是一樣的，應該具有代表性。

當然《甲骨文編》也有不少疏漏，其中不少編者當時認爲不認識的字，後來已有人考釋出來，如4787　可釋爲濕，4728

---

① 康殷《文字源流淺說》，榮寶齋，1979年。

可釋爲狼、4995 [字] 可釋爲娘①, 3985 [字] 可釋爲腹②。正編中還有一些《說文》所無而見於後代字書的形聲字,如:杞 0741 [字]、狼 1193 [字]、姪 1453 [字]、姁 1468 [字]、姐 1469 [字]、嬉 1470 [字]。由於我們現在還無法對約 3000 個不認識的單字進行全面的考察,從而確定其中形聲字的比例,由於甲骨文有、《說文》所無而又見於後代字書的形聲字,或者爲《說文》漏收,或者《說文》時根本就沒有這個字,後代字書所收的這個字只是和甲骨文巧合同形,爲了使甲骨文和《說文》形聲字量的比較更加嚴謹、合理,所以我們在統計甲骨文形聲字時,只以《甲骨文編》正編中《說文》所有的 942 個字爲準,這以外的形聲字,可以作爲例字,但不計入統計數。

二、怎樣確定甲骨文中的形聲字

確定形聲字的關鍵是判定字中某一部分的讀音和全字的讀音有諧聲的關係。甲骨文去今久遠,字多不識,文辭古奧難懂,且多殘缺,要確定甲骨文中的形聲字,有許多困難。《說文》是我們接近和認識甲骨文的橋樑,書中對字形的分析對我們有莫大的幫助,可以作爲判定形聲的重要依據。但是,該書也有不少的問題和錯誤。《說文》和甲骨文相對應的 942 字中,有 96 個字《說文》認爲是形聲字,而我們認爲不是形聲字或不宜計入甲骨文形聲字(字形結構不對應的不包括在內,如:"箙、彈"《說文》作箙、彈,形聲;甲骨文作 [字]、[字],象形)。這些字主要有以下幾種情況:

---

① 高明《古文字類編》474、199、39 頁,中華書局,1980 年。
② 島邦男《殷墟卜辭綜類》87 頁,日本東京汲古書院增訂本,1971 年。

1. 由於形體訛變，《說文》誤認爲是形聲字的。如：

盡 0630 ▨，《說文·五上皿部》作盡，从皿，𦘔聲。

既 0657 ▨，《說文·五下皀部》作▨，从皀，旡聲。

年 0876 ▨，《說文·七上禾部》作▨，从禾，千聲。

歆 1079 ▨，《說文·八下歆部》作▨，从欠，酓聲。

彝 1554 ▨，《說文·十三上糸部》作▨，从糸，从廾，从米，丂聲。

這類字還有：言 0277、叡 0364、綵 0390、埶 0424、甫 0459、幽 0533、更 0535、直 0588、可 0593、卷 0611、即 0656、罩 0658、枼 0739、南 0776、賓 0795、函 0851、穗 0875、監 1037、卿 1103、長 1133、𡠦 1147、𦰩 1204、莘 1259、聖 1397、氏 1501、戌 1524、黃 1606，共 32 字。

2. 甲骨文、小篆字形結構基本相同，《說文》誤釋爲形聲字的。如：

帝 0006 ▨，象花蒂之形。《說文·一上上部》作▨，从丄，朿聲。

聿 0391 ▨，筆之初文。《說文·三下聿部》作▨，从聿，一聲。

魯 0483 ▨，象以盤承魚之形。《說文·四上白部》作▨，从白，魚省聲。

次 1077 ▨，象人口出氣之形。《說文·八下欠部》作▨，从欠，二聲。

奚 1260 ▨，象以手抓人髮辮之形，"奚"爲奴隸之名。《說文·十下大部》作🔲，"奊，大腹也，从大，絲省聲。🔲籀文系字。"

這類字還有：吏 0004、每 0041、蓐 0058、余 0069、喙 0087、單 0138、商 0268、卑 0290、臤 0393、支 0414、羔 0512、刅 0570、彭 0607、去 0644、岫 0647、食 0662、韋 0710、員 0791、昏 0810、宜 0906、散 0998、允 1061、競 1066、駁 1153、夲 1255、弘 1543、系 1546、興 1630、降 1644、尤 1676、季 1696，共 36 字。

3. 由於字形的演變，詞義的衍生，在《說文》時代爲形聲字，而在甲骨文中應爲一字之異體的

甲骨文形體常常不太固定，或字體繁簡有別，或偏旁互相替換，意義並無差別。如果我們將字的加旁異體都看作後起的形聲字，有以今律古之嫌，是按後世的用法追認前代的字爲形聲字。共 19 字：

遘 0169 🔲，靠 0526 作 🔲、🔲，象兩魚相遇之形，"靠""遘"意義相同，如卜辭："今日辛王其田，不🔲大風？"（合 28556）"壬寅卜，貞，今日王其田，叀不🔲大風？"（合 38186）"遘"0619 是"靠"0526 的異體，而不是形聲字。

征 0165 🔲，爲"正"0163 🔲 的異體。

彶 0202 🔲，爲"及"0359 🔲 的異體。

得 0205 🔲，爲"寻"🔲 的異體。"寻"見《說文·八下見部》"貝"訛變作"見"。

俘 1008 🔲，爲"孚"0335 🔲 的異體。

從 1026 🔲，爲"从"1025 🔲 的異體。

𦫵 0358 🔲，象持棍敲打麥穗脫粒之形，爲"𢾭"0424 🔲 的

異體。

摯 1404 ▨，爲"執"1256 ▨ 的異體。

啟 0415 本作 ▨，又作 ▨，省作"启"0095 ▨，"啟"非從攴启聲。

偁，3792 ▨，《甲骨文編》未釋；偁 0997 作 ▨、▨，再省作再 0528 ▨。皆象以爪舉魚之形，《說文》"再"訓"并舉也"，"偁"訓"揚也"，意義相同。甲骨文從爪之字，常將人形畫出，因行款的制約，人、爪又分離爲二，故"偁"是"再"之異體，而非形聲。

宿 0907 ▨，與"夙"0848 古文囨 ▨、▨ 同音同義，應是一字①。

𡨄 0911 ▨，與"囚"1257 ▨ 應爲一字。

𠂤 0646 ▨、▨，與"寧"0591 ▨ 應爲一字。

洋 1276 ▨，與"沈"1297 ▨、▨、"澤"1306 ▨（《說文》無）同意，象沈牛羊於河祭祀之形。卜辭如："▨ 三宰？"（合 16186）"河燎三宰 ▨ 牛三？"（合 33287）"貞，燎于河宰，▨，卯二牛？"（合 14558 正）因此，此"洋"爲"沈"的異體。

妝 1442 ▨，實爲"爿"0964 ▨ 之異體。甲骨文"人""女"常通用②，如"囚"1257 作 ▨，又作 ▨；"執"1256 作 ▨，又作"婞"

---

① 《說文》"夙"與其古文重文"囨、佲"是假借關係，參見黃天樹《〈說文〉重文與正篆關係補論》，《語言》第一卷，首都師範大學出版社，2000 年。

② 關於義近形符的通用，可參看高明《中國古文字學通論》第三章三節《意義相近的形旁互爲通用》，文物出版社，1987 年。

1486 [字];億0996作[字],又作[字];花園莊東地甲骨卜辭有"丁未卜,子其[字],用若?勿[字]?用。"(花東241)與"子其疾"(合集13730)、"王其疾"(合13699)相同。可見所謂"妝"字,實"疒"(或釋"疾")字之異體,非形聲字。

嬪1438 [字]、[字],爲"儐"0994 [字]、[字]的異體。甲骨文"賓"0795作[字]、[字]、[字],王國維認爲:"[字]上从屋,下从人从止,象人至屋下,其義爲賓。"①後又增繁作[字],我們覺得字中"人"與"卩"兩個人形重複,必有一定的緣故,所以還是釋[字]爲"儐",形聲字,而从"女"的幾個形體爲"儐"的異體,不釋作"嬪"。

媛1425 [字]、[字],《說文》訓爲"女隸",實與"奚"1260 [字]爲一字。"婴"1457 [字]、[字],《說文》所無,也應釋爲"奚"。

媿1445 [字],應是"鬼"1112 [字]、[字]的異體。

妸1429 [字],應是"何"0589 [字]的異體。

這類異體字與象形字增加形符變爲形聲字,如"畐"0694 [字]、[字]變爲"福"0011 [字]、[字]②,其區別在於:有的象形字在未加形符前不能很充分地表達詞的本義或引申義(如[字]可看作一種酒器),所以加形符以完足之,而異體字不增加或者改變形符,本已

---

① 王國維《與林浩卿博士論洛誥書》,《觀堂集林》卷一,中華書局,1959年。
② 此字現多釋作"祼",《甲骨文字詁林》姚孝遂按語指出:"此字異體甚多,釋'福'不可據。郭沫若釋'祼',其義近是,於形則難徵,只能存疑。"(中華書局,1996年,1078頁)爲便於對增加形符進行解說,仍暫釋爲"福"。

能充分地表達詞的意義。

4.《說文》訓釋難以信從，但又無法證實其誤的

有些字《說文》訓釋難以信從，但又無法證實其誤，則暫時存疑，不看作形聲字。共 8 字：

衾 0065 ，《說文·二上八部》："衾，从意也。从八，今聲。"

貸 0793 ，《說文·六下貝部》："貸，从人求物也。从貝，弋聲。"但甲骨文從戈，從弋當爲後世訛變，弋聲可能爲後世誤讀。

黍 0889 、 ，《說文·七上黍部》："黍，……从禾，雨省聲。"字形或象形，爲黍初文。增"水"者疑別是一字，或爲水名，加"水"之"黍"表穀物可能是假借字。

家 0896 、 ，《說文·七下宀部》："家，居也。从宀，豭省聲"。"家"確有從"豭"之初文 1139 者，但多數從 ，不從 ，況且二者僅一筆之差，何須乎省，且會意完全講得通，省聲難从。

宕 0909 ，《說文·七下宀部》："宕，……从宀，碭省聲。""碭"從"昜"得声，"昜"是聲符的表音部分，反而省去，且無不省之體，難以爲據。

兌 1062 ，《說文·八下儿部》："兌，說也。从儿，㕣聲。"字形似由"八、兄"兩部分構成。

摯 1407 ，《說文·十二上手部》："摯，固也，从手臸聲。"甲骨文字形渾然一體，難分形、聲，孫海波注"象兩手引目之形"，是。

紂 1553 ，《說文·十三上糸部》："紂，馬緧也，从糸，肘省聲。"此字《漢語古文字字形表》502 頁釋"轡"，"紂""轡"義近，但

省聲無據。

5.《說文》新附字中的形聲字

因《說文》新附字與《說文》正文編纂時代不同,不計在內。此類只有1字:

濤 1305 〔圖〕,《說文・十一上水部》新附字有"濤"。

另外,有些字《說文》認爲不是形聲字,我們認爲是形聲的,有 12 個:

鼓 0609 〔圖〕,《說文・五上鼓部》:"鼓,……从壴,攴象其手擊之也。"郭沫若說"鼓""壴"0606 〔圖〕本一字①。唐蘭在談到形聲字的產生時說:"中國語言裏的動字、區別字,大都和名字的聲音相同,而只有小差別。……名字是'魚',動字是'敔',區別字是'漁',……有許多象意字,可以唯讀半邊,我們稱爲象意字聲化。"②卜辭"鼓""磬"1132〔圖〕同例,都應是形聲字,只是〔圖〕尚未見獨立的字形,我們未將〔圖〕看作形聲字。以下"般、視、爤、漁、堇、婦",都是聲化的表形字。

般 1053 〔圖〕、〔圖〕,《說文・八下舟部》:"般,辟也。象舟之旋,从舟从殳。"郭沫若說"凡"即"盤"的初文,卜辭"盤庚"作"凡庚"③。"般"應是與"盤"有關的動詞。李孝定說:"般字象凡盤之旋。"④,槃 0732 〔圖〕,其下加"口",象承盤之形,應是纍增的形聲字。

---

① 郭沫若《卜辭通纂》321 頁,科學出版社,1983 年。
② 唐蘭《中國文字學》97 頁,上海古籍出版社,1979 年。
③ 郭沫若《卜辭通纂》272 頁,科學出版社,1983 年。
④ 李孝定《甲骨文字集釋》2773 頁,台北歷史語言研究所,1970 年再版。

燯 1203 ❐、❐,《說文·十上火部》:"燯,灼龜不兆也。从火,从龜。"甲骨文從"鼄",唐蘭認爲:"當是從火從鼄,象以火熟鼄,據余象意字聲化例,則鼄乃聲也。"①

漁 1377 ❐,《說文·十一下鱻部》:"鱻,捕魚也。从鱻,从水。"

婦 1417 ❐,《說文·十二下女部》:"婦,服也,从女持帚灑掃也。"卜辭"帚"❐恒用爲"婦",說明"帚、婦"同音,"帚"亦聲。

堇 1599 ❐、❐,《甲骨文編》"堇"字下收上列兩字形,後一字形應爲"熯",《說文·十上火部》:"熯,乾皃。从火,漢省聲。"②

習 0486 ❐,甲骨文從"日",唐蘭認爲爲形聲字③。此字及以下各字,非象形兼形聲。

盟 0843 ❐,《說文·七上囧部》:"盟,……从囧,从血。"古文作"盟"。囧 0842 ❐,《說文·七上囧部》:"囧,窗牖麗廔闓明。象形。……讀與明同。""盟"應從"囧"得聲。

室 0898 ❐,《說文·七下宀部》:"室,實也。从宀,从至,至所止也。"應從"至"得聲。

汸 1057 ❐,《說文·八下方部》"方"字或體作"汸"。"方"象耒形④,與水無關,"汸"應別系一字,水名,形聲。

---

① 唐蘭《殷虛文字記》9 頁,中華書局,1981 年。
② 參見唐蘭《殷虛文字記》83 頁,中華書局,1981 年。
③ 唐蘭《殷虛文字記》21 頁,中華書局,1981 年。
④ 徐中舒《耒耜考》,《中央研究院歷史語言研究所集刊》二本一分(1930 年),又《徐中舒歷史論文選輯》,中華書局,1998 年。

瀌 1292 ◰、◱，《說文·十一上水部》"砅"或體作"濿"。孫海波指出："石鼓文作瀌，此與之同。"應爲形聲。

巛 1349 ◰、◱，《說文·十一下川部》："巛，害也。从一雝川。"甲骨文從巛（災的初文）才聲，"巛"實形聲字◰的變形，孫海波該字下注曰："晚期卜辭巛從才爲形聲字，說文誤以爲從一雝川。"

總之，在確定甲骨文形聲字時，應該有歷史的觀點，應該以甲骨文字形和辭例作主要依據，要充分利用《說文》，但決不能以今律古。確定甲骨文形聲字時一個棘手的問題是異體字的歸併，《說文》中明顯地分爲兩字，它們是什麼時候分化而成的？在甲骨文時代是否已經開始分化？我們的處理似乎偏嚴，具體可商之處肯定很多，但我們覺得這種指導思想應該是對的。

三、甲骨文形聲字的數量、構成方式和比例

1. 甲骨文形聲字的數量和構成方式

我們對規定範圍的甲骨文逐一進行考察，共得形聲字 233 字，其構成方式和具體數量爲：

（1）由表形字加注聲符而成

共 7 字：

雞，0521 ◰、◱（《甲骨文編》釋"鳥"）→雞 0493 ◰、◱，加"奚"聲。

雚，萑 0506 ◰→雚 0507 ◰。楊樹達說："叩萑雚三文音並相近，余疑萑雚一字，雚於萑加注音符叩，如厂加干爲厈，网加亡

爲网之比。"①李孝定說："二者當爲一字，楊氏之言是也。蓋卜辭雖有從叩與否之別，一爲原始象形文字，一爲後起形聲字，下逮小篆始衍爲二。"②

鳳 0522 〔圖〕、〔圖〕→〔圖〕，加"凡"聲。

星，晶 0835 〔圖〕、晶→星 0836 〔圖〕、〔圖〕→小篆 〔圖〕，加"生"聲。

巛 1349 〔圖〕、〔圖〕→〔圖〕、〔圖〕、〔圖〕、〔圖〕，加"才"聲。

伙，烖 1206 〔圖〕→伙〔圖〕。《說文·十上火部》"烖"或體作"灾"，古文作"伙"，由"灾"到"伙"，形符簡化，增添聲符"才"。

服，𠬝 0362 〔圖〕→1054 〔圖〕→《金》1428 〔圖〕、〔圖〕→小篆〔圖〕。"服"甲骨文象以手按人之頭使屈服形，又加"凡"聲，金文"凡"始訛變爲"舟"，《說文·八下舟部》釋爲"从舟𠬝聲"。

以下4字不在統計範圍之內，沒有計入統計數：

鬻 0865 〔圖〕→〔圖〕。"鬻"字《說文》未收，見於《玉篇·鼎部》："鬻，煮也。"甲骨文初文象以鼎煮肉形，後加"𠂉"聲。

〔圖〕（合 21073）→〔圖〕（合 29783），于省吾認爲："〔圖〕字象横列的斧形，……後來孳乳爲〔圖〕，則成爲從斧午聲的形聲字。"③

〔圖〕（合 18165）→〔圖〕（合 27756），裘錫圭認爲〔圖〕是"擐"的初

---

① 楊樹達《卜辭求義》36頁，收入《楊樹達文集》之五，上海古籍出版社，1986年。
② 李孝定《甲骨文字集釋》卷四1299頁，台北歷史語言研究所，1970年再版。
③ 于省吾《甲骨文字釋林·釋斧》，中華書局，1979年。

第七章　形聲字研究 · 301 ·

文,意爲穿衣,🔲是加"○"(圓)聲的形聲字①。

🔲(合 32935)→🔲(合 28011),裘錫圭認爲🔲是"禦"的初文,意爲抵禦,🔲是加魚聲的形聲字②。

(2)由表形字加注形符而成

共 16 字：

屰 0265　🔲→逆 0168　🔲

启 0415　🔲→啓 0808　🔲

矢 1250　🔲、🔲→昃 0809　🔲、🔲

直 1530　🔲→德 0199　🔲,今多釋爲"循"。

又 0350　🔲→祐 0012　🔲、🔲

畐 0694　🔲→福 0011　🔲

酉 1709　🔲→酒 1710　🔲

宁 1661　🔲→貯 0794　🔲

父 0352　🔲　🔲→斧 1621　🔲

還有：牡 0078、禦 0020、畋 0425、寧 0591、祏 0016、鯀 0258、償 0994。

---

① 裘錫圭《釋殷墟甲骨文裏的"遠""狘"(邇)及有關諸字》,《裘錫圭學術文集》第 1 卷 167 頁,復旦大學出版社,2012 年。

② 裘錫圭《讀〈安陽新出土的牛胛骨及其刻辭〉》,《裘錫圭學術文集》第 1 卷 7 頁,復旦大學出版社,2012 年。

這種形聲字多是爲顯示引申義而加注形符。如"屰"本象人倒逆之形,加"辵"作"逆"表示逆行、迎接;"启"象以手開門,加"日"作"啓"表示雲開天晴。也有的加注形符以顯示本義,如"父"甲骨文作 ,金文作 ,象以手持石斧之形,甲骨文加"斤"作 斧。但甲骨文中這種加注形符以顯示本義的字比較少見。

(3)由假借字加注形符而成

共11字:

巳 1704 →祀 0014

屯 0040 →萅、芚(春)0053

匕 1024 →牝 0080

勿 1134 →物 0083

隹 0489 、 →唯 0094 、

羽 0487 →翊(昱)0812

至 1385 →姪 1423

多 0849 →姼 1424

井 0654 →妌 1435

子 1694 →好 1432

枼 0739 →媟 1443

此類字是假借字加形符而成的,在卜辭中都有假借字和形聲字相對的用例。如:

癸巳卜,㱿貞,燎十勿牛业五豛?(合 15616)

其牢、物？（合 37089）

王占曰,其隹丁吉？（合 5440 反）

其唯婦㽵正？（合 38729）

癸丑貞,甲寅酒羽（翌）日自甲不……（合 33013）

丁亥卜,翊（翌）日冓雨？（合 30105）

又如指稱同一位王婦的"至婦"（合 22226）和"婦姪"（合 14067）、"婦多"（合 22246）和"婦侈"（合 22246）、"婦井"（合 130 臼）和"婦姘"（合 181）、"婦子"（合 2860）和"婦好"（合 10136 正，"好"爲形聲字）、"婦枼"（合 14018）和"婦媟"（合 376 正）等①。

甲骨文中有"來、麥"二字，"來"0698 作 ，象小麥植株，"麥"0699 作 ，象"來"字下加"夊"形。朱駿聲《說文通訓定聲·頤部》"來"字下說："往來之來,正字是麥,菽麥之麥,正字是來。三代以來,承用互易。……許君未經訂正,故沿訛至今。"若依朱氏所說,"麥"字是在假借字"來"之上加形符以表示往來義的形聲字,從字形上看,也說得過去。但卜辭中"麥"或表穀名,或爲地名,沒有用爲往來之義的,說"來、麥"互易,還缺乏足夠的文獻依據,只好存疑。

（4）由聲符形符直接拼合而成

共 138 字：

旁 0007	萑 0042	蔽 0047	芳 0051	蒿 0052	犅 0079
牲 0081	問 0093	唐 0100	吝 0102	喪 0140	起 0141
歸 0144	歲 0161	遝 0166	造 0167	通 0170	逐 0175
遑 0176	徍 0203	徥 0204	律 0206	跽 0255	餗 0333

---

① 參見王宇信、楊升南主編《甲骨學一百年》447 頁《諸婦與諸子》,社會科學文獻出版社,1999 年。

截 0344	戯 0357	更 0421	敘 0427	習 0486	翌 0488	
雉 0492	雛 0494	雇 0495	鴈 0496	舊 0508	翰 0523	
膏 0550	剌 0556	可 0593	盧 0615	盂 0625	盛 0626	
廬 0627	亳 0683	牆 0697	杜 0721	杞 0722	柏 0723	
槀 0727	杧 0729	淞 0730	柄 0733	麓 0758	坒 0770	
責 0797	昕 0814	盟 0843	宅 0897	室 0898	宣 0899	
宙 0913	帛 0983	徇 0991	倞 0992	任 1001	侮 1006	
但 1009	耄 1045	汸 1057	龐 1119	騧 1154	麢 1171	
麋 1173	狋 1184	狂 1189	猶 1190	閔 1199	熹 1201	
夸 1241	河 1266	涂 1268	洛 1269	汝 1270	油 1271	
淮 1272	洧 1273	灤 1274	洹 1275	浿 1278	澤 1279	
況 1280	沖 1281	瀰 1282	滋 1284	沚 1285	汜 1286	
溪 1287	濘 1288	潢 1289	瀾 1292	潦 1294	涿 1296	
涵 1298	洎 1299	汱 1300	淡 1301	洒 1302	沐 1303	
岁 1347	霙 1362	霾 1363	霁 1364	霜 1365	龗 1379	
扜 1411	姓 1413	娶 1416	妃 1418	妊 1419	妹 1422	
娍 1427	娥 1428	㚢 1430	妽 1433	媡 1437	婪 1444	
戕 1507	戈 1508	匜 1537	綠 1551	鼉 1582	艱 1600	
鑊 1616	新 1622	陮 1641	成 1685	眞 1687	辟 1691	

這些字的聲符和形符之間，沒有意義上的關聯，也無主次之分，是直接拼合而造成新字。但從歷時的角度看，這些字，至少其中的相當一部分，很可能經過了假借的階段。如借"女"爲水名，後來才加水旁爲"汝"字。只是殷墟卜辭僅是商晚期的材料，没有更早的假借材料可作對比，所以看起來就是由聲符和形符直接拼合而成。

以上推測可從甲骨文到金文、小篆的發展中找到證據。甲骨文中的假借字，不少到金文中就加形符變爲了形聲字。如：

	甲骨文	金文
鄭	奠 0579	鄭 1034
師	𠂤 0773	師 0977
賓（賞）	商 0798	賓 1016
有	又 0839	有 1127
觀	雚 1074	觀 1444
妣	匕 1421	妣 1965
在	才 1590	在 2172

(5) 會意兼形聲或可以理解爲會意兼形聲的共 61 字。如：

攺 0420，象以棍擊它（蛇）之形，它亦聲。

剛 0554，象以刀破網之形，网亦聲。

聲 1398，象以錘擊磬之形，磬（殸）亦聲；

羞 1700，象以手（又）持羊進獻之形，又亦聲。

還有：

君 0090	召 0092	歷 0143	達 0172	龏 0295	晨 0327
埶 0343	㱿 0398	殺 0399	專 0412	敏 0417	效 0418
改 0426	教 0452	敦 0453	占 0456	𪚔 0466	朕 0467
羌 0514	受 0539	刊 0555	曶 0585	旨 0602	鼓 0609
楚 0757	龏 0840	宮 0958	寮 0960	敝 0985	佣 0993
依 0995	僖 0996	般 1053	𤞷 1080	麋 1172	炗 1200

爉 1203　埶 1256　湄 1290　零 1359　霖 1360　漁 1377
撣 1406　扔 1408　扡 1409　掤 1410　姜 1414　姬 1415
婦 1417　婢 1426　媚 1431　彊 1542　堇 1599　畯 1604
鎄 1617　陽 1640　陴 1646

雖然第 2 類表形字加注形符，也可能看作會意兼形聲，但這類字是意義分化的結果，它經歷了由本字到區別字的發展過程；而第 5 類則僅僅是會意字中包含了表音的成分。應該說第 5 類字還不是嚴格意義的形聲字，因爲這類字中的表音成分本質上是會意字不可分割的一部分，如果去掉，這個會意字就不能成立了。如"羞"字若去掉其中的"又"，只剩下"羊"，就不能表示進獻之意了。這類字以從"人、女、又、止"的字爲最多。

2. 甲骨文形聲字所佔的比例

我們在前面劃定的研究範圍是《說文》和甲骨文相對應的 942 字，在研究中又提出有 19 個字在《說文》時代爲形聲字，而在甲骨文中應爲一字之異體，如"遘"和"冓"、"征"和"正"、"俘"和"孚"、"從"和"从"，這樣就歸併了 19 字。另外，《甲骨文編》有一些重見字，如 0017 禘作 ☒，又重見 0006 帝；0097 右作 ☒，又重見 0350 又；0388 史、0389 事、1003 使都作 ☒，又重見 0004 吏。這樣的重見字有 36 字。編者設置重見，是爲了區別不同的用法並與《說文》對應，但就文字來說則虛增了數量，所以在確定總字數時應將其減去。準此，我們研究材料的總字數爲 942－19－36＝887 字。

887 字中有形聲字 233 字，形聲字所佔比例爲 26.27％。

在我們前後，還有一些學者對甲骨文形聲字的數量作過研究。郭寶鈞《中國青銅器時代》說甲骨文形聲字約佔 18％，梁東漢《漢字的結構及其流變》說甲骨文形聲字佔 20％左右，但都未列出具體材料①。列出甲骨文形聲字表的論著主要有：

李孝定《從六書的觀點看甲骨文字》"將所有形音義可以確知的甲骨文字，用六書的觀點，加以分析和歸類"，總字數1225字，其中形聲字334字，佔27.27%②。但其總字數中，有假借字（重出）129字、未詳字70字，若排除，則其總字數應爲1026字，形聲字佔32.55%。

管燮初《從甲骨文的諧聲字看殷商語言聲類》說："見於著錄的甲骨文字三千多，認識的約三分之一，其中有經過學者討論過的諧聲字446個。""三千多"，按中綫數算，其三分之一約1200，則形聲字約佔37.17%③。

孔仲溫《殷商甲骨諧聲字之音韻現象初探——聲母部分》在甲骨文"見於《說文》的部分"，總共檢得形聲字221字④。見於《說文》的甲骨文若按942字計算，則比例爲23.46%。若總數扣除《甲骨文編》重出的36字，則比例爲24.39%。

鄭振峰《甲骨文構形系統研究》對1380個甲骨文進行了構形分析，字中包含標音成分的標音合成、形音合成、義音合成、綜合合成字共311字，佔22.54%⑤。

陳婷珠《殷商甲骨文字形系統再研究》就"甲骨文能進行表詞結構分析的單字字形總數共2134個"按象形、指事、會意、形聲進行分類，其中形聲字330字，佔15.46%⑥。

---

① 郭寶鈞《中國青銅器時代》241頁，三聯書店，1963年。梁東漢《漢字的結構及其流變》125頁，上海教育出版社，1959年。
② 李孝定《從六書的觀點看甲骨文字》，《南洋大學學報》第二期，1968年；又載《漢字的起源與演變論叢》，聯經出版事業公司，1986年。
③ 管燮初《從甲骨文的諧聲字看殷商語言聲類》，中國古文字研究會成立十周年學術研討會論文，1988年；《古文字研究》第二十一輯，中華書局，2001年。
④ 孔仲溫《殷商甲骨諧聲字之音韻現象初探——聲母部分》，《聲韻論叢》第四輯，學生書局，1992年。
⑤ 鄭振峰《甲骨文構形系統研究》43頁，上海教育出版社，2006年。
⑥ 陳婷珠《殷商甲骨文字形系統再研究》251頁，上海人民出版社，2010年。

因爲甲骨文的釋讀、判定難度很大,加上研究範圍、判定標準和看法的差異,各家數據不可能完全一致。孔仲溫文和本書研究範圍相同,數據也比較接近,不謀而合,也許說明佔 25％ 左右是比較穩妥的。

四、對甲骨文形聲字的幾點認識
1. 甲骨文形聲字已進入初步發展的階段

從以上的分析看,甲骨文形聲字已經走過萌芽階段而進入了初步發展階段。

從數量來看,甲骨文形聲字已佔 25％ 左右,數量相當可觀。從構成方式來看,後代形聲字的構成方式已經基本具備。特別值得注意的是,甲骨文中已經有了由形聲字充當聲符的"二次形聲字"和"三次形聲字"。這些字是:

犅 0079 〔圖〕、〔圖〕。從牛,剛聲。剛,從刀,网聲。

餞 0344 〔圖〕、〔圖〕。從食,㦰聲。㦰,從戈,才聲。

湘 0730 〔圖〕。從氵,㮚聲。㮚,從木,即聲。按,此字下還從火,《甲骨文編》原隸作"櫛",今從郭沫若說隸作"湘"。

騽 1154 〔圖〕。從馬,習聲。習,從日,羽聲。

狂 1189 〔圖〕、〔圖〕。從犬,㞷聲。㞷,從止,王聲①。

盛 0626 〔圖〕。從皿,成省聲。成,從戊,丁聲。

蔽 0047 〔圖〕、〔圖〕。從艸,嚴聲。嚴,從又,虐聲。虐,從虍,且聲。

---

① 裘錫圭《釋殷墟甲骨文裏的"遠""狖"(邇)及有關諸字》釋此字爲"狖",《裘錫圭學術文集》第 1 卷 167 頁,復旦大學出版社,2012 年。

特別值得注意的是"蔽"是"三次形聲字",這是形聲字相當發展了才可能出現的。

另外,甲骨文中還有用不同的聲符造成同一個形聲字的異體的,"麓"0758作🌳,從林,鹿聲;又作🌳、🌳、🌳、🌳,從林或艸,录聲。《說文》"麓"🌳的古文作"禁"🌳,與甲骨文完全一致。

2. 加注形符是甲骨文形聲字的主要構成方式

在談到形聲字構成方式時,人們有時候會忽略量的分析,把加注聲符和加注形符兩種方式相提並論。實際上加注聲符這種方式,並不具備能產性①。在甲骨文中比較明確只有前述的 10 來例,從甲骨文到金文用例也不多,常見的只有下列 10 多例:

	甲骨文	金文	
上	0005	0007	加尚聲
福	0011	0015	加北聲,"福、北"皆上古職部字。
齒	0252	0295	加止聲。
耤	0571	0701	加昔聲。
其	0577	0723	加丌聲。
才	0767	0646	加兹聲,"才、兹"皆上古之部字。
寶	0904	1200	加缶聲。"寶、缶"皆上古幽部字。

---

① 參見喻遂生《漢古文字、納西東巴字注音式形聲字比較研究》,《西南師範大學學報》1993 年學術叢刊;又收入《納西東巴文研究叢稿》,巴蜀書社,2003 年。

保	1005		1309	加缶聲。"保、缶"皆上古幽部字。
裘	1042		1401	加又聲。
兄	1065		1436	加往聲,"兄、往"皆上古陽部字。
立	1263		1701	用爲位,加胃聲。
鑄	1615		2226	加邑聲。"鑄、邑"皆上古幽部字。
禽	1667		2353	加今聲。
望	1035		1378、	加亡聲,並替換眼目。
隊(墜)	1643	、	2324	加豕聲,並替換人形。

吳振武《古文字中的"注音形聲字"》收集甲骨文、金文、古錢、璽印、盟書、楚簡中的注音形聲字,可謂取材宏富,所得也只有 40 例①。比起後代由象形字、假借字加注形符(包括看起來是由聲符、形符直接拼合而成,但實際上可能經歷過假借階段的)產生成百上千的形聲字,簡直不可同日而語。

加形形聲字是早期形聲字的主體,而它們的聲符本來都是有意義的,或爲本義,或爲假借義,從這個角度來理解唐蘭所說

---

① 吳振武《古文字中的"注音形聲字"》,《古文字與商周文明》,台北歷史語言研究所,2002 年。又參何琳儀《戰國文字通論》200 頁《增繁標音偏旁》,中華書局,1989 年。

的"總之,形聲字的聲符所代表的語言,每一個語言不論是擬聲的、述意的、抒情的,在當時總是有意義的,所以每一個形聲字的聲符,在原則上,總有它的意義"①,就很好理解了。

3. 甲骨文中已經有了省聲字

甲骨文已經有了省聲字。如：

麓 0758 [字形],從林,鹿聲。又作 [字形](《古文字類編》295 頁)[字形](《漢語古文字字形表》231 頁),鹿頭爲鹿之省。

盛 0626 [字形],孫海波指出："從皿從成省"②。卜辭中"盛"三見,未見有從"成"不省之字,此字抑或不是"盛"字,劉釗《新甲骨文編》即隸定作"[字]"③。但比較下列金文和詛楚文、楚簡從"成"省聲字例,我們覺得看作從"成"省聲是可以的。

盛：[字形](盛季壺)→省声：[字形](曾伯匜)、[字形](史免匜)、[字形](殳季良父壺)

城：[字形](班簋)、[字形](城虢遣生簋)、[字形](居簋)、[字形](詛楚文)→省声：[字形](元年師兌簋)、[字形](散盤)、[字形](羌鐘)、[字形](尹鉦)、[字形](鄂君啓車節)、[字形](中山王鼎)、[字形](信陽楚簡)

另外,甲骨文"高"0682 作[字形],又作[字形]、[字形],孫海波注"或省口"。"蒿"0052 作[字形],"稾"0727 作[字形],"亳"0683 作[字形],"膏"0550 作[字形],又作[字形],孫海波在"膏"字下注"或從高省"。我們覺

---

① 唐蘭《中國文字學》107 頁,上海古籍出版社,1979 年。參見楊樹達《積微居小學金石論叢》38 頁《形聲字聲中有義略證》,中華書局,1983 年。

② 轉引自李孝定《甲骨文字集釋》卷五 1705 頁,台北歷史語言研究所,1970 年再版。

③ 劉釗等《新甲骨文編》304 頁,福建人民出版社,2009 年。

得,"高"字是先有⌂,後加衍畫成高,並不是高省作⌂。因此,從"高"之字,可能較早成字的從⌂,較晚成字的從高,從⌂者並沒有經過一個簡省的過程。命字"口"在下,顯然是由⌂繁化而成的。因此無"口"的"高"及相關字不應算是省聲。

甲骨文形聲字中,還沒有發現典型的省形字,但有兩個字值得注意:

麋1172 ，孫海波注:"麋從眉得聲。"李孝定謂:"此字大體爲象形,然麋角斷無作'ㄣㄣ'形者。孫說爲從眉亦未安,蓋'囧'形明明與軀體相連也。字於六書不知居於何等,亦惟闕之,以俟高明耳。"①我們覺得這個字可能是個省形字。試比較:"媚1431"作 ，又作 ，眉 和鹿頭 相近,若"麋"作 則顯得十分纍贅,故省鹿頭而將眉置於鹿身之上。

翊0488 ,這個字一些學者如李孝定、戴家祥認爲是雙聲符字②。李孝定認爲其衍生線索是:

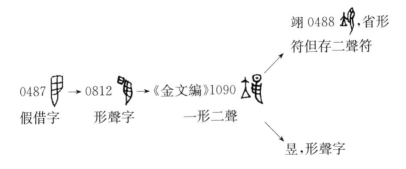

---

① 李孝定《甲骨文字集釋》卷十3063頁,台北歷史語言研究所,1970年再版。
② 李孝定《甲骨文字集釋》卷四1241頁,台北歷史語言研究所,1970年再版。戴說見吳浩坤、潘悠《中國甲骨學史》123頁所述,上海人民出版社,1985年。

李孝定說👤"省形符但存二聲符",即只有兩個聲符的字,這和一般說的省形字,即形符簡化但仍存在還不相同。2323 👤是"翌日"合文,作爲單字的 👤 僅見於金文,故唐蘭說:"至謂翊爲省,與史跡不符矣。"①唐蘭認爲其衍生線索爲:

一般來說,省聲省形字當產生在不省字之後,甲骨文省聲字的產生,也是甲骨文形聲字比較發展的一個證據。

4. 相對於假借字,甲骨文形聲字還處於弱勢地位

甲骨文有些形聲字由假借字加形符構成,如由"隹👤"變作"唯👤",由"羽👤"變作"翊👤"。在甲骨文中,"隹"除有極少數用例是表示本義外②,其餘都是假借爲虛詞"唯","羽"則全部假借爲表示今後某一天的"翊"。就字數來說,"隹"和"唯"、"羽"和"翊"是一比一的關係,但實際使用的次數,卻相差甚遠。我們用香港中文大學漢達文庫甲骨文庫進行檢索③,"隹"使用 2581 次,"唯"使用 7 次,"羽"使用 3699 次,"翊"使用 5 次。可見即使

---

① 唐蘭《殷虛文字記》17 頁,中華書局,1981 年。
② 《殷墟甲骨刻辭類纂》中册 649 頁收有 4 條表示"隹"的本義鳥的用例。
③ 漢達文庫甲骨文庫,香港中文大學中國文化研究所研製,收錄《甲骨文合集》《小屯南地甲骨》《英國所藏甲骨集》《東京大學東洋文化研究所藏甲骨文字》《懷特氏等所藏甲骨文集》《天理大學附屬天理參考館甲骨文字》《蘇德美日所見甲骨集》7 種著錄書的甲骨。

表示某義的形聲專用字已經出現，也還未能取代假借字成爲文字使用的主流。

在《假借字研究》一章中，我們分析了幾條卜辭中假借字的字頻比例，下面再舉一條爲例看看其中形聲字的使用情況：

王占曰："有祟。"八日庚戌，有各雲自東，宜母戊有出虹自北，飲于河。（合 10405 反）

其中"占（⟨img⟩）、戊、河" 3 字爲形聲字，佔全辭 25 字的 12.00%；"王、曰、日、各、雲、出、虹、飲" 8 字爲表形字，佔 32.00%；加線的 14 字爲假借字，佔 56.00%。

其他卜辭大致如此。說明甲骨時代形聲字雖然有了初步的發展，但相對於假借字，在使用中還處於弱勢地位。

第三節　金文中的形聲字

金文中的形聲字比起甲骨文有了較大的發展。陳夢家在談到甲骨文以後文字的發展時說[①]：

若是拿甲骨文和西周金文來比較，西周金文不同於甲骨文的有以下的各點：(1)不多出現新的象形，表示象形的產生，已告停頓，但是省變繼續，有時反而增繁；(2)形符的逐漸的定型，甲骨文的邁、逆兩字有從彳從止從辵三種形式，西周金文只從辵，但是一般形聲字的形符一直要到秦、漢才固定起來；(3)某些形符的增加，如走部、言部、心部、穴部、金部、广部、厂部的字在甲骨文內很少或幾乎沒有；(4)有了有字而假的"通假字"，這是受了時代的和地域的各種影響；(5)虛詞如"哀哉"的"哉"等漸漸出現，但還不太多；(6)形符與音符的替代多於甲骨文，這是受了地域的和類別的精

---

① 陳夢家《殷虛卜辭綜述》80 頁，中華書局，1988 年。

密化的各種影響。以上這些改變，當然因爲社會的物質生活有了變化，而民族、地域和時代也是主要的條件之一。

陳夢家說"象形的產生，已告停頓"，確是如此。用《漢語古文字字形表》和甲骨文比較，甲骨文以後新產生的表形字僅80多字，但有不少重要的表形字是甲骨文以後產生的。如《金文編》中所收的：

士 0055	走 0171	寇 0533
裹 0574	烏 0633	胃 0670
則 0685	竹 0707	巨 0731
矩 0731	彤 0817	某 0925
本 0926	末 0928	果 0929
賣 1020	瓜 1181	寒 1214
胄 1278	孝 1407	毛 1408
縣 1486	須 1487	然 1647
沙 1818	巠 1854	原 1860
夊 1865	闢 1909	閒 1910
閑 1912	民 2022	

據劉又辛統計，就造字結構而言，金文中形聲字已佔40%左右①。祝敏申《〈說文解字〉與中國古文字學》表八《〈金文編〉

---

① 劉又辛《論假借》，《羅常培紀念論文集》，商務印書館，1984年。又載劉又辛《文字訓詁論集》，中華書局，1993年。

形聲字表》，在《金文編》（第四版）正編 2420 字中，確定形聲字 1367 個，佔 56.48%①。吳威《〈金文編〉形聲字構形系統研究》在《金文編》（第四版）正編中，確定形聲字 1176 個，佔 48.60%②。魏常春《兩周金文形聲字發展探析》以《金文編》爲基本材料確定形聲字 1114 個，若以 2420 字爲基數，則佔 46.03%③。總之，金文形聲字已佔總字數的 50% 左右。

形聲字在金文中尚未取得主導地位，但形聲字已成爲創造新字的主要方式。例如金部字，殷商時代雖然創造了燦爛的青銅文明，但在甲骨文中至今未發現"金"字。胡厚宣在編輯《甲骨文合集》時，發現了一個從馬的"鎷"字，但是殘文，見於《甲骨文合集》第 36984 片④。到《金文編》中，從金旁的字共有 76 字。其中卷十四金部 45 字，散見於其他各部的 22 字，附錄下 9 字。《漢語古文字字形表》《古文字類編》《先秦貨幣文編》收錄而《金文編》未收的 9 個金部字未計在內⑤。76 字中，除 10 字音義不明和"金"字本身外，其餘 65 字，都是形聲字。如：

鬲 0434、　劍 0698、　皿 0783、
孟⑥ 0784、　盌 0785、　缶 0862、
槃 0943、　壺 1683、　戈 2029

---

① 祝敏申《〈說文解字〉與中國古文字學》458 頁，復旦大學出版社，1998 年。
② 吳威《〈金文編〉形聲字構形系統研究》31 頁，上海師範大學碩士學位論文，2008 年，指導教師陳五云。
③ 魏常春《兩周金文形聲字發展探析》附錄《兩周金文形聲字表》，河北大學碩士學位論文，2007 年，指導教師陳雙新。
④ 參見王宇信《建國以來甲骨文研究》第六章第三節《甲骨文"金"字的發現和殷人對金屬的認識》，中國社會科學出版社，1981 年。
⑤ 商承祚等《先秦貨幣文編》，書目文獻出版社，1983 年。
⑥ "孟"的後一字形據《金文編》（第三版）0640 號，科學出版社，1959 年。

匜 2068 [字形]、[字形]　　鑑 2229 [字形]　　鈴 2240 [字形]

上述字中"鬲、皿、缶、壺、戈"本爲象形字,亦加上"金"旁,但可能因爲太繁而爲後世所不取。

又如邑部字,《甲骨文編》只有一個"邑"字,《金文編》從"邑"的字共有 49 字。其中卷六邑部 42 字,見於別部的 7 字。《金文編》未收而見於他書的邑部字 36 字,未計在內。49 字中,除 1 字音義不明和"邑"字本身外,其餘 47 字都是形聲字。如:

越 0173 [字形]　　邦 1030 [字形]　　都 1031 [字形]

郪 1038 [字形]　　鄾 1040 [字形]　　邛 1050 [字形]

郐 1052 [字形]　　郭 1053 [字形]

這些字中"[字形]、[字形]、[字形]"是國名專用字,但後來仍使用假借字"越、燕、徐",由此可見假借字頑強的生命力。

有些形聲字產生以後,又重新被用爲假借字。如:

"邁"假爲"萬":[字形] 年無疆。(小克鼎 2799)

"厲"假爲"萬":其 [字形] 年永用。(散伯簋 3780.1)

"割"假爲"匄":[字形] 眉壽無疆。(曩伯盨 4443.2)

"盅"假爲"淑":荓人不 [字形]。(卯簋蓋 4327)

"遂"假爲"墜":我聞殷 [字形] 命。(大盂鼎 2837A)

"竈"假爲"造","囿"假爲"佑":[字形] [字形] 四方。(秦公簋 4315.2)

劉又辛解釋這種現象說:"這種情況,說明漢字在發展過程中這兩种傾向的鬥爭和互相轉化的情況。一個向表音方向發展,一個又拉向半表形。我們正可以在這個特殊矛盾中探索漢字發展的特殊性。"①劉又辛又說,漢字形聲字量在逐漸增加,但假借字仍處於統治地位,兩種發展方向在鬥爭,漢字仍在兩種方式間徘徊②。無論如何,到金文時代,形聲字已成爲創造新字的主要方式,這就爲後來形聲字取假借字而代之奠定了基礎。

後期金文中,出現了許多新的形聲字。例如《中山王器文字編》,採用中山王墓出土器物 118 件,2458 字次,不同單字 505 字、合文 13 例、存疑字 19 字,其中過去未見於著錄的達 149 字③。我們用《漢語古文字字形表》所收字形與中山王器中的鼎、方壺、圓壺、兆域圖共 1573 字的銘文進行比較,發現新出現的形聲字就有 109 個。這些字可分爲以下幾種情況:

1. 爲後世沿用的。這類有 57 字。如:

荒 0079　　仿 0277　　齒 0295

筐 0716　　賀 1002　　觀 1444

然 1647　　忠 1717　　茲 1722

愚 1739　　忍 1755　　勤 2216

隕 2326　　陀 2327　　醬 2407

施 附錄下297

---

① 劉又辛《論假借》,收入《羅常培紀念論文集》,商務印書館,1984 年。又收入劉又辛《文字訓詁論集》,中華書局,1993 年。
② 劉又辛與筆者的談話。
③ 張守中《中山王𗆳器文字編》,《凡例》及張頷《序》,中華書局,1981 年。

2. 與以前或以後的金文偏旁不同的。這類有 38 字。如：

迷 1449　　　信 0379　　　誅 0368

敵 1362　　　救 2047　　　體 0667

順 1758　　　擇 0527　　　位 1701

廟 1550　　　慮 1709　　　願 1745

謀 0339　　　哉 0646　　　幼 0642

戮 2038

3. 後來廢棄不用，仍使用表形字的。這類有 14 字。如：

亡 2057　　　世 0326　　　長 1576

長 2082　　　業 1767　　　使 1345

降 2325　　　上 0007　　　付 0487

以上第三類最有意思。"有亡（無）"的"亡"寫作（亡不率仁），"滅亡"的"亡"寫作（邦亡身死），加"辵"表示动作。"年長"的"長"寫作（長爲人宗、事少如長），加"立"；"長久"的"長"寫作（唯義可長），加"糸"；"兢兢業業"的"業"寫作，加"心"；"下降"的"降"還要加"止"。雖然後來這些字可能因爲繁瑣而未通行，但戰國時期文字符號日益精密化的趨勢和形聲字大量湧現的勢頭，確是值得我們重視的。

第四節　《說文》中的形聲字

《說文》共收字 9353 個，清人王筠《文字蒙求》和朱駿聲《說文通訓定聲》曾根據許慎的說解，對這些字的結構進行過分析和統計。他們研究的結果如下①：

	象形	指事	會意	形聲	合計	形聲所佔比例
《文字蒙求》	264	129	1254	7706	9353	82.4%
《說文通訓定聲》	364	125	1167	7697		82.3%

《說文》形聲字所佔比例高達 80% 以上，如金部 197 字，依許慎的說解，除"鏗、鑾、銜、鐳"4 字外，其餘 193 字皆形聲字；邑部 184 字，除"邑、郵、邑"3 字外，其餘 181 字皆形聲字。小篆時代，漢字已進入形聲字階段。

上世紀 80 年代以後，學界對《說文》形聲字作了大量研究，其中李國英《小篆形聲字研究》對《說文》形聲字形符聲符系統的研究特別深入翔實。據該書統計，陳昌治本《說文》實有正篆 9421 字，其中形聲字 8233 字，形聲字有義符 378 個、聲符 1670 個②，準此，則《說文》形聲字的比例爲 87.39%。

---

① 《文字蒙求》僅收形聲字 389 字，7706 是用《說文》總字數減去該書所收象形、指事、會意字數推算出來的。朱駿聲說見《說文通訓定聲》卷首之《說文六書爻列》，其中形聲亦未全列，但標有"右形聲列七千六百九十七字"。《爻列》還列了轉注 7 字、假借 115 字，李孝定《從六書的觀點看甲骨文字》說："朱駿聲的'六書爻列'，他所根據的是《說文》，總字數九四七五字，比《說文》正文九三五三字多出一二二字，應該是包括了新修、新附、佚文之類的結果。"（《漢字的起源與演變論叢》21 頁，聯經出版事業公司，1986 年）按多出的 112 字，即轉注 7 字、假借 115 字之和，兩類字形與前四書重出，不應重復計算，故《爻列》總字數，仍是 9353 字。

② 李國英《小篆形聲字研究》47、60 頁、87 頁注釋 59，北京師範大學出版社，1996 年。

《說文》形聲字有以下幾個問題值得注意：

一、訛變的形聲字

漢字從甲骨文、金文發展到小篆，許多字形發生了訛變，《說文》根據小篆分析字形結構，把許多表形字誤釋爲形聲字。例如①：

少 28，《二上小部》："㕯，不多也。从小，丿聲。"甲骨文作 0062 ，金文作 0104 。

身 170，《八上身部》："，躬也，象人之身。从人，厂聲。"甲骨文作 3345 ，金文作 1383 。

長 196，《九下長部》："，久遠也，从兀从匕。兀者，高遠意也，久則變化，亡聲。厂者，倒亡也。"徐鉉注："倒亡，不亡也，長久之義也。"甲骨文作 1133 ，金文作 1576 。

戉 266，《十二下戉部》："，斧也，从戈丨聲。"甲骨文作 1524 ，金文作 2052 、 。

這類字無論從字的歷史還是小篆字形都無法認可爲形聲。在統計《說文》形聲字時，應將這類字除開。這類字雖然爲數不少，但因《說文》字數基數較大，對形聲字的比例不會有太大的影響。

有些訛變的形聲字，訛變後的字形對形音均能作出新的較好的解釋，這類字不妨"將錯就錯"，承認它們是形聲字。例如：

年 146，甲骨文 0876 →金文 1164 、 →《說文·七上禾

---

① 本節《說文》例字後的數碼，爲中華書局 1963 年版大徐本《說文》的頁碼。

部:》"㒸,穀孰也。从禾,千聲。""年"本象人負禾穀形,金文始於人之豎畫加點、橫,爲《說文》從"千"所本。

飮180,甲骨文1079 ⿱、⿱(合35346)①→金文1464 ⿱、⿱→《說文·八上㱃部》:"㱃,……从欠,酓聲。"小徐本:"酓,酒味苦也,从酉今聲。"以"酓"作聲符的字,金文有"陰"2317 ⿱、⿱②,《說文》有"韽"(三上音部)、"雒"(四上隹部)、"盦"(五上皿部)、"媕"(十二下女部)。"飮"本會意字,但甲骨文時代,人的頭部就已開始和身體分離,金文中"酓"已獨立成字並作爲聲符造字,故不妨認可"飮"爲形聲字。

聖250,甲骨文1397 ⿱,→金文1923 ⿱、⿱、⿱,→《說文·十二上耳部》:"聖,通也。从耳,呈聲。"

二、省聲和省形

省聲和省形即形聲字的聲符或形符有部分省略,省形也指會意字的構成成分有部分省略③。這種現象在甲骨文中已經出現,是漢字形體簡化的趨勢所致,可以看作是六書的補充條例。

省形例如:

考173,《八上老部》:"考,老也。从老省,丂聲。"

履175,《八下履部》:"履也,从履省,婁聲。"

鹽247,《十二上鹵部》:"鹽,河東鹽池,……从鹽省,古聲。"

曐141,《七上晶部》:"曐,万物之精,上为列星。从晶,生

---

① 後一字形見《新甲骨文編》498頁,福建人民出版社,2009年。
② 後一字形見《漢語古文字字形表》542頁,四川人民出版社,1980年。
③ 參見趙伯義《〈說文解字〉省形論》,四川大學漢語史研究所《漢語史研究集刊》第四輯,巴蜀書社,2001年。

但《說文》省形多不可靠。例如：

媿 265，《十二下女部》："媿，慙也。从女，鬼聲。愧，媿或从恥省。"

橐 128，《六下橐部》："橐，囊也。从橐省，石聲。"按：甲骨文"東"0754 ◆即橐之初文，橐應為從束，石聲。

良 111，《五下畗部》："良，善也。从畗省，亡聲。"查"畗"111，"畗，滿也。从高省，象高厚之形。"這種經過幾次省略的形符的表形作用是很可懷疑的。

《說文》省聲數量較多，情況也較複雜①。據我們統計，《說文》釋為省聲的字共有 304 個，大致可以分為以下幾種情況：

1. 訓釋正確的。例如：

譱 56，《三上言部》："譱，……从言，龖省聲。……䜌，籀文譱不省。"

融 62，《三下鬲部》："融，……从鬲，蟲省聲。䰞，籀文融不省。"

夜 142，《七上夕部》："夜，……从夕，亦省聲。"按金文 1132 作 ◆，亦有不省作 ◆ 者。包山楚簡作 ◆，亦有不省作 ◆ 者。

秋 146，《七上禾部》："秋，……从禾，龜省聲。䆋，籀文不省。"

---

① 參見陳世輝《略論〈說文解字〉中的省聲》，《古文字研究》第一輯，中華書局，1979 年；姚炳祺《〈說文〉中之"省聲"問題》，《廣東民族學院學報》1988 年 2 期；曹先擢《〈說文解字〉的省聲》，收入《王力先生紀念論文集》，商務印書館，1990 年。

進 39，《二下辵部》："進，……从辵，閵省聲。"按《玉篇》"進"古文作"𧺆"①。

訢 57，《三上言部》："訢，……从言，斯省聲。"

珊 13，《一上玉部》："珊，……从玉，刪省聲。"

狦 204，《十上犬部》："狦，……从犬，刪省聲。"

姍 264，《十二下女部》："姍，……从女，刪省聲。"按《五上竹部》："笧，……从竹刪聲。""珊、姍、笧"上古音同爲元部心母字，"刪、狦"爲元部山母字，"珊、姍、狦"的得聲應和"笧"相同，即從"刪"得聲。

受 84，《四下受部》："受，……从受，舟省聲。"按"受"甲骨文作 0539 ![字形]、![字形]，字中"凡"又變爲"舟"，金文作 0657 ![字形]，石鼓文作 ![字形]，段注說"舟省聲，蓋許必有所受之"，是很有道理的。

2. 訓釋錯誤的。例如：

監 170，《八上臥部》："𥌢，……从臥，䘓省聲。"按"監"甲骨文作 1037 ![字形]，金文作 1381 ![字形]、![字形]，非形聲字。

巠 239，《十一下川部》："巠，水脈也，从川在一下。一，地也，壬省聲。"按"巠"金文作 1854 ![字形]，爲"經"之初文，非形聲字。

皮 67，《三下皮部》："皮，……从又，爲省聲。"按：金文作 0503 ![字形]，非形聲字。

奔 214，《十下夭部》："![字形]，走也，从夭，賁省聲"。按：金文作 1679 ![字形]，非形聲字。

---

① 曹先擢《〈說文解字〉的省聲》指出："這些字有的可能是根據《說文》而補出不省聲字的。"《王力先生紀念論文集》368 頁注①，商務印書館，1990 年。

望 267,《十二下亡部》:"⿱亡望,出亡在外望其還也,从亡,朢省聲。"按:朢、望應爲一字之異體。朢甲骨文作 1035 ✦,金文作 1378 ✦、✦、✦。"望"應是從朢省,亡聲。

黍 146,《七上黍部》:"✦,……从禾,雨省聲。"按:黍,甲骨文作 0889 ✦,表形字;又作 ✦,應是從水的形聲字。

哭 35,《二上吅部》:"✦,……从吅,獄省聲。"段注:"按許書言省聲多有可疑者。取一偏旁,不載全字,指爲某字之省,若家之爲豭省,哭之从獄省,皆不可信。……愚以爲家入豕部,从豕宀;哭入犬部,从犬吅;皆會意而移以言人,庶可正省聲之勉強皮傅乎。"王筠曰:"然從犬何以知爲獄省?凡類此者,皆字形失傳,而許君強爲之解。"①

宕 151,《七下宀部》:"宕,……从宀,碭省聲。"按"昜"是聲符的表音部分,反而省去,令人難以置信。

魯 74,《四上白部》:"魯,……从白,鮺省聲"。鮺 244,《十一下魚部》:"鮺,……从魚,差省聲。"這種遞省的字表音的可靠性很成問題。

豈 102,《五上豈部》:"豈,……从豆,微省聲。"敳 164,《八上人部》:"敳,……从人,从攴,豈省聲。"兩字互爲聲符而且省,是非常可疑的。

橐 128,《六下橐部》:"✦,……从橐省,襄省聲。"這種聲、形兼省的字《說文》共有四例,都不可信。"橐"字就是從束,殸聲的形聲字。

---

① 王筠《說文釋例》卷三,103 頁,武漢市古籍書店,1983 年。

3. 以小篆形音勉强可通的。例如：

從字形看，如：瑩 12、罃 109、榮 117、濴 149、熒 149、營 152、褮 173、藥 232、嫈 263、縈 275、塋 289、鎣 295、篗 302、醟 313，《說文》說解皆熒省聲。金文有 0922 ⚹、⚹、⚹ 字，正是"榮"的初文"𤇾"。《說文》無"𤇾"字，因此指定"熒"爲聲符，訓"瑩"等字爲省聲。

這類因字源迷失而釋作省聲的情況，在現代也可能發生。有一本初一《語文》課本在講形聲字時，將"載"字也列入其中①，現在"𢦏"字已不單用，學生怎能知道聲符呢？如果有老師聯想到從"𢦏"的幾個字，指定"哉"爲聲符，說"載、栽、裁"都是"哉"省聲，可能大家都會認可的。

從字音看，如：

隨 39，音旬爲切——蓨 22，音羊捶切，"从草，隨省聲"。隋 56，音雖遂切，"从言，隨省聲"。

惰 220，音徒果切——嶞 190，音徒果切，"从山，从惰省聲"。——鱓 242，音徒果切，"从魚，惰省聲"。

上述"隨、惰"諸字，皆上古歌部字，都從"隋"（歌部）得聲。只是到了漢代，一部分字（包括"隋"）轉入支部，讀音分化爲兩類（今音讀 uei 和 uo），《說文》爲了區別字音，把這些字說成是分別從"隋"和"惰"得聲。這雖不符合字形的本來面目，但卻切合漢代的讀音。

曹先擢《〈說文解字〉的省聲》稱這些字爲"解釋的省聲"②。

---

① 初中《語文》第一冊 249 頁《形聲字》，人民教育出版社，1987 年。
② 曹先擢《〈說文解字〉的省聲》，收入《王力先生紀念論文集》，商務印書館，1990 年。

4. 訓釋迂曲的。例如：

慯 222,"从心,殤省聲"。——殤 85,"从歹,傷省聲"。——傷 167,"从人,募省聲"。——募(募)110,"从矢,易聲"。其實這些字都是從"易"得聲。

熯 207,"从火,漢省聲"。——漢 225,"从水,難省聲"。

嘆 34,"从口,歎省聲"。——歎 179,"从欠,鸛省聲"。

"難"是"鸛"的異體,鸛 80,"从鳥,堇聲。難,鸛或从隹。"其實這些字都從"堇"得聲。

匋 109,"从缶,包省聲"。《說文》有"勹"187,即"包"字的初文。匋從缶,勹聲。

邁 39,"从辵,蠆省聲"。厲 193,"从厂,蠆省聲。"金文"邁、厲"皆可假作"萬",如前舉之"邁年無疆""厲年永用"。王筠《說文釋例》卷三談省聲時舉金文"邁"假爲"萬"數例,並說："聲苟不同,何以借用？何必委曲其辭,而謂之省乎？"①

總之,《說文》省聲訓釋正確的不多,據陳世輝統計不到40個,所以姚孝遂說："《說文》凡言省聲,十之七八是不可靠的。"②

三、多形多聲的形聲字

《說文》中有多形多聲的形聲字。例如：

萅 27,"从艸,从日,艸春時生也,屯聲。"

寶 151,"从宀,从王,从貝,缶聲。"③

竊 148,"从穴,从米,卨、廿皆聲。廿古文疾,卨古文偰。"

韰 149,"从韭,次朿皆聲。"

對多形多聲的形聲字,唐蘭在《中國文字學》中有精闢的論述。他說："關於三體或四體的諧聲,後人分析做二形一聲,三形

---

① 王筠《說文釋例》卷三,104頁,武漢市古籍書店,1983年。
② 姚孝遂《許慎與說文解字》30頁,中華書局,1983年。
③ 小徐本、段注本"王"作"玉"。

一聲，和二聲，共有三類。這實在是錯誤的。我認爲形聲字在造字時，只有一形一聲，（當然有些聲母本身已是形聲字，）絕對沒有同時用兩個形或兩個聲的。……形聲文字，不是一個時期造的，它是由於歷史的纍積而成的。……一個字而諧兩個聲母，這真匪夷所思了。……凡所謂二形一聲，一形二聲的字，如其不是錯誤，就都是緟益字或複體形聲字。"①例如：

萅，甲骨文作 0053 ⿰日屯、⿰艸屯、⿰艸屯，增益後變爲 ⿱艸⿰日屯、⿱艸⿰屯林。其演變模式如下：

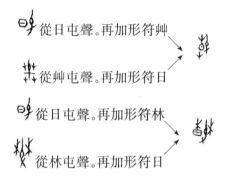

寶，甲骨文作 0904 宝、賔，皆表形字。金文作 1200 窑、瑶、賔、寶，是以不同的表形字宀、宝、賔、實爲形符的形聲字。其演變模式如下：

宀＋缶→窑

宀玉＋缶→瑶

宀貝＋缶→賔

宀玉貝＋缶→寶

---

① 唐蘭《中國文字學》107 頁，上海古籍出版社，1979 年。

鑄,甲骨文作 1615 ![img],金文作 2226 ![img]、![img]、![img]、![img]。其演變模式如下：

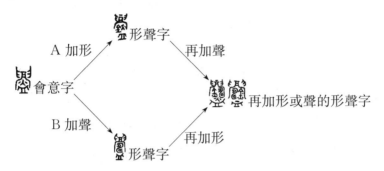

是會意字,以其為起點,由 A 的方向,加形符"金"作![img],構成從金、聲的形聲字,再加"![img]"聲作![img],看起來似乎就有"![img]、![img]"兩個聲符了,但實際上在加"![img]"聲時,![img]是以一個整體充當形符的,![img]還是一形一聲,只不過形符![img]是一個形聲字。

由 B 的方向,加聲符"![img]"作![img],構成從![img]、"![img]"聲的形聲字(形符省掉了"火"),再加形符"金"作![img],看起來似乎就有"![img]、金"兩個形符了,但實際上在加形符"金"時,![img]是以一個整體充當聲符,![img]還是一形一聲,只不過聲符是![img]一個形聲字。所謂多形多聲的形聲字,就是這種歷史纍積的產物。

又如：匜,金文 2068 借"它"字表示,後加形旁作"匜、鉈",再加形旁作"錀",其演變模式如下：

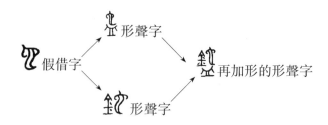

不少多形多聲的形聲字,是因爲許慎未見到或漏收了一些基本的字形,而作出的牽強附會的解釋。如《說文》梁124,"水橋也,从木,从水,刅聲"。實"梁、梁"皆從氵得聲。"氵"金文數見,1799 ![] 用作"稻氵"(梁),![] 用作"氵伯"。又如"欁"字,應是從韭,欨聲,石鼓文有此字,作 ![]。《說文》因爲漏收了"欨"字,也就只好說"从韭,次朿皆聲了"①。

第五節　現代漢字中的形聲字

一、現代漢字形聲字的數量

要統計現代漢字形聲字的數量,涉及到統計的範圍和現代形聲字的標準問題,範圍和標準不同,得出的結論也可能不同。下面介紹幾種統計數據。

1. 據《現代漢字形聲字字彙》所作的統計

倪海曙《現代漢字形聲字字彙》"是一本根據1971年版《新華字典》所收的字分析和整理成的現代漢字的形聲字彙。字體採用了1964年出版的《簡化字總表》上的全部簡化字和同年發表的《印刷通用漢字字形表》所規定的新字形。字音一律以現代普通話語音爲標準,注音用中文拼音字母,排列也按

---

① 唐蘭《中國文字學》108頁,上海古籍出版社,1979年。郭沫若《石鼓文研究》64、172頁,科學出版社,1982年。

字母次序"。"已經廢除的繁體字和異體字一律括號區別","分析聲旁基本上按現代漢字的字形，只有少數在現代字形中看不出聲旁來的字，才在後面用方括號注上古體（字形變化很大的聲旁也用這個辦法），以明讀音"。判定形聲字的標準"主要還是根據《說文》和《廣韻聲系》等書。但是也刪去了幾個過於生僻和構字很少的聲旁，以及一些在音韻上很難講通的存疑的形聲字"。①

宋珊珊《現代形聲字層級關係研究》以《現代漢字形聲字字彙》爲研究對象，統計出《現代漢字形聲字字彙》共收形聲字6934個②。

1971年版《新華字典·凡例》說："本字典所收單字，包括異體字在內，共計八千五百左右。"③若以8500字計，則現代漢字形聲字的比例爲81.58%。

2. 據《現代漢語通用字表》所作的統計

1988年1月，國家語言文字工作委員會和國家教育委員會聯合發佈《現代漢語常用字表》，共3500字，其中常用字2500字，次常用字1000字，經抽樣檢測，3500字在語料中的覆蓋率達到99.48%。1988年3月，國家語言文字工作委員會和中華人民共和國新聞出版署聯合發佈《現代漢語通用字表》，共7000字，其中包含了《現代漢語常用字表》的3500字④。兩個字表成

---

① 倪海曙《現代形聲字字彙·說明》，語文出版社，1982年。該書初版爲：文字改革出版社，1975年，作者爲"本社編"。

② 宋珊珊《現代形聲字層級關係研究》9、16頁，山東師範大學碩士學位論文，2011年，指導教師王開揚。

③ 《新華字典》（1971年修訂重排本），商務印書館，1971年。該字典《部首檢字表》實有字頭10310個（以雙字頭出現的聯綿詞、多音詞未重復計算），與字典《凡例》所說"八千五百左右"相差1800多字，其原因是在字典正文中，繁體字加括號附在簡體字後，不作爲字頭，而《部首檢字表》中繁體字、簡體字分開排列，故字頭多出。

④ 國家語言文字工作委員會漢字處《現代漢語常用字表》，語文出版社，1988年。國家語言文字工作委員會漢字處《現代漢語通用字表》，語文出版社，1989年。

爲現代漢字研究的主要依據。

李燕等《現代漢語形聲字研究》將"形聲"分爲形聲結構和形聲字兩個層次。形聲結構只是從字源上判定的,是否形聲字還要參照其聲符形符現在的表音表義功能來確定。確定形聲結構的標準有《說文》《廣韻》、"結構"三個參數,即《說文》《廣韻聲系》認定爲形聲字的,基本上予以認可,但結構是省聲字、省形字、由於隸變等原因形聲結構被破壞的,則作非形聲處理。該文在7000字表中,確定形聲結構5839個,佔通用字總數的83.41%。但在5839個形聲結構中,有1116個的聲符和形聲字聲韻調全都不同,或只有聲調相同,有748個形符已不表義,都不算形聲字,則形聲字只有3975個,形聲字比例爲56.79%①。

又李燕、康加深《現代漢語形聲字聲符研究》統計,《現代漢語通用字表》中有形聲字5496個,形聲字比例爲78.51%②。兩文數據差異較大,需要進一步研究。

龔家鎮《現行漢字形音關係研究》以《現代漢語通用字表》7000字爲研究對象,確定形聲字的標準有三條:一是必須是字表中的現行漢字,形音以現行漢字規範和普通話讀音爲准;二是在《說文》《廣韻聲系》中有依據,但形聲結構被破壞者除外;三是由"非現行漢字"(古僻字、省簡字)充當的聲符能類推,又在計算時多音字按多字計算,7000字表則變爲7705字。該書確定形聲字6252個(多音形聲字亦算多字),形聲字比例爲81%③。

3. 據《現代漢語常用字表》所作的統計

胡韌奮等《現代漢字形聲字聲符在普通話中的表音度測查》

---

① 李燕等《現代漢語形聲字研究》,《語言文字應用》1992年1期。該文說形聲結構有5636個,但據"結語"表中所列計算,應爲5839個,今據5839計算。
② 李燕、康加深《現代漢語形聲字聲符研究》,收入《語言文字應用研究論文集》,語文出版社,1995年。
③ 龔家鎮《現行漢字形音關係研究》76頁,湖北人民出版社,1995年。

以《現代漢語常用字表》3500字爲研究對象，從中確定"標準形聲字"2305個，形聲字比例爲65.86%[1]。

宋人鄭樵《通志·六書略》收字24235個，形聲字21810個，所佔比例已達到90%[2]。現代漢字中形聲字的比例，多認爲在90%以上[3]，但以上幾個統計數據，最高的也只有81.58%。其主要原因可能有：(1)由於古今音變，許多形聲字的聲符已失去表音功能，形聲字不被認可；(2)推行簡化字以後，記號字大量增加，很多形聲字失去造字理據，如"雞、鄧"變作"鸡、邓"之類；(3)在常用字中，表形字比例較高，按照常用的程度，統計範圍越小，形聲字就可能越少。

二、現代漢字形聲字聲符的表音功能

對現代漢字形聲字聲符的數量和表音功能進行研究的學者相對較多，下面略舉數家：

周有光《現代漢字中聲旁的表音功能問題》以1971年版《新華字典》爲研究對象，剔出異體、繁體得到"正字"8075個。該文分析的對象不限於形聲字，是將合體字"部首以外的半邊一概視作聲旁，其中包括能表音的和不能表音的，還有形式類似聲旁而實際不是的"，將含有"聲旁"的字叫作"含旁字"。統計出：聲旁字(能獨立成字的聲旁)1348個，佔17%；含旁字6542個，佔81%；孤獨字(獨體字而又不能作聲旁者)185個，佔2%。又根據一定的標準，計算出聲旁的有效表音率爲30%，含旁字的有效含旁比爲48%，二者平均，現代漢字的有效表音率爲39%[4]。

---

[1] 胡韌奮等《現代漢字形聲字聲符在普通話中的表音度測查》，《中文信息學報》第27卷第3期(2013年5月)。

[2] 見李孝定《從六書的觀點看甲骨文字》關於《六書略》收字的分類統計，收入《漢字的起源與演變論叢》，聯經出版事業公司，1986年。

[3] 如梁東漢《漢字的結構及其流變》125頁，上海教育出版社，1959年。

[4] 周有光《現代漢字中聲旁的表音功能問題》，《中國語文》1978年3期。

該文將所有的合體字都當作形聲字來分析和統計肯定會影響其準確度,奚博先《從另一角度看聲旁的表音功能》對周文作了補正①。

李海霞《形聲字的功能及漢字評價》②以《現代漢語頻率詞典》中的《漢字頻率表》③爲材料,在 4574 個常用字中,剔出異體字等,得 4563 字,其中形聲字 3523 個。3523 個形聲字中,有形符 236 個,聲符 1117 個。聲符的表音功能:(1)全表音的(完全音同)818 個,如"慢、攔、詼、溶",佔 23.2%;(2)半表音的(聲韻調不全同,或聲符多音、不成字、變形)2395 個,如"傲、松、簡、仇、遙、冀、炊",佔 67.9%;(3)不表音的(與字音全異、或聲符結構難以辨析)302 個,如"斯、怕、在、強、延",佔 8.6%。(1)(2)兩項合計佔 91.2%。就聲符來說,1117 個聲符中,表音的 1084 個,佔 97%;不表音的 33 個,佔 3%。91.2%與 97%平均爲 94.1%,此即現代漢字形聲字聲符的表音率,但準確表音率(完全音同)只有 20%左右。

李燕等《現代漢語形聲字研究》在《現代漢語通用字表》中確定形聲結構 6318 個(多音算多個),去掉不表音的(聲韻調不同或只有聲調相同)1116 個,表音的形聲結構爲 4520 個,與 6318 相除得 71.54%,即爲形聲字的表音度④。

後李燕、康加深《現代漢語形聲字聲符研究》對上文的計算方法進行了改進,設定聲符和形聲字聲韻調全同的爲 1 分,聲韻相同的爲 0.9 分,聲、調或韻、調相同的爲 0.5 分,聲或韻相同的爲 0.45 分,只有調同的爲 0.1 分,聲韻調都不同的爲 0 分,各類

---

① 奚博先《從另一角度看聲旁的表音功能》,《中國語文》1978 年 5 期。
② 李海霞《形聲字的功能及漢字評價》,西南師範大學碩士學位論文,1989 年,指導教師劉又辛。
③ 北京語言學院語言教學研究所《現代漢語頻率詞典》,北京語言學院出版社,1986 年。
④ 李燕等《現代漢語形聲字研究》,《語言文字應用》1992 年 1 期。

形聲結構字數乘以分值的總和除以形聲結構數，形聲字的表音度爲 66.04％①。

龔嘉鎮《現行漢字形音關係研究》在《現代漢語通用字表》7000 字（多音算多字爲 7705 字）中確定形聲字 6252 個，析出聲符 1226 個，平均每個聲符造字 5.1 個，但其中 295 個聲符即近四分之一只造 1 個形聲字。從表音功能看，聲符和形聲字完全不同音的 1138 個，佔形聲字總數的 18％；聲母或韻母相同的 1987 個，佔 32％；聲母和韻母相同的 1152 個，佔 18.43％；完全同音的 1975 個，佔 31.59％。聲調忽略不計，後兩類相加爲 50％，就是現代漢字的"同音形聲字率"②。

胡韌奮等《現代漢字形聲字聲符在普通話中的表音度測查》在考察《現代漢語常用字表》的形聲字時，採用了更加細緻的方法。考慮到聲、韻、調對表音度影響的程度不同，設定了三個不同的影響係數；將聲母、韻母劃分爲相同、相似、不同三個類型，並考慮了聲母的發音部位、發音方法，韻母的介音、韻腹、韻尾對語音相似度的影響，制定了較爲精細的聲符表音度分級標準。經過複雜的數學計算，確定了不同類型的字的表音度，將 2305 個形聲字分爲十個小級五個大級。五個大級是：A 級，聲符具有完全的標音作用，聲韻調全同，749 字，佔 32.49％，如"炸、密"；B 級，聲符具有極大的標音作用，聲韻相同，387 字，佔 16.79％，如"架、照"；C 級，聲符具有較大的標音作用，韻同或聲、調相同，526 字，佔 22.82％，如"枯、郎、練"；D 級，聲符具有很小的標音作用，聲同或韻似，329 字，佔 14.25％，如"衬、邁"；E 級，聲符基本不具備標音作用，聲韻調全不同，314 字，佔 13.64％，如"馱、等"③。

---

① 李燕、康加深《現代漢語形聲字聲符研究》，收入《語言文字應用研究論文集》，語文出版社，1995 年。

② 龔嘉鎮《現行漢字形音關係研究》78 頁，湖北人民出版社，1995 年。

③ 胡韌奮等《現代漢字形聲字聲符在普通話中的表音度測查》，《中文信息學報》第 27 卷第 3 期（2013 年 5 月）。

三、現代漢字形聲字形符的表義功能

李海霞《形聲字的功能及漢字評價》在所研究的3523個形聲字中,確定形符有表義功能的(形聲字的本義或引申義目前仍在使用的)3321個,佔94.3％,如"彩、駕、草";無表義功能的(目前只用假借義的)202個,佔5.6％,如"叔、笨、強"。形符共236個,有表義能力的208個,佔88.1％;無表義能力的28個,佔11.9％。94.3％和88.1％的平均數91.2％,即爲形符的表義率[1]。

施正宇《現代漢字形聲字形符表義功能測查報告》在《現代漢語常用字表》3500字中確定形聲字2522個,佔72％。有形符167個。形聲字形符能直接表義的1979個,佔79％;能間接表義的103個,佔4％;不能表義的440字(如輩、較),佔17％。前兩項合計83％,爲形符的表義率[2]。現代漢字形聲字形符表義率較高的原因,施正宇在《現代形聲字形符表義功能分析》一文中,從漢字形符表義的概括性(內涵廣、可擴充、超時空)和文化傳承性兩個方面進行了探索[3]。

李燕等《現代漢語形聲字研究》在《現代漢語通用字表》形聲字中析出形符251個。其中構字數量超過20的形符只有54個,佔形符總數的五分之一強。在形聲字中僅出現一次的形符有96個,接近形符總數的五分之二。該文按形符表義的程度將形聲字分爲3類:(1)形符義和字義完全相同的48個,佔0.85％,如"父"與"爸";(2)形符義和字義有一定的聯繫但不等同的4389個,佔85.87％,如"水"與"漁";(3)形符義和字義已

---

[1] 李海霞《形聲字的功能及漢字評價》,西南師範大學碩士學位論文,1989年,指導教師劉又辛。

[2] 施正宇《現代漢字形聲字形符表義功能測查報告》,王宗伯等《現代漢字論叢》,北京語言學會語文現代化研究會,1991年。

[3] 施正宇《現代形聲字形符表義功能分析》,《語言文字應用》1992年第4期。

無聯繫的748個,佔13.26%,如"耳"與"恥"。在計算形符的表義度時,第二類折半,第三類不算,這樣形符的表義度爲:0.85%加85.87%的一半,即是43.79%①。

研究表明,形聲字仍是現代漢字的主體,現代漢字形聲字研究對於漢字的規範化、語文教學、社會生活和對外交流有很重要的現實意義。但正如上面所列舉的,現代漢字形聲字研究在指導思想、材料選取、標準設置、計算方法、成果運用等方面都還有很多需要改進的地方,需要繼續努力。

思考題:
1. 形聲字產生的原因。
2. 甲骨文以後文字發展趨勢的描寫和分析。
3. 漢字形聲字斷代研究。
4. 古文字中的加旁異體和形聲字的區別及聯繫。
5. 《說文》省聲研究(聯繫甲骨文、金文、簡帛文字)。

---

① 李燕等《現代漢語形聲字研究》,《語言文字應用》1992年第1期。

第八章　轉注研究源流

六書中的轉注，許慎《說文敘》中所下的定義是："建類一首，同意相受，考老是也。"

《說文·八上老部》："老，考也。七十曰老。从人、毛、匕，言須髮變白也。"

同部："考，老也。从老省，丂聲。"

兩字部首相同，韻部相同（上古音幽部），意義互訓，在《說文》正文中分別釋爲會意和形聲。除《說文敘》這簡略費解的十二個字以外，《說文》及其同時代的典籍，再也沒有一處解釋轉注。"考、老"二字，形音義皆通，因此，以何爲"首"，建什麼"類"，"同意"如何"相受"，千百年來，聚訟紛紜，莫衷一是，其說不下數十百種，至今未有定論。本書不打算在前人的看法中選定一種作爲自己的看法，或提出新的看法，僅擬清理前人轉注研究的歷史，介紹各派的主要觀點，幫助大家瞭解轉注及其研究的源流。

匯集綜述前人轉注學說的論著很多，重要的有丁福保《說文解字詁林》"前編中"的"六書總論"、清人曹仁虎《轉注古義考》、陳光政《轉注篇》、党懷興《宋元明六書學中的轉注學說》、黎千駒《歷代探究"六書"旨意之著述》等，以及高亨《文字形義學概論》、裘錫圭《文字學概要》的相關章節，可以參看①。本章所述前人關於轉注的學說，引自《說文解字詁林》者，一般不再注明出處。

第一節　清以前的轉注研究

一、〔晉〕衛恒

許慎以後，最早論及轉注的材料是晉人衛恒的《四體書勢》。衛恒（？—291），河東安邑（今山西夏縣）人，西晉著名書法家，其《四體書勢》是我國早期重要的書法理論著作，收錄於《晉書》卷三十六《衛恒傳》中。衛恒的《四體書勢》沿襲許慎的說法，對六書進行了簡單的解釋，關於轉注曰："轉注者，以老壽考也。""以老壽考"欠通順，段玉裁《說文解字注》說："衛恒《四體書勢》曰：'轉注者，以老注考也。'此申明許說也，而今《晉書》訛爲'老壽考也'，則不可通。"②《晉書》中華書局本校勘記曰："李校：'壽'字誤，疑當作'受'。按：《記纂淵海》八二引'壽'作'爲'。"③若校"壽"爲"注""受"，即"同意相受"之意；若校"壽"爲"爲"，即二字同義之意，與許慎的說法沒有什麼區別。

此句曹仁虎《轉注古義考》引爲："轉注考老是也，以老爲壽考也。"並謂明人"趙宧光謂衛氏去古未遠，能以一句釋轉注本指"④。其實衛恒的話和許慎的話一樣費解，因爲"壽"和"考、老"也是同部首、同韻部（幽部）、意義相通的。下面是"老、考、

---

① 丁福保《說文解字詁林》，中華書局，1988 年；陳光政《轉注篇》，復文圖書出版社，1993 年；党懷興《宋元明六書學中的轉注學說》，《勵耘學刊·語言卷》2005 年第1 輯，學苑出版社，2005 年；黎千駒《歷代探究"六書"旨意之著述》之《歷代轉注研究》，向光忠主編《說文學研究》第五輯，線裝書局，2010 年；高亨《文字形義學概論》244 頁，齊魯社，1980 年；裘錫圭《文字學概要》102 頁，商務印書館，1988 年。
② 段玉裁《說文解字注》卷 15《說文敘》注，上海古籍出版社本 756 頁，1981 年。
③ 《晉書》1079 頁，中華書局，1974 年。"李校"指李慈銘《晉書札記》。
④ 《說文解字詁林》595 頁，中華書局，1988 年。

壽"三字的古文字字形：

老　　　甲① →　《金》1402　　 →篆

考　　　　　　《金》1406 　　　→篆

壽　　　　　　《金》1405　　　 →篆

二、〔唐〕賈公彥、裴務齊

再後的材料就見於唐代了。賈公彥《周禮·保氏》疏："云轉注者，考老之類是也。建類一首，文意相受，左右相注，故名轉注。""左右"如何"相注"，賈氏沒有說明。裴務齊《切韻序》："考字左回，老字右轉。""左回右轉"之說，完全是根據隸變後的字形立論，以金文"考"字而言，向左向右的都有，所以後來徐鍇批評說："今之俗說謂丂左回爲考，右回爲老，此乃委巷之言。"②

三、〔南唐〕徐鍇

徐鍇是許慎以後對轉注提出明確、系統看法的第一人。他的學說見於《說文解字繫傳》，其要點有三：

1. "屬類成字，而復於偏旁訓，博喻近譬，故爲轉注。人毛匕（原注：音化）爲老，壽者耋亦老，故以老字注之。受意於老，轉相傳注，故謂之轉注。義近形聲而有異焉。形聲江河不同，灘涇

---

① 《甲骨文編》1044釋　爲"老"，1046釋　、　爲"考"，裘錫圭釋　形爲"老"、　形爲"耆"，今從之。見裘錫圭《關於殷墟卜辭的"耆"》，《裘錫圭學術文集》第1卷510頁，復旦大學出版社，2012年。

② 徐鍇《說文解字繫傳》卷1，1頁"上"字注，中華書局，1987年。

各異,轉注考老實同,妙好無隔,此其分也。"①

戴震《答江慎修先生論小學》說:"徐鉉、徐鍇、鄭樵之書,就考字傅會,謂祖考之考,古銘識通用丂,於丂之本訓轉其義,而加老省而注明之。又如犬走貌爲猋,《爾雅》扶搖謂之猋,於猋之本訓轉其義,飆則偏旁加風注明之。此以諸聲中聲義兩近者當轉注,不特一類分爲二類甚難,且校義之遠近必多穿鑿。"②這段話從開頭至"加風注明之",又見於朱駿聲《說文通訓定聲》卷首之《轉注》一節,但首句改成了"徐楚金則就考字傅會"③。

我們在《說文解字繫傳》中沒有查到這段話,是否徐鍇原話待考。但就徐鍇所說"壽耆耋亦老,故以老字注之"來看,它的本意還是說"老"的一組同義詞,原來用假借字來表示,如"𦒱、旨、至",後來才加形符"老"字以"注之"。所以,徐鍇此說的實質還是假借字加形符變爲形聲字。

徐鍇此說爲後世轉注字爲假借字加形符變爲形聲字說所本。

2. "轉注者,建類一首,同意相受,謂老之別名有耆,有耋,有壽,有耄;又孝,子養老是也。一首者,謂此孝等諸字皆取類於老,則皆從老。若松柏等皆木之別名,皆同受意於木,故皆從木,後皆象此。轉注之言,若水之出源,分歧別派,爲江爲漢,各受其名,而本同主於一水也。又若醫家之言病症,故有鬼症,言鬼氣轉相染箸注也。"④

此說爲後世轉注同部說之濫觴。

3. "形聲者,實也,形體不相遠,不可以別,故以聲配之爲分

———

① 徐鍇《說文解字繫傳》卷 39,331 頁,中華書局,1987 年。按"而復於偏旁訓"句,諸書所引,"訓"前有"加"字,不知何所据。又今本《說文》無"妙"字,《十二下弦部》有"玅"字,訓"急戾也"。《玉篇·玄部》始爲"妙"之異體。
② 戴震《答江慎修先生論小學》,《戴震文集》62 頁,中華書局,1980 年。
③ 朱駿聲《說文通訓定聲》10 頁,中華書局,1984 年。
④ 徐鍇《說文解字繫傳》卷 1,1 頁,中華書局,1987 年。

異。若江河同水也，松柏同木也，江之與河，但有所在之別，其形狀所異者幾何？松之於柏，相去何若？故江河同從水，松柏皆作木。有此形也，然後諧其聲以別之。故散言之則曰形聲。江河可以同謂之水，水不可同謂之江河；松柏可以同謂之木，木不可同謂之松柏。故曰，散言之曰形聲，總言之曰轉注。謂耆耋耄壽皆老也，凡五字，試依《爾雅》之類言之：耆耋耄壽，老也。又老壽耋耄耆可同謂之老，老亦可同謂之耆，往來皆通，故曰轉注。總而言之也。大凡六書之中，象形指事相類，象形實而指事虛；形聲會意相類，形聲實而會意虛；轉注則形事之別，然立字之始，類於形聲，而訓釋之義，與假借爲對；假借則一字數用，如行（莖）、行（杏）、行（杭）、行（沆），轉注則一義數文，借如老者，直訓老耳，分注則爲耆、爲耋、爲耄、爲壽焉。凡六書爲三耦也。"①

此說以爲轉注與《爾雅》類同，爲後世轉注同訓說所本。

徐鍇的觀點到後代發展爲主形、主義和形聲三派，看起來有一些自相矛盾。白兆麟《轉注說源流述評》就說："五代宋初的徐鍇對轉注的解說似乎有些模棱兩可。他一方面說：'轉注者，建類一首，同意相受，謂"老"之別名有"耆"，有"耋"，有"壽"，有"耄"，又"孝，子養老也"是也。一首者，謂此"孝"等諸字皆取類於"老"，則皆從"老"；若"松""柏"等皆木之別名，皆同受意於"木"，故皆從"木"。'這是把《說文》同部首之字皆得意於部首看作是轉注。但是他另一方面又說：'屬類成字，而復於偏旁加訓，博喻近譬故爲轉注。人毛匕（音化）爲老，壽、耆、耋亦老，故從老字注之。受意於老，轉爲注，故謂之轉注。'這似乎是把《說文》同部同訓之字當作轉注。這種解說上的不一致，反映了徐鍇思想上的矛盾：完全拘泥於字形，似乎與許慎的界說不能吻合，因而不得不求助於字義。"②

---

① 徐鍇《說文解字繫傳》卷1，2頁，中華書局，1987年。
② 白兆麟《轉注說源流述評》，《安徽大學學報》1982年1期。

實際上徐鍇的説法並不自相矛盾，在他來説這只是一個問題的三個方面，即：

一組同義詞（耆、耋、耄、壽、耇——同義）→借用一組假借字來表示（旨、至、毛、㕞、句）→加上相同的形符（老——同形）→變爲一組形聲字（耆、耋、耄、壽、耇——形聲）

只是後來各派抓住一面生發開去，就顯得相互對立了。可以説，徐鍇是對後世轉注説影響最大的一位學者。

四、〔宋〕張有

徐鍇以後，宋人張有首創聲轉説。他在《復古編》中説："轉注者，輾轉其聲注釋他字之用也。如'其、無、少、長'之類。""假借者，因其聲借其義；轉注者，轉其聲注其義。"張氏以變聲別義爲轉注，同聲別義爲假借。如"其"本是"箕"的初文，後用爲虛詞，讀音與"箕"有別，故爲轉注。聲轉説對後代也有重大的影響。

五、〔宋〕鄭樵

鄭樵是繼徐鍇、張有之後對後世轉注研究產生重大影響的第三位學者。鄭樵的看法見於《通志·六書略》。

關於轉注和形聲的區別，他説："諧聲轉注一也，役他爲諧聲，役己爲轉注。轉注也者，正其大而轉其小，正其正而轉其偏者也。"此話非常費解，曹仁虎《轉注古義考》按曰："鄭樵所謂役他役己義不甚顯，趙宧光謂，他者，聲也；己者，義也。蓋諧聲與轉注皆必合彼此兩體爲字。役他者，從彼字之聲而用此字之義，役己者，通此字之義以合彼字之聲。老爲大而正，考爲小而偏，受意於老，注之爲考，而轉注之道得矣。"此話仍很費解。

鄭樵分轉注字爲四類，他説："轉注別聲與義，故有建類主義，亦有建類主聲；有互體別聲，亦有互體別義。"

1. 建類主義

鄭樵列出 50 字，主要是省形的形聲字。如"耆、考"皆從"老"省，"屧、屬"皆從"履"省，"痞、寐"皆從"癢"省等：

老/耆、考、耇、耋、孝、耆、耋
履/屝、屢、屣、屨、屈、屬
癢/痞、寐、瘠、瘤

2. 建類主聲

鄭樵列出 20 字，即以聲建類，而又不讀此聲。鄭曰："弌，從一，數也，從弋，聲也。弍、弎：弌、弍從弋，無聲，以弌爲類之聲，故可以轉二三爲注。""鳳：從鳥，義也。從凡，聲也。凰，從凡，無聲。以凰(引按：當爲"鳳")爲建類。"

弌/弍、弎   籮/籭   鳳/凰

建類主義和建類主聲的區別，鄭樵說："序曰主類爲母，從類爲子，母主義，子主聲。主義者是以母爲主而轉其子，主聲者是以子爲主而轉其母。"其中"母"指形符，"子"指聲符。

3. 互體別聲

鄭樵列出 254 字，是偏旁相同但配置位置不同，音異、義異的字。如：

杲東杳   本末未   易明   古叶   啼嗁   唯售
含吟   眇省   叨召   盯盲   悲悱   忘忙

4. 互體別義

鄭樵列出 48 字，是偏旁相同但配置位置不同，音同、義異。如：

昔期   旻旼   愚惆   槃桬   樜橾   裏裸   忠忡

互體別聲和互體別義的區別，鄭樵的解釋是："諸聲轉注皆以聲別，聲異而義異者曰互體別聲，義異而聲不異者曰互體別義。"

六、〔元〕楊桓

到了元代，楊桓在《六書統》中又提出一種新的說法。他說："轉注者何？謂象形會意之一文不足以備其文章言語變通之用，故必須二文三文四文轉相注說以成一字，使人繹之而自曉其所爲所用之義，故謂之轉注。"他所舉的"宀之屬"中"二文相從"的字如"宗、寵"，"四文相從"的字如"寒、寶"，既有會意字，也有形聲字。

七、〔元〕戴侗、周伯琦

元人戴侗《六書故》以"側山爲𨸏、反人爲匕、反欠爲旡、反子爲𠫓"爲轉注。周伯琦《六書正訛》以"反之爲帀、反正爲乏"爲轉注，這完全是承襲裴務齊"左回右轉"之說而來。

八、〔明〕趙古則、趙宧光

明人的轉注說可以趙古則和趙宧光爲代表。趙古則的《六書本義》從張有的"輾轉其聲注釋他字之用"的聲轉說，分轉注爲三個小類，一是因義轉注，如"善惡"之"惡"轉爲"憎惡"之"惡"。二是無義轉注，如"蓮荷"之"荷"轉爲"負荷"之"荷"，"烏雅"之"雅"轉爲"風雅"之"雅"。三是因轉而轉，如"長短"之"長"轉爲"長幼"之"長"，又轉爲"長物"之"長"（去聲）；"行止"之"行"轉爲"德行"之"行"（去聲），又轉爲"行列"之"行"；還有三轉四轉甚至八九轉者，如"'衰'有四音，'齊'有五音，'不'有六音，'從'有七音，'差'有八音，'射'有九音，'辟'有十一音之類"。

趙宧光《說文長箋》提出兩種新說法。一是"轉注者，聲意共用也。取其字，就其聲，注以他字而義始顯。如丂字象氣難上出之形，而老人鯁噎似之，於是取老字省其下體以注於丂上而義始足也"。二是"同聲者爲轉注，如考同丂之類；轉聲者爲諧聲，如者諧句、耆諧占之類；非聲者爲會意，如孝從老子、耆從老旨之類"。"轉注之體大類形聲，轉注同聲，形聲異聲，此二書之分"。這兩種說法都可以看作是鄭樵形聲說的分支。

第二節　清代的轉注研究

清人的轉注研究十分發達，不同的學說不下數十家，但主要可分爲主形派、主義派、調和二者的形義派和其他四類。

一、主形派

主形派主張部首說。部首說本始於南唐徐鍇，到了江聲有進一步的發展。江聲《六書說》曰："立老字以爲部首，所謂建類一首，考與老同意，故受老字而從老省。考字之外，如耆、耊、耇之類，凡與老同意者皆從老省而屬老，是取一字之意以概數字，所謂同意相受。叔重但言考者，舉一以例其餘爾。由此推之，則《說文解字》一書，凡分五百四十部，其分部即建類也；其始一終亥五百四十部之首，即所謂一首也，下云'凡某之屬皆从某'，即同意相受也。"

和江聲同觀點的有孔廣居(《說文疑疑》)、陳澧(《書江艮庭六書說後》)、許宗彥(《六書轉注說》)、張行孚(《說文發疑》)、夏炘(《六書轉注說》)等。如許宗彥說："假借者，假此字爲彼字，假其體也；轉注者，由一字爲數字，由數字爲數十百字，從偏旁轉相注，亦言體也。……如示爲部首，從示之偏旁注爲神、祇等字，從神、祇注爲祠、祀、祭、祝等字，從祠、祀、祭、祝復注爲祓、禧、禭、祜等字，輾轉相注，皆同意爲一類，其偏旁悉從示，故示爲建類之首，許君舉考老以見例是已。"

夏炘說："同意相受者，謂每部同類之字，皆本此部首一字之意，遞相授受也。如第一部一字爲數目之始，部中元字從一訓始,天字從一大訓顛,丕字從一訓大,吏字從一史,謂一心史事,皆與一同意。五百四十部,以此類推,無一字不合。謂之轉注者,如水之灌注,轉相輸受耳。"

主形派部首說的問題是十分明顯的:一是說同部即同意並不符合事實,許宗彥、夏炘舉的例子都十分牽強。二是說"建類一首"即五百四十部,則一部《說文》全都成了轉注字,那就太寬太濫了。

二、主義派

主義派主張互訓說。這一派也始於徐鍇,到了戴震,就說得更加明確肯定。戴震著有《六書論》,惜已不傳。戴氏在《答江慎修先生論小學》中說:"震謂考老二字,屬諧聲會意者,字之體;引之言轉注者,字之用。轉注之云,古人以其語言,立為名類,通以今人語言,猶曰互訓云爾。轉相為注,互相為訓,古今語也。《說文》於考字訓之曰老也,於老字訓之曰考也,是以序中論轉注舉之。《爾雅·釋詁》有多至四十字共一義,其六書轉注之法歟?別俗異言,古雅殊語,轉注而可知。故曰建類一首,同意相受。""數字共一用者,如初、哉、首、基之皆為始,卬、吾、台、予之皆為我,其義轉相為注,曰轉注。一字具數用者,依於義以引伸,依於聲而旁寄,假此以施於彼,曰假借。"①

戴氏大概沒有注意到徐鍇的論述,所以他在《六書論序》中說:"蓋轉注之為互訓,失其傳二千年矣。"段玉裁在《說文解字注》中說:"轉注之說,晉衛恆、唐賈公彥、宋毛晃皆未誤。宋以後乃異說紛然,戴先生答江慎修書正之,如日月出矣。"②前已談到,徐鍇曾說過:"是依《爾雅》之類言之:耆耋薹壽耈,老也。又耈壽薹耋耆可同謂之老,老亦可同謂之耆,往來皆通,故曰轉

---

① 戴震《答江慎修先生論小學》,《戴震文集》64頁,中華書局,1980年。
② 段玉裁《說文解字注》卷十五《說文敘》注,上海古籍出版社本756頁,1981年。

注。……假借則一字數用，轉注則一義數文。"

承襲戴震觀點的有段玉裁(《說文解字注》)、桂馥(《說文義證》)、王筠(《說文釋例》)、黃以周(《六書通詁》)等。

段玉裁《說文解字注》中用比較嚴格的《說文》互訓來界定轉注字。如：

十下心部：悟，覺也。段注：見部覺下曰悟也，是爲轉注。

二下足部：蹲，居也。段注：尸部曰：居，蹲也，是爲轉注。

八上人部：但，裼也。段注：衣部曰：裼者，但也，二篆爲轉注。

主義派互訓說的缺陷主要是：一是不能說明什麼是"建類一首"。段玉裁雖然在《說文敘》注中解釋說："建類一首謂分立其義之類而一其首，如《爾雅·釋詁》第一條說始是也"，把共同的意義講爲"建類一首"，但這個"類"和"首"仍然是意義的聯繫，和"同意相受"是一回事。二是把語言問題(互訓)和文字問題(轉注)完全混同。同義字組與字形不一定有關係，如互訓是轉注，《爾雅》則可看作轉注字典。至於多義詞與多個詞成爲同義關係者，詞與詞之間的關係更加複雜，其文字的集合也更加龐雜，要看作轉注，就更難說了。

三、形義派

形義派爲了彌補上述兩派的缺陷，提出了修正的意見，想作出若干限制。

曹仁虎《轉注古義考》說："既曰'建類一首'，則必其字部之相同，而字部異者非轉注也。既曰'同意相受'，則必其字義之相合，而字義殊者非轉注也。《說文》於轉注特舉考老以起例，而考字從丂得聲，則必其字音之相近，而字音別者非轉注也。"

許瀚在《轉注舉例》中提到："求轉注必求諸說文本部，許氏所謂建類一首也，部不同非轉注。必求諸同部同義，许氏所謂同意相受也,義不同非轉注。……若夫不同部亦得爲轉注者,必其部首一形相生,一意相成,異名同物,異體同名。"以下舉了"一形相生"例,如"玉、珏,目、見"等;"一意相成"例,如"口,欠,又,手"等;"異名同物"例,如"隹,鳥,燕、乙"等;"異體同名"例,如"大、人"在籀文和古文中的不同寫法。

陳漢章《六書釋例》認爲"然五百四十部中列文不皆同意相受也",提出《說文》標明"與某同意"者爲轉注。如:

四上羊部:咩,羊鳴也。……與牟同意。
五上皿部:皿,飯食之用器也。與豆同意。
五上工部:工,巧飾也。……與巫同意。
　　　　　巫,祝也。……與工同意。

四、其他

除上述主要的三派外,還有其他幾種觀點,下面分別舉例說明。

王鳴盛《六書大意》以會意字作形符的形聲字爲轉注。他說:"凡說文中從某某聲,而所從之字爲象形者,形聲也。所從之字爲會意者,皆轉注也。"

曾國藩以省形的形聲字爲轉注。他在《與朱太原書》中說:"……則形雖不全,而意可相受。如老字雖省去匕字,而可知考、耋等字之意從老而來。……其曰建類一首者,母字之形模尚具也。其曰同意相受者,母字之畫省而意存也。"文中舉出了 15 個轉注部首。

饒炯《文字存真》以加形、加聲的纍增字、分別文爲轉注。他說:"轉注本用字後之造字,一因篆體形晦,意不甚顯,而從本篆加形加聲以明之,是即王氏《釋例》之所謂纍增字也。一因義有推廣,文無分辨,而從本篆加形加聲以別之;一因方言轉變,音無由判,而從本篆加聲以別之,是即王氏《釋例》之所謂分別文也。"

其所舉例如："主、炷,網、罔,付、袝,鬥、鬭,匕、匙,丌、其"等。

顧炎武以一字異聲別義者爲轉注,其《音論》說:"凡上去入之字,各有二聲或三聲四聲,可遞轉而上通,以至於平,古人謂之轉注。"此乃以後起四聲律古音,不可從。

朱駿聲《說文通訓定聲》以字的引申義爲轉注,並改轉注的定義爲"體不改造,引意相受",只是借用轉注的術語,實與《說文》六書無關了。

廖平以複音詞爲轉注,其《六書舊義》說:"假借必單詞隻字,轉注爲駢語連文。""建類一首,本無其字之對文,比類合誼之變字也。轉注本爲象意,象意既有本字,轉注乃退爲用字,專門與假借相對成義。"①並舉例如下:

雙聲駢字例:左右、股肱、流離、玄黃、窨寐、參差

疊韻駢字例:崔巍、虺隤、窈窕

連語例,凡二字連文意同,又非雙聲疊韻之連語。

此三類爲正例,還有變例7類。如:

緟言足句例:輾轉反側、君臣上下

變文協韻例:家室、室家、家人、干城、好仇、腹心等。

第三節　現代的轉注研究

現代學者的轉注研究,比較有影響的有以下幾種觀點:

一、假借字加形符說

唐蘭、黎錦熙、高元白主張假借字加形符變爲形聲字即爲轉注。黎錦熙《國語辭典序》說:"'假借'太濫了,又太歧了,於是乎

---

① 廖平,生於1852年,卒於1932年,其《六書舊義》作於1886年,刊於1887年。見黃開國《廖平評傳》17頁《六書舊義》注1、240頁《廖平學術行年簡表》,百花洲文藝出版社,2010年。

有'轉注'。……轉注者,'建'立事'類',爲'一'個部'首',遇著某個假借字是和這個部首'同意'的,就把這個部首加上去,成爲一種表示意義的偏旁,這就叫做'同意相受','相受'是說假借字要容'受'這個表義的偏旁,而這些偏旁原也就是些圖象文字,可以'授'與那些假借字的。這樣'相受'的結果,'形聲'字就大批地產生出來了。故'轉注'就是'形聲'的起原:'聲'這一半就是已經行用的'假借'字,'形'這一半就是由'轉注'而來的一種表義的符號;凡把另一個字'轉'移做一種符號來注這個假借字之義的,概曰'轉注','考老是也',謂'考'成於'老'之爲偏旁也,原但假借'丂'爲之(司土司敦考字作丂,可證)。"'轉注''形聲'兩種造字法,造出來的字既是一樣,則其不同之點只在手續的先後:先聲(假借字)而後形(加上注義符號),是謂'轉注';先形(立定注義符號爲偏旁)而後聲(加上不拼音的注音符號),是謂'形聲'。"

高元白承襲師說,他在《漢字的起源發展和改革》一書中有類似的論述。高元白說,轉注義、音、形轉三派中,以江聲爲代表的形轉派較正確,江氏以後,許宗彥、張行孚、夏炘、曹仁虎、孫詒讓都是根據江氏的說法,"認爲許君的建類分部是轉注的產物,而黎錦熙先生解釋轉注最透闢"。其實黎、高的轉注和江聲的說法只是在"建類一首"上同,在"同意相受"上是有較大差異的。江聲是說同部之字,"下云凡某之屬皆從某,即同意相受也",換言之,即同部之字互爲轉注。黎、高的看法是:"轉注是用形符'輾''轉''注'明各個假借字。""'轉注'是構字的方法,'形聲'是構成的結果。"①同部之字之間並不一定有轉注關係。

唐蘭在《古文字學導論》中說:"就假借來的私名注上形符,有時就拿音符來注形符,這是'轉注'。"圖示即:

---

① 高元白《漢字的起源發展和改革》12頁,五十年代出版社,1954年。

$$象形 \xrightarrow{假借} 象聲 \xrightarrow{轉注} 形聲①$$

唐蘭的觀點在《中國文字學》中似乎有些改變。他說："由轉注來的文字，主要的意義卻在形符，'老'字和'𠃊'字，'丂'字，'句'字，'至'字等，本來不是一個語言（引按：即語詞），只因意義相同，造新文字的人就把'𠃊'，'丂'，'句'，'至'等字，都加上一個'老'字的偏旁，作成'壽'，'考'，'耇'，'耋'等字，所以轉注是以形符作主體的。我們可以把'蘭'字勉強解釋做'草也'，可絕不能把'艸'字解釋做'蘭也'。因爲'蘭'是專名，是孳乳字，是不能轉注的。但是我們可以把'謂'字解爲'言也'，也未嘗不可以把'言'字解爲'謂'也，……因爲這都是同義字，這就是轉注。……數語一義，寫成文字時統之以形，同意語太多了，找一個最通用的語言作形符來統一它們，所謂'建類一首'，就是轉注字。"②唐蘭的這種觀點，就和曹仁虎、許瀚的說法差不多了。

孫雍長著有專著《轉注論》，也是主張以假借字加形符變爲形聲字爲轉注。他的觀點在該書《增補版自序》中說得很明白："拙著《轉注論》認爲，'六書'中的'轉注'並非'用字之法'，而是'造字之法'，而且是漢字孳乳之大法。簡單地說，'轉'就是'移'，'注'就是'附'，'轉注'就是將一個'轉注原體字'移附授注到一個'類首'的形體上的一種造字之法，換言之，也就是對一個'轉注原體字'加注一個'類首'符號（即意符）的造字之法。這種造字過程所包含的原理和法則，便是'轉注'造字法。這種造字法所產生的背景是：漢字經過初創階段後，原有的一些企求形義密合的造字法難以再造新字，'假借'之法應運而生，然而，字少事繁，一字多用的負擔過重，表義歧向性的弊端越來越突出，必然給文字的使用和認讀帶來困難。於是就採用'轉注'法給'假

---

① 唐蘭《古文字學導論》117、91頁，齊魯書社，1981年。
② 唐蘭《中國文字學》99頁，上海古籍出版社，1979年。

借字'加注'類首'符號以標示其代表的某一意義範疇,從而孳乳分化出代表某一假借義(包括引申義)或原來的本義的專用字。所以,明確而簡單地說,'轉注'其實就是今天的文字學家們所關注和常常提到的'加注意符'式的造字法。"①

二、同部互訓說

劉師培主張同部互訓說,他在《轉注說》中說:"轉注之說解者紛如,戴段以互訓解之,此不易之說。惟以《爾雅·釋詁》爲證,則氾濫而失所厥歸。……《說文》序言'建類一首,同意相受',《周禮·保氏》正義引作'□類一首②,文意相受,左右相注'。'左右相注'即彼此互釋,則轉注當指互訓言,非以轉注該一切訓釋也。其曰'建類一首'者,則許書所謂轉注指同部互訓言,不該異部互訓言也。"劉氏引《說文·艸部》"蔆、芰"互訓,許說"蔆楚謂之芰,秦謂之薢茩",然後說:"蓋互訓之起,由於義不一字,物不一名。其所以一義數字,一物數名者,則以方俗語殊,各本所稱以造字。"又說:"且許書二字互訓,恒系音近之字。"如艸部"菲、芴",言部"譴、譁",攴部"改、更",鳥部"鴻、鵠",入部"入、內",頁部"顛、頂",欠部"歔、欷",互訓均雙聲;艸部"蓋、苦",言部"諷、誦",刀部"刑、剄",火部"炙、灼",互訓均疊韻;艸部"菖、蕾","萊、莿"互訓音義均同,僅以省形不省形區別;口部"噓、吹",木部"柱、楹",橐部"囊、橐",金部"錠、鐙",阜部"障、隔"互訓均古音相近。"故許君作序特舉考老疊韻互訓字以爲例也"。可見劉氏實際上是從形音義三方面來看轉注字的,只不過他沒有把音同音近作爲轉注字的必要條件而已。

劉氏還有"廣例"轉注之說。他說:"特許書轉注,雖僅指同

---

① 孫雍長《轉注論》,岳麓書社,1991年;《轉注論(增補本)》,語文出版社,2010年。
② 阮元《十三經注疏》此句"類"前脫一字,該書《校勘記》曰:"此本及閩本脫'建',據監、毛本補。"故劉氏在此加□表示。

部互訓言,然擴而充之,則一義數字,一物數名,均近轉注。如及逮、邦國之屬,互相訓釋,雖字非同部,其爲轉注則同。若《方言》一書,均系互訓,以數字音同爲衆。則以音近之字,古僅一詞,語言遷變,矢口音殊,本音造字,遂有數文,故形異義同,音恒相近。《方言》卷一'大'字條標例至詳。即《爾雅》《小爾雅》諸書所載其有音近可互相訓釋者,亦均轉注之廣例,特不可援以釋許書耳。"劉氏的這一觀點,實際上和章太炎的聲首說是相同的。

高亨《文字形義學概論》採用了劉氏轉注正例的觀點。他說:"轉注者,乃二字同旁互訓,輾轉相注者也。""要之,轉注之條件有二:一、其形同旁;二、其義互訓。六書之有轉注,乃代表一義多字之例也。"①他認爲轉注的產生是因爲"吾國歷史悠久,邦土遼闊,一事一物之名,自不免同時而殊稱,隨地而異謂。一事一物既有數名,自必各爲造字,此諸字既代表同一事物,自當從同一偏旁之字以爲意,故爲同部;亦自必同義,而可彼此相注,故爲互訓。此轉注之所由生也。"②

除同部互訓以外,高亨還指出了兩種變例。一是同部依形式雖非互訓,而實質等於互訓的同訓(數字訓釋相同)、遞訓(數字遞相訓釋)、域訓(數字訓釋指出爲異域方言的異稱)的字,也是轉注字。二是異部互訓、同訓、遞訓、域訓者,也是轉注字。其理由是,一種事物有多種屬性,取不同的屬性造字,就可能有不同的偏旁。如異體字"嘯、歗,詠、咏,頫、俛,茵、鞇",分屬不同的部。"一字兩體所從雖異,而不失爲同字。則兩字互訓,所從雖異,自不失爲轉注。如《說文》:'匈,膺也,從勹,凶聲。肸、匈或從肉。膺,匈也,從肉,䧹聲。'肸與膺爲同部互訓,而匈與膺爲異部互訓。又如《說文》:'媿,慙也,從女,鬼聲。愧、媿或從心。慙,媿也,從心,斬聲。'愧與慙爲同部互訓,而媿與慙爲異部互

---

① 高亨《文字形義學概論》81、82 頁,齊魯書社,1980 年。
② 高亨《文字形義學概論》248 頁,齊魯書社,1980 年。

訓。然則異部互訓不失爲轉注,明矣。"①

三、改字造字說

汪榮寶、任學良主張改字造字說,即以省形字(主要爲形聲字)爲轉注。汪榮寶在《轉注說》中說:"轉注者,以改字爲造字者也。試先從考老論之:老從人毛匕,會意,此字之先起特造者也。老字既成,則凡語言之義近於老者,更不必各爲之特創一體,而即以老字爲根本,略變其體以別之。故取老爲首,存人毛而去匕,施丂則爲考,考亦老也;施子則爲孝,孝者善事老之稱也;施至則爲耋,施旨則爲耆,施𩫖則爲壽,施句則爲耈;皆老之異名也。夫是之謂'建類一首,同意相受'。譬之大川之水,別爲眾流,而還相灌輸,夫是之謂轉注。故轉注者,乃取一合體字,削其一體而代之以他體以爲新字,而其義則仍與原字之義相通或相承者也。夫考以丂爲聲,似形聲字,然不成爲形聲而成爲轉注者,以丂雖是聲而人毛非形;考之從耂,乃老字之殘體,非從人從毛。不可以隸人部,亦不可以隸毛部也。""因此可悟許書之例,凡特立一字爲部首,而其隸屬於此部之字從部首之省以爲形者,皆轉注之類也。是故以晝爲首,省其中形之田而代之以日,則爲晝。晝者田之界,晝者日與夜之界,晝爲畫之轉注也。以殺爲首,省其右形之殳而代之以式,則爲弒,弒爲殺之轉注也。"除"老"之外,汪氏還另舉了"䇂、菐、䜌、晝、殺、眉、筋、高、稽、巢、橐、瓠、疒、重、履、歙、鹽、弦"18個部首作爲轉注字的字根。其中有少數轉注字,如老部之"孝"及眉部從眉之省的字非形聲字。

關於轉注和其他五書的關係,汪氏說:"象形指事,以獨字爲造字;會意形聲,以合字爲造字;轉注以改字爲造字,假借以不造字爲造字。夫至以不造爲造,而造字之能事畢矣!天下文物制

---

① 高亨《文字形義學概論》249頁,齊魯書社,1980年。按中華書局本《說文》四下肉部膺爲:"𦙃,肎也。从肉,雍聲。"與高亨所引不同。

度,並由難而趨易,由拙而趨巧,造字之法亦然。會意形聲,乃象形指事之集合,而轉注假借,又會意形聲之簡略。何者？轉注之法出於形聲會意,而省其所從文字之一體;假借之法出於形聲,而省其所從文字之全部。質言之,則轉注者,即減筆之形聲會意;而假借者,實不加偏旁之形聲而已。故以轉注假借爲聲音訓詁之事,無預於造字,而屬於字之用者,此非惟不識轉注,亦並不識假借,真可謂爲不解六書爲何物者也。"汪氏假借之法出於形聲之論,是不符合假借的實際狀況(早期假借字均表形字),也不符合漢字發展的歷史順序的。

　　汪氏之說和曾國藩之說基本相同,曾氏所列 15 個部首,除面部外,汪氏與之全同。但汪氏未提及曾說,是否本於曾說不好斷定。

　　任學良《說文解字引論》贊同汪氏的觀點,並申說道:"轉注造字法的特點是,把表示同類事物(概念)的字歸納在一起(這就是'建類'),以一個字爲部首,其餘的字即用它作字根(省去原字的一部分)而造成新字,這些新字的部首是一樣的(這就是'一首')。各個字既然表示同類事物(概念),因此它們的意義也必然基本相同,可以互相傳授(這就是'同意相受')互相訓釋。"①應該說,任氏所說的"同意相受"實際上和江聲的說法一樣,這是站不住的。任氏書中共列舉了轉注字 21 部(比汪說增加了"谷、富"兩部)共 76 字,其中"氂、丙、晝、省、再、弜、京、富、㝬、㒸、孝、鼇"12 字不是形聲字。

四、聲首說

　　章太炎在《國故論衡・轉注假借說》中主張轉注就是同源詞。他說:"蓋字者孳乳而浸多,字之未造,語言先之矣。以文字

---

①　任學良《說文解字引論》46 頁,福建人民出版社,1985 年。

代語言，各循其聲，方語有殊，名義一也。其音或雙聲相轉，疊韻相迤，則爲更制一字，此所謂轉注也。……何謂'建類一首'？類謂聲類，……首者，今所謂語基。……考老同在幽部，其意相互容受，其音小變，按形體成枝別，審語言同本株，雖制殊文，其實公族也。非直考老，言壽者亦同。循是以推，有雙聲者，有同音者，其條例不異，適舉考老疊韻之字以示一端，得包彼二者矣。"①他舉的例字如：

刑—到　標—杪　焯—照　火—燬　恫—痛　匏—瓢
屏—藩　牆—序　空—窠　雁—鵝　誦—讀　弱—柔

他在《國學略說·小學略說》中又說："所謂同意相受者，義相近也；所謂建類一首者，同一語原之謂也。同一語原，出生二字。考與老，二字同訓，聲複疊韻，古來語言不齊，因地轉變，此方稱老，彼處曰考；此方造老，彼處造考，故有考老二文。"②

承襲章太炎聲首說的有黃侃（《黃侃論學雜著·說文略說》）、朱宗萊（《文字學形義篇》）、呂思勉（《文字學四種·字例略說》）、陸宗達（《說文解字通論》）。

朱宗萊對章說提出了一些修正的意見，他說："顧章先生之說，猶有可商者二事：一事，類爲聲類，首爲聲首，則建類與一首同義，不煩複舉；二事，轉注誠不爲《說文》設，然保氏教國子時，又豈縣知古韻之宜分廿三部邪？且轉注既爲文字孳乳之要例，而凡文字必具形音義三者。則轉注一書，亦宜兼就三者而言，義始具足。余意建類之類爲物類，謂形也；一首即語基，謂音也；同意相受，即數字共一義，謂義也。類爲物類，類通者字形雖異而得相通，故轉注不限有③同部。首爲語基，數字之音雖小變，而必出於一本，故轉注不限有同聲。唯既數字共一義，孳乳即有先後，

---

① 章太炎《國故論衡》36頁，上海古籍出版社，2011年。
② 章太炎《國學略說》11頁，上海文藝出版社，2001年。
③ "有"當爲"於"字之誤，下句"限有"同。

聲音即有轉變，而造字之時各有條貫，故許君以建類一首釋之。謂之轉注者，謂其形通、音近、義同，初止一字，厥後語殊而音轉，則遂流衍爲數字。譬若水之灌輸通流，彼此挹注，爲江爲漢，各自得名，而其始實原於一水也。誠明乎此，則凡主形主聲主義之局就一端言者，皆非轉注本義，灼然可見已。"①他舉的例字如：

雙聲轉注：逆—迎　攷—敏　改—更　依—晉
　　　　　顛—頂　強—虳　纖—細　走—趨
　　　　　丘—虛　空—竅—窠

疊韻轉注：標—杪　逡—迨　遲—邌　刑—到
　　　　　妹—娟　傀—偉　勞—勤

同聲轉注：禱—訓　晧—暉　晏—暜　永—羕
　　　　　開—闓　諆—欺　火—烺—燧

陸宗達《說文解字通論》分轉注爲三種情況：第一，因方言殊異或古今音變而制字；第二，因詞義發生變化而制字；第三，爲由同一語根派生的相互對立的詞制字②。第三類的例字如：

天—地　　古—今　　男—女　　始—終
受—授　　教—效　　問—聞　　買—賣

劉又辛、林序達《古代漢語通論》贊同章太炎的觀點。該書說："我們認爲，所謂轉注，其實就是同源字。如果用許慎的話解釋同源字的特點，是非常確切的。一組同源字有一個共同的義，這一組字就是一類，這一類字音、義都有個來頭，這就叫建類一首；這一組字可以互相注解，這叫做同意相受。許氏舉的'考''老'兩字，正是同源字的關係。"③

王伯熙《六書第三耦研究》說："真正能結合語言，從漢字形音義三方面來研究轉注、假借的學者，首推章太炎。……當語言

---

①　朱宗萊《文字學形義篇》19 頁，北京大學出版部，1922 年。
②　陸宗達《說文解字通論》59 頁，北京出版社，1981 年。
③　四川青年自修大學教材《古代漢語通論》，上册 236 頁，1984 年，成都。

中某個詞經過詞義引申衍化出一個同源的新詞，或某個詞分化出新的義項來時，在文字上人們為了區別詞義或詞性，便以記錄那個舊詞的現成字為基礎，轉換注入部分構件符號（如義符、聲符等），構成一個新字，用來記錄衍化出的同源新詞或分化出的新義項（實際也是一個和舊詞共一個語言形式的新詞）。這種構制新字的構形法，就稱轉注造字法。……（一對）轉注字之間……它們的音總是相同或相近的，……它們的字義總是相通或相關的，它們的字形一般是有聯繫的（如"老"和"考"都從"耂"），字形沒有聯繫的是轉換整個字形的結果（如"五"和"午"）。"①

徐中舒《漢語古文字字形表序》說："而（象形字）在反復使用中，意義有所引申，即分化為數字，按義類分注於原字之旁，此即所謂轉注。"

章太炎聲首說實際上把文字問題轉為了詞彙問題，而且是同源詞問題，此與許氏六書本意是否相合？同源詞與字形不一定有關，如王力《同源字典》所舉②：

改—革（81頁）　喜—欣（88頁）　熙—僖嬉娭嫛（88頁）
理—吏（93頁）　志—識（95頁）　定—奠（327頁）
恣—肆（424頁）　背—頁（262頁）　巫—舞（178頁）
純—粹（518頁）　疏—粗（麤麕觕）（166頁）

五、其他

難以歸入以上四類的說法很多，下面略舉數例。

林澐以借形字（即東巴文的"轉意字"）為轉注字，其《古文字轉注舉例》提議將轉注的定義改為"源於一首"，"引意相受"。他說："轉注就是把記錄 A 詞語的表意字轉作記錄 B 詞語的表意

---

① 王伯熙《六書第三耦研究》，《中國社會科學》1981年4期。
② 王力《同源字典》，商務印書館，1982年。

字。轉注和假借一樣，都是對原有字形的利用，但原字被假借後，字音不變，只是字義改變了，閱讀時只需從上下文判定它用作何義。原字被轉注後，字的音義都變了。故閱讀時要從上下文兼定其音義。"所舉的例字如①：

東巴文：👤子—男—丈夫，👤女人—女兒—母—妻子

甲骨文：👤女—母，👤鼻—自，丁示—主

👤禾—年，👤帚—婦，👤畢—擒

林澐所舉的東巴文例是一種借形字（或稱義借字），即借一個字來表示與這個字（詞）有關但並不同源的詞。如👤一般表示女人、女兒 mi^{55}，又可以表示母親 me^{33}、妻子 $ɲi^{33}nv^{21}$。漢古文字也有這種情況，如甲骨文"帚"（幽部章母上聲）讀作"婦"（之部並母上聲），"毓"（覺部喻母入聲）又用作"后"（侯部匣母去聲）等②。

和力民認為東巴文的轉注字是："一字與另一字的字形不同而取意相同，可互為轉注。這類字在字形上常有相同的特點，即以其共同的特點，推類創造出轉注字。"所舉例如③：

👤 bu^{33}（星）光—👤 bu^{33}（火）光，👤 $gɯ^{33}$（木板）裂—👤 $gɯ^{33}$（石头）裂

和力民所說的實際上是一種條件異體字，即同詞而異字，這類異體字分別用於不同的語境（主體、客體、工具等不同），不能自由換用。漢字中這類字不多，類似的例子如"獲"用於狩獵、

---

① 林澐《古文字轉注舉例》，《第三屆國際中國古文字學研討會論文集》，香港中文大學，1997年。又《林澐學術文集》，中國大百科全書出版社，1998年。

② 參見喻遂生《納西東巴字、漢古文字中的"轉意字"和殷商古音研究》，《納西東巴文研究叢稿》，巴蜀書社，2004年。

③ 麗江納西族自治縣志編纂委員會《麗江納西族自治縣志》，雲南人民出版社，2001年，800頁。該志卷30《東巴文化》為和力民撰寫。

"穫"用於收割,"他、她、它"用於人、物和不同的性別。

拱玉書等《蘇美爾、埃及及中國古文字比較研究》認爲:"唐蘭、陳夢家以用字法爲由,簡單地把六書轉注排斥於漢字構字方式之外,也是一種武斷的見解,沒有觸及問題的實質。"(255頁)"轉注字應該是那些從來不表本義,而只表轉義或引申義的字。"(245頁)該書重建六書條例,改轉注爲轉義,"所謂轉義,即構字象物、象事,不表本義而轉表他義。凡轉義字,或獨體,或合體,由社會文化的關聯而轉折其義。"(258頁)轉喻的意義類型有材質、色理、性狀、態勢、方位、曆象、姓氏、人稱、身份、神鬼、吉凶、時態。(259頁)所舉例如"玉",象玉琮,轉折義玉質;"大",象大人,轉折義個頭大;"日",象圓日,轉折義"一日";"燕",象燕子,轉折義"族姓"等。(269頁)①

陳燕認爲轉注是《說文》的整个部首系統,她聯繫許慎轉注定義和《說文後敘》"其建首也,立一爲耑。方以類聚,物以群分。同牽條屬,共理相貫。雜而不越,據形系聯。引而伸之,以究萬原。畢終於亥,知化窮冥"的說法,認定"《說文》轉注從成立部類、設立部首的過程、方式和540部首排列、建立部首目的、宏觀意義,以及部首與屬字之間意義關係等方面,論述了漢字部首法系統。這個部首系統以'轉注'稱名,細究其支撑全書的完整佈局,證明《說文》漢字部首系統是表意系統"。② 並說:"轉注是一個按照意義排序漢字的系統,沒有必要具體指明哪個字是轉注;既然爲漢字排序,《說文》所收漢字就不能漏掉一個。""當許慎建立《說文》部首系統時,似乎沒有合適的名稱表示。他大概認爲部首法是爲漢字排序,自然與漢字有關,因此將其放在六書

---

① 拱玉書等《蘇美爾、埃及及中國古文字比較研究》,科學出版社,2009年。
② 陳燕《〈說文解字〉轉注與早期漢字部首排序法》,向光忠主編《說文學研究》第四輯,線裝書局,2010年。

之中。"①

第四節　轉注研究應注意的幾個問題

縱觀前人的轉注研究,在探索轉注的定義、範圍、轄字、與其他五書的關係、與語言的聯繫、在文字發展中的作用等方面做了大量的工作,有很多著述有重要的參考價值。但轉注研究中也存在一些值得注意問題,主要有:

一、應儘量符合許慎的本意

歷來研究轉注者,大都努力去探尋許慎轉注的本意,但由於種種原因,正如梁東漢所說:"可以這樣說,許慎的本意從來沒有一個人真正理解過。"②我們有時很難肯定某種說法是符合許慎本意的,但根據許慎的定義和說解"六書"的意圖,至少可以判定有些說法是不符合許慎本意的。

如朱駿聲《說文通訓定聲》改轉注的定義爲"體不改造,引意相受",以字的引申義爲轉注;林澐《古文字轉注舉例》改轉注的定義爲"源於一首,引意相受",以借形字爲轉注字,將字際關係問題變爲一字記多詞的問題,這些都只是借用了"轉注"的名目,實際上與《說文》六書沒有太多關係。

又如張有《復古編》的聲轉說,以一個字變聲別義爲轉注;後來章太炎《轉注假借說》的聲首說,實際上說的是詞彙問題、同源詞問題。雖然文字與語音、語義密切相關,但文字問題畢竟不是語言問題,許慎是在"六書"的範圍內解說轉注的,將轉注當作語

---

① 陳燕《〈說文〉轉注諸說及意義考》,《中國文字研究》第十七輯,上海人民出版社,2013年。
② 梁東漢《論轉注》,《語言文字學術論文集——慶祝王力先生學術活動五十周年》,知識出版社,1989年。

言問題來研究,與許慎"六書"的本意應該是有很大的距離了。

又如楊桓《六書統》以會意字各部分"轉相注釋,以成一字"如"宗、寒"爲轉注,如此則可將所有的會意字都闌入轉注;廖平《六書舊義》以"駢語連文"如"左右、家室"爲轉注,則可將所有聯合式雙音詞看作轉注,這些都完全没有顧及許慎的定義。

轉注研究應有其特定的涵義,就是對許説的探究和解説。儘管要做到符合許慎本意十分困難,但至少要有這種目標和意識。不顧許慎本意的種種説解,儘管戴著轉注的帽子,實際上不是真正的轉注研究而是别的研究,雖然它們有其自身的價值,但對轉注研究並不一定有什麽幫助。

二、溫故才能知新

轉注研究作爲六書學的組成部分,前人投入了大量的精力,著述卷帙浩繁,揭示了很多有價值的語言文字現象,也包含了很多歷史經驗和教訓,學習文字學,瞭解轉注研究的歷史和源流是很有必要的。

梳理古往今來關於轉注的著述,會發現有不少人的學説與前人雷同。造成的原因,除了書籍信息流通不暢,主要還是對前人的著述考察學習不夠。古來對轉注的解説不下數十百種,形轉、聲轉、義轉、文字組合、詞語組合等等,可以説猶如數學的排列組合,各種可能性前人幾乎都想到了。今人若想研究轉注,提出新説,應該考察排列前人成説,以免重複勞動。此猶如欲發現新元素者,不比對元素週期表,怎麽知道是不是新的發現?如果我們置前人成説於不顧,偶有一得,便自炫新説,若與前人雷同,不僅徒勞無益,還難逃抄襲之嫌或鄙陋之議。

三、"有志者"未必"事竟成"

轉注作爲古人留下來的一筆文化遺產,是應該研究的。但做任何事情都可能有成與不成兩種結果，對於轉注研究這樣的千年難題，研究者特別是初學者應該有清醒的認識。

許氏對轉注的定義十分簡單，亦頗費解，例字僅"考老"二字，若無新的材料出現，今人未必能正確理解和解釋"轉注"的原意。後人提出的種種新說，也未必符合許氏的本意。世界上的事情，不是"有志者"必然"事竟成"，因爲歷史材料的缺失，很多歷史迷團可能永遠無法解開。古文字不可盡識，六書亦未必能盡釋。在沒有新材料的情況下，存疑也是一種科學客觀的態度。做轉注研究會不會勞而無功，轉注的本意是否能搞清楚，在動手之前，應該三思。

裘錫圭《文字學概要》指出："我們認爲，在今天研究漢字，根本不用去管轉注這個術語。不講轉注，完全能夠把漢字的構造講清楚。至於舊有的轉注說中有價值的內容，有的可以放在文字學裏適當的部分去講，有的可以放到語言學裏去講。總之，我們完全沒有必要捲入到無休無止的關於轉注定義的爭論中去。"①這是有道理的。

思考題：
1. 整理前人轉注研究源流。
2. 近年轉注研究現狀述評。

---

① 裘錫圭《文字學概要》102 頁，商務印書館，1988 年；2013 年修訂本 107 頁。

第八章 轉注研究源流

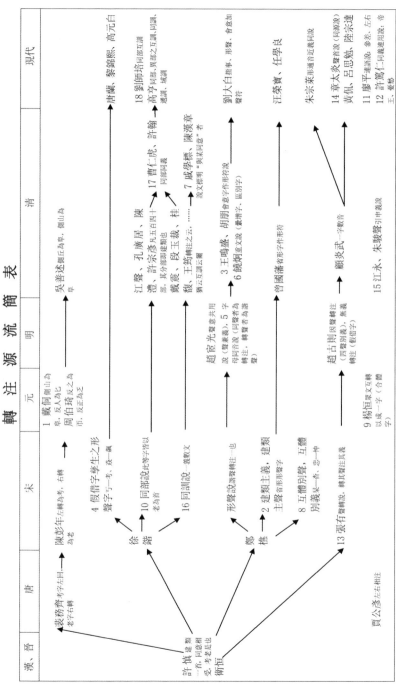

轉注源流簡表

說明：本表主要參考《說文解字詁林》、胡樸安《中國文字學史》、高亨《文字形義學概論》製成。表中數碼為高書18類編號。

參考文獻

（只列專著，按作者音序排列）

北京圖書館編《民國時期總書目・語言文字分冊》，書目文獻出版社，1986年。
北京中國書法研究社《各種書體源流淺說》，人民美術出版社，1962年。
陳初生《金文常用字典》，陝西人民出版社，1987年；修訂本2004年。
陳夢家《殷虛卜辭綜述》，科學出版社，1956年；中華書局，1988年。
陳松長《馬王堆簡帛文字編》，文物出版社，2001年。
陳婷珠《殷商甲骨文字形系統再研究》，上海人民出版社，2010年。
陳煒湛《甲骨文簡論》，上海古籍出版社，1987年。
陳昭容《秦系文字研究》，台北歷史語言研究所，2003年。
党懷興《宋元明六書學研究》，中國社會科學出版社，2003年。
董蓮池《新金文編》，作家出版社，2011年。
方國瑜、和志武《納西象形文字譜》，雲南人民出版社，1982年。
高亨《文字形義學概論》，山東人民出版社，1963年；齊魯書社，1980年。
高家鶯、范可育、費錦昌《現代漢字學》，高等教育出版社，1993年。
高明《中國古文字學通論》，文物出版社，1987年。
高明《古文字類編》，中華書局，1980年；高明、涂白奎增訂本，上海古籍出版社，2008年。
高小方《中國語言文字學史料學》，南京大學出版社，2005年。
龔家鎮《現行漢字形音關係研究》，湖北人民出版社，1995年。
拱玉書、顏海英、葛英會《蘇美爾、埃及及中國古文字比較研究》，科學出版社,2009年。

郭沫若主編,胡厚宣總編輯《甲骨文合集》,中華書局,1979—1982年。

郭沫若《石鼓文研究》《詛楚文考釋》,《郭沫若全集·考古編》第九卷,科學出版社,1982年。

漢語大字典字形組《秦漢魏晉篆隸字形表》,四川辭書出版社,1985年。

黃德寬、陳秉新《漢語文字學史》,安徽教育出版社,1990年;增訂本,2006年。

黃德寬等《古漢字發展論》,中華書局,2014年。

黃建中、胡培俊《漢字學通論》,華中師範大學出版社,1990年。

黃文傑《秦至漢初簡帛文字研究》,商務印書館,2008年。

何琳儀《戰國文字通論》,中華書局,1989年。

何崝《中國文字起源研究》,巴蜀書社,2011年。

侯燦、楊代欣《樓蘭漢文簡紙文書集成》,天地出版社,1999年。

胡樸安《中國文字學史》,商務印書館,1937年;北京市中國書店,1983年。

姜寶昌《文字學教程》,山東教育出版社,1987年。

姜亮夫《古文字學》,浙江人民出版社,1984年。

蔣善國《中國文字之原始及其構造》,上海商務印書館,1930年;武漢古籍書店,1987年。

蔣善國《漢字形體學》,文字改革出版社,1959年。

李國英《小篆形聲字研究》,北京師範大學出版社,1996年。

李霖燦等《麼些象形文字字典》,中央博物院專刊,1944年;文史哲出版社,1972年。

李霖燦等《麼些經典譯注九種》,台灣中華叢書編審委員會,1978年。

李守奎《楚文字編》,華東師範大學出版,2003年。

李孝定《漢字的起源與演變論叢》,聯經出版事業公司,1986年。

李運富《漢字學新論》,北京師範大學出版社,2012年。

李宗焜《甲骨文字編》,中華書局,2012年。

梁東漢《漢字的形體及其流變》,上海教育出版社,1959年。

林澐《古文字研究簡論》,吉林大學出版社,1986年。

劉翔、陳抗、陳初生、董琨《商周古文字讀本》,語文出版社,1989年。

劉延玲《魏晉行書構形研究》,上海教育出版社,2004年。

劉又辛、方有國《漢字發展史綱要》,中國大百科全書出版社,2000年。
劉釗《新甲骨文編》,福建人民出版社,2009年。
劉志成《中國文字學書目考錄》,巴蜀書社,1997年。
陸錫興《漢代簡牘草字編》,上海書畫出版社,1989年。
馬承源主編《商周青銅器銘文選》,文物出版社,1986—1990年。
馬承源主編《中國青銅器》,上海古籍出版社,1988年。
毛遠明《漢魏六朝碑刻校注》,綫裝書局,2008年。
毛遠明《碑刻文獻學通論》,中華書局,2009年。
毛遠明《漢魏六朝碑刻異體字研究》,商務印書館,2012年。
駢宇騫《簡帛文獻概述》,萬卷樓圖書股份有限公司,2005年。
濮之珍《中國語言學史》,上海古籍出版社,1987年。
齊沖天《書法文字學》,北京語言文化大學出版社,1997年。
錢存訓《書於竹帛》第四次增訂本,上海書店出版社,2002年。
裘錫圭《文字學概要》,商務印書館,1988年。
裘錫圭《裘錫圭學術文集》,復旦大學出版社,2012年。
容庚編,張振林、馬國權摹補《金文編》第四版,中華書局,1985年。
容庚、張維持《殷周青銅器通論》,文物出版社,1984年。
蘇培成《現代漢字學綱要》,北京大學出版社,1994年。
孫海波《甲骨文編》,中華書局,1965年。
唐蘭《古文字學導論》,北京大學講義,1935年;齊魯書社,1981年。
唐蘭《中國文字學》,開明書店,1949年;上海古籍出版社,1979年。
萬業馨《應用漢字學概要》,安徽大學出版社,2005年。
汪寧生《民族考古學論集》,文物出版社,1989年。
王鳳陽《漢字學》,吉林文史出版社,1989年。
王寧《漢字構形學講座》,上海教育出版社,2002年。
王元鹿《普通文字學概論》,貴州人民出版社,1996年。
王元鹿《比較文字學》,廣西教育出版社,2001年。
王蘊智《字學論集》,河南美術出版社,2004年。
夏含夷主編,本書翻譯組譯,李學勤審定《中國古文字學導論》,中西書局,2013年。
徐寶貴《石鼓文整理研究》,中華書局,2008年。

徐中舒主編《漢語古文字字形表》，四川人民出版社，1980年。
徐中舒主編《甲骨文字典》，四川辭書出版社，1988年。
楊五銘《文字學》，湖南人民出版社，1986年。
姚孝遂《許慎與說文解字》，中華書局，1983年。
葉正渤、李永延《商周青銅器銘文簡論》，中國礦業大學出版社，1998年。
伊斯特林《文字的產生和發展》，北京大學出版社，1987年。
于省吾主編《甲骨文字詁林》，中華書局，1996年。
喻遂生《納西東巴文研究叢稿》，巴蜀書社，2003年。
喻遂生《納西東巴文研究叢稿》第二輯，巴蜀書社，2008年。
曾憲通、林志強《漢字源流》，中山大學出版社，2011年。
詹鄞鑫《漢字說略》，遼寧教育出版社，1991年。
張桂光《漢字學簡論》，廣東高等教育出版社，2004年。
張其昀《漢字學基礎》，中國社會科學出版社，2005年。
張守中《睡虎地秦簡文字編》，文物出版社，1994年。
張顯成《簡帛文獻學通論》，中華書局，2004年。
張湧泉《漢語俗字研究》，岳麓書社，1995年；增訂本，商務印書館，2010年。
張再興《西周金文文字系統論》，華東師範大學出版社，2004年。
趙平安《隸變研究》，河北大學出版社，1993年；2009年再版。
鄭振峰《甲骨文構形系統研究》，上海教育出版社，2006年。
中國社會科學院考古研究所《居延漢簡甲乙編》，中華書局，1980年。
中國社會科學院考古研究所《殷周金文集成》修訂增補本，中華書局，2007年。
周有光《漢字改革概論》，文字改革出版社，1961年。
周有光《世界文字發展史》，上海教育出版社，1997年。
周有光《比較文字學初探》，語文出版社，1998年。
朱歧祥《圖形與文字》，里仁書局，2004年。
祝敏申《〈說文解字〉與中國古文字學》，復旦大學出版社，1998年。

後　記

　　這本文字學教材的初稿寫於1985年。1982年我從北大中文系漢語專業畢業,到重慶交通學院基礎部教了兩年大學語文。1984年調到西南師範學院(後改西南師範大學、西南大學)中文系函授教研室教現代漢語,1985年轉到系語言研究室劉又辛先生麾下工作。劉先生命李茂康兄和我分別擔任漢語史專業研究生和古漢語助教進修班的訓詁學課和文字學課,這本教材的初稿就是那個時候寫的。從1986年春開始到現在,書稿的主要內容先後在本校中文系、文獻所給研究生、助教進修班學員及本科生講授,內容也多次增補和修改。早年因爲製圖印刷條件有限,後來因爲事情太多,更主要是自己認爲書稿很不成熟,在課堂上講講無妨,印出來到處流傳影響不好,所以一直沒有打印。2008本課被學校研究生院列爲校重點建設課程,後來又被列爲重慶市研究生教育優質課程,2011年因爲結項需要,才請幾位同學幫忙錄入,我自己補充修改,插入圖片和古文字打印出來,2011年秋季開始在校內使用。2013年,承蒙北京大學出版社漢語及語言學編輯部主任王飆先生看重,邀約列入北大出版社"21世紀漢語言專業規劃教材"出版,經過一年多的修改補充,始成爲現在這個樣子。

　　在北大讀書時,裘錫圭先生任我們的文字學課,我是課代表,裘先生印發的講義有些章節實際上就是後來的《文字學概要》的初稿。關於東巴文,我也是在課堂上第一次聽裘先生講的。裘先生的教誨奠定了我後來文字學教學和研究的基礎。

劉又辛先生1934年考入北大中文系,1945年在西南聯大畢業,是羅常培、沈兼士等大師的學生,是著名的語言文字學家。他對我的信任、鼓勵和指導,使我較早走上了文字研究的學術道路(詳見拙文《在劉又辛先生麾下工作的日子》,李茂康主編《劉又辛先生百年誕辰紀念文集》,西南師範大學出版社,2013年)。

劉又辛先生1957年提出了漢字發展的表形、假借、形聲三階段說,這與陳夢家先生提出的象形、假借、形聲三書說不謀而合。裘錫圭先生說:"我們認爲陳氏的三書說基本上是合理的,只是象形應該改爲表意。"(《文字學概要》106頁)。我在劉又辛先生的指導下開始文字學教學,當時很自然地採用了劉先生的三階段說,因此本書漢字本體研究的基本框架分爲表形字、假借字、形聲字三大部分。"表形字"是爲了與其下位類別"象形字、指事字、會意字"相區別而設立的一個術語,如果改用"表意字"之類也未嘗不可。如果願意採用六書而不用三書的說法,將表形字分解爲象形字、指事字、會意字就可以了。漢字的起源只用漢字的材料很難講得清楚,因此文字起源一章較多地採用了民族學的材料,這一想法得到了劉又辛先生的首肯,而且劉先生還把他的方國瑜《納西象形文字譜》、李霖燦《麽些研究論文集》《麽些經典譯注九種》《麽些象形文字字典》《麽些標音文字字典》借給我用。李霖燦先生的幾種書是劉先生的弟弟在台灣購買或複印,然後從美國寄來的,當時在內地很難看到。劉先生慷慨提供的東巴文材料,爲本書增色不少,我研究東巴文也是從這裏起步的。本書的教學目的是想培養學生的研究能力,所以比較注意材料、方法和學術源流的介紹。各章節儘量結合具體的文字材料,特別是考古出土的新材料。所引材料儘量注明出處,以便於同學按圖索驥，做進一步的考察和研究。因爲課時的限制，文字學的很多問題本書沒有講到，如漢字的規範化和信息化處理等；有些原來講過的章節，如漢字發展的規律、漢字的性質、字書評介，這次因時間關係也沒有整理；漢字的字際關係也講得比較簡單，六國古文的問題沒有涉及。總之，作爲一本文字學教材，本書還有很多不完善之處。此次印出，聊作授課的參考而已，不當之處，希望老師和同學們批評指正，希望有機會能對本書作進一步的完善和補充。

趁本書在母校出版之機，感謝北大各位老師對我的培養，使我這樣一個在大巴山裏呆了13年，對語言學茫然無知，連鼻音邊音都分不清楚的"老知青"，後來能夠勝任語言文字學專業的工作。感謝裘錫圭先生和劉又辛先生兩位前輩，引領我走上文字研究之路。感謝前修時賢卓越的研究工作和豐富的學術成果，爲本書的寫作提供了堅實的理論和材料基礎。感謝我所在的西南大學的同事及學校圖書館、文獻所資料室對我的幫助和支持。感謝歷屆同學在教學的相互問難中給我的啟發和幫助。感謝西南大學研究生院、重慶市教委對本課程的立項資助和督促。感謝王飆先生的邀約、督促和寬容。感謝責任編輯宋立文先生一遍又一遍的仔細審讀，幫助我改正了很多自己都不一定能意識到的錯誤。最後，感謝我的家人長期以來對我的理解和默默付出。再次一併致謝！

喻遂生
2014年7月10日

北京大学出版社语言学教材方阵

博雅21世纪汉语言专业规划教材：专业基础教材系列

　　现代汉语（上）　黄伯荣、李炜主编
　　现代汉语（下）　黄伯荣、李炜主编
　　现代汉语学习参考　黄伯荣、李炜主编
　　语言学纲要（修订版）　叶蜚声、徐通锵著，王洪君、李娟修订
　　语言学纲要（修订版）学习指导书　王洪君等编著
　　古代汉语　邵永海主编（即出）
　　古代汉语阅读文选　邵永海主编（即出）
　　古代汉语常识　邵永海主编（即出）

博雅21世纪汉语言专业规划教材：专业方向基础教材系列

　　语音学教程（增订版）　林焘、王理嘉著，王韫佳、王理嘉增订
　　词汇学教程　周荐著（即出）
　　当代语法学教程　熊仲儒著
　　修辞学教程（修订版）　陈汝东著
　　汉语方言学基础教程　李小凡、项梦冰编著
　　新编语义学概要（修订版）　伍谦光编著
　　语用学教程（第二版）　索振羽编著
　　新编社会语言学概论　祝畹瑾主编
　　计算语言学教程　詹卫东编著（即出）
　　音韵学教程（第四版）　唐作藩著
　　音韵学教程学习指导书　唐作藩、邱克威编著
　　训诂学教程（第三版）　许威汉著
　　校勘学教程　管锡华著

文字学教程　喻遂生著
文化语言学教程　戴昭铭著(即出)
实验语音学基础教程　孔江平编著(即出)
汉语韵律语法教程　冯胜利、王丽娟著(即出)

博雅21世纪汉语言专业规划教材：专题研究教材系列
现代汉语语法研究教程(第四版)　陆俭明著
汉语语法专题研究(增订版)　邵敬敏等著
现代汉语词汇(第二版)　符淮青著(即出)
新编语用学概论　何自然、冉永平编著
现代实用汉语修辞(修订版)　李庆荣编著
汉语语音史教程　唐作藩著
近代汉语研究概要　蒋绍愚著
实验语音学概要(增订版)　鲍怀翘、林茂灿主编
外国语言学简史　李娟编著(即出)
汉语白话史　徐时仪著(即出)
甲骨文选读　喻遂生编著(即出)
商周金文选读　喻遂生编著(即出)